东方战略学系列

洪兵作品

天剑

洪兵 ◎ 著　《东方战略学》商战版

舞动天子之剑的
十三个战略秘诀

中国社会科学出版社

图书在版编目（CIP）数据

天剑 / 洪兵著 . —北京：中国社会科学出版社，2011. 11
ISBN 978 – 7 – 5161 – 0146 – 9

Ⅰ.①天… Ⅱ.①洪… Ⅲ.①军事战略 – 应用 – 商业经营
Ⅳ.①F715

中国版本图书馆 CIP 数据核字（2011）第 191557 号

责任编辑　路卫军
责任校对　王兰馨
封面设计　久品轩
技术编辑　王　超

出版发行　中国社会科学出版社
社　　址　北京鼓楼西大街甲 158 号　　邮　编　100720
电　　话　010 – 84029453　　　　　　传　真　010 – 84017153
网　　址　http://www.csspw.cn
经　　销　新华书店
印刷装订　三河君旺印装厂
版　　次　2011 年 11 月第 1 版　　　印　次　2011 年 11 月第 1 次印刷
开　　本　710×1000　1/16
印　　张　26.25
字　　数　350 千字
定　　价　68.00 元

目 录
Contents

导言……………………………………………………………001

第一章　胜……………………………………………………001
　　　——剑并不是用来杀人的
　　一、胜由争出 / 003
　　二、胜于全胜 / 004
　　三、自保而全胜 / 007
　　四、先胜后战 / 009
　　五、胜于易胜 / 011
　　六、胜于无形 / 013
　　七、不战而胜 / 017

第二章　力……………………………………………………023
　　　——选用最好的材料造剑
　　一、胜负取决于力量的对比 / 024
　　二、力量的构成要素 / 027
　　三、商战竞争力量的表现形态 / 032
　　四、不同类型的力量及其相互关系 / 037
　　五、如何增强自身的力量 / 044
　　六、如何借用自身之外的力量 / 048

第三章　利 …………………………………………………057

——所有的剑都是双刃的

一、事必言利 / 059

二、利害并存 / 061

三、合利而动 / 062

四、利而诱之 / 065

第四章　道 …………………………………………………069

——出剑有道，出剑守道

一、"道"就是"道路"和"途径" / 071

二、"道"反映了事物的本质 / 072

三、"道"体现了对立统一规律 / 089

四、"道"反映了深刻的道德内涵 / 092

五、道可道，非常道 / 099

第五章　形 …………………………………………………105

——善剑者，手中无剑

一、"形"与"示形" / 107

二、形之动静 / 109

三、能而示之不能 / 112

四、形兵之极，至于无形 / 113

五、应形于无穷 / 115

六、要善于在"眼"上做文章 / 116

第六章　势 …………………………………………………119

——善剑者，求之于势

一、对"势"的理解 / 121

二、度势 / 127

三、顺势 / 131

四、借势 / 133

五、造势 / 136

第七章　柔………………………………………………**141**

——金钢百炼柔绕指

一、对"柔"的理解 / 142

二、以柔克刚 / 147

三、避实击虚 / 154

四、以迂为直 / 161

五、以屈求伸 / 173

六、以智克力 / 180

七、以无生有 / 185

八、无为而治 / 193

第八章　知………………………………………………**201**

——善剑者，知彼知己，知天知地

一、"知"与信息 / 203

二、"知"什么 / 204

三、如何"知" / 216

第九章　专………………………………………………**231**

——把力量凝聚在剑锋之上

一、"专"属于战略组合范畴 / 233

二、我专 / 235

三、敌分 / 248

四、扬长避短 / 251

五、敢于拒绝 / 254

第十章　度··259

——善剑者，不偏不倚

一、崇尚"中庸" / 262

二、不走极端 / 267

三、保持平衡 / 270

四、保持战略重心 / 272

五、掌握节奏 / 274

六、把握战略转折点 / 275

第十一章　奇··279

——剑走偏锋

一、"奇"与"正" / 281

二、兵以诈立 / 284

三、出其不意 / 288

第十二章　变··301

——势险节短，一剑封喉

一、变中求胜 / 306

二、化执为活 / 308

三、相对而变 / 311

四、变生无穷 / 312

五、随机应变 / 316

六、不变之变 / 322

七、兵贵神速——变的时空要求 / 326

八、掌握足够的应急机动力量 / 328

第十三章 致 ·· **331**

——善剑者，致人而不致于人

一、 掌握战略主动权 / 333

二、掌握现代商战攻守之道 / 356

三、致人者，攻也 / 358

四、不致于人者，守也 / 375

五、善战者，致于心 / 383

第十四章 帅 ·· **391**

——执剑者，大智大勇者

一、智 / 393

二、信 / 397

三、仁 / 399

四、勇 / 400

五、严 / 402

参考资料 ··· **405**

导　　言

庄子说："剑有天子剑、诸侯剑和庶人剑。天子之剑，以燕溪石城为锋，齐岱为锷，晋魏为脊，周宋为镡，韩魏为夹；包以四夷，裹以四时；绕以渤海，带以常山；制以五行，论以刑德；开以阴阳，持以春夏，行以秋冬。此剑，直之无前，举之无上，案之无下，运之无旁，上决浮云，下绝地纪。此剑一用，匡诸侯，天下服矣。"

天子之剑，不是我们平常理解的那种剑，而是一柄"制以五行"、"论以刑德"、"开以阴阳"的无形之剑，它存在于我们的心中，实际上是我们心中的一种战略理念，是一种深邃的东方战略思想。

毋庸置疑，当你拥有了天子之剑，掌握了"天剑之道"，你就成为一名拥有无限资源和手段并且能够制胜于无形的战略高手。

"天剑之道"作为东方战略思想的形象表述，它有着自己特定的文化内涵和本质属性。

"天剑之道"充满了中国传统文化"非战"、"止战"、"守道"、"守柔"的风格。"天剑之道"的代表之作《孙子兵法》虽然是一部论述战争的著作，但它本质上是反对战争的。它强调"慎战"，不轻易使用武力；强调"先胜"，尽可能潜在性地使用武力，主张"软杀伤"，避免"硬杀伤"。例如，孙子认为，"不战而屈人之兵，善之善者也。""故上兵伐谋，其次伐交，其次伐兵，其下攻城。攻城之法，为不得已。"这说明，《孙子兵法》虽然是战争的学问，但是从维护和平的目的出发谈论战略，由"不争"出发而谈"争"，由"合理之争"来达成"不争"，强调"争者有道"，"不争之争"。

对此，中国的老子说过："夫唯不争，故天下莫能与之争。"（《老子·二十二章》）老子的"不争"思想，不是否定合理的正常的竞争，而是强调把竞争规范在社会承认的道德范围之内，反对用残酷的非人道手段进行竞争。老子主张，"善为士者，不武；善战者，不怒"。（《老子·六十八章》）

"天剑之道"首先强调"不争"，主张以"礼"、"义"等"不争"的手段来化解"争"。同时，"天剑之道"也承认"争"的必然性和合理性，强调扶植"正义之争"、"合理之争"，将"争"纳入进步、正常的轨道。我们必须认识和把握"天剑之道"的和平本质，就像武术强调武德一样，将高深的东方战略思想用于"为万世开太平"的正义事业。

"天剑之道"深刻体现了中国传统文化中最有代表性的道家思想。"天剑之道"中"避实击虚"、"以迂为直"等思想，来源于老子"以柔克刚"的思想。"天剑之道"强调的"将军之事，静以幽，正以治"，反映了道家的气质。东方战略家们大多表现出一种淡泊宁静而略显柔弱的道家气质。道家讲究的"为而不恃，长而不有"，讲究以出世的精神入世。道家的恬淡与超越，使东方战略家们大多自觉将"功遂身退"作为自己的人生选择。在范蠡、张良身上，我们能看到这样一种文化精神。

"天剑之道"强调师出有名，强调战争的正义性，强调"慎战"、"非战"和"止战"，这都体现了中国儒家的"仁义"、"德治"思想。中国的"武"字，就是用一个"止"字与一个"戈"字组成，表达了"止戈为武"的意思。中国兵学中的儒家影响集中反映在"在德不在险"的思想中。我想用中国军事家吴起的一个故事来说明这个问题，这个故事记载于司马迁的《史记》中。有一次，吴起与魏侯一起乘船顺河而下。船到中流，魏侯回头对吴起说："美哉乎，山河之固！这是魏国之宝啊！"吴起却回答说："国家之宝，应该是君主的德行，而不在于地势的险要。从前三苗氏左边有洞庭湖，右边有彭蠡湖，但不讲求德义，夏禹把它消灭了；夏桀所处的地方，左边有黄河和济水，右边有泰华山，伊阙在其南，羊肠在其北，却不行仁政，所以商汤将他流放了；纣王的国家东边有孟门，西边有太行，恒山在其北，黄河在其南，却不行德政，所以周武王将他杀了。由此可见，治理国家，在德而不在险。如果君主不讲道德，那么这条船中的人都会成为你的敌人"。

"天剑之道"所强调的"不战而屈人之兵"以及"故善战者之胜也，无智名，无勇功"，反映了一种很高的"内圣外王"的战略境界。这种战略境界对中国传统文化特别推崇。所谓"内圣"，是加强内心的修养，培养圣人品格；所谓"外王"，并不是一定要争王位，而是要有所作为，要驾驭社会发展，要成就一番大的事业。"内圣外王"的这种追求，导致了中国历史上许多精英研究战略，塑造"王者"素质和风范，掌握这种能够成就大事的学问。

"天剑之道"是一种倡导仁义、维护和平的战略思想。中国祖先最早将表示政治和道德的"道"融入力量对抗的艺术之中，将人们的对抗行为规范在非野蛮的理性准则之中。战略属于政治范畴，战略是有性质的，这一点绝不能忽视。中国古人过去研究战略，我们现在研究战略，绝不是助长暴力对抗，而是维护和平，倡导人类在道义约束之下进行正常的竞争。这样，战略就会给人类的活动以正确和积极的指导，战略才能成为一门有益的科学和

战略理念："天剑之道"首先强调"不争"，主张以"礼"、"义"等"不争"的手段来化解"争"。同时，"天剑之道"也承认"争"的必然性和合理性，强调扶植"正义之争"、"合理之争"，将"争"纳入进步、正常的轨道。

艺术，为人类进步服务。

你想舞动"天子之剑"吗？那么你一定要学习东方战略的十三个战略秘诀。

东方战略的逻辑起点是"胜"。人类社会各式各样集团之间的竞争是普遍存在的，而这种竞争所追求的就是一个"胜"字。怎样才能获"胜"？这就要靠物质的力量。从这个意义上说，人类社会的竞争就是一种力量与力量的较量。战略无非是运用力量求胜的一种科学和艺术。因此，"力"作为赢得竞争胜利的最基本的条件和手段，展示了人类社会竞争过程强胜弱败的基本规律，成为贯穿战略体系始终的逻辑主线。

东方战略围绕这一主线展开了它的全部内容："力"合于"利"而动；"力"得于"道"而强；"力"示于"形"而显；"力"乘于"势"而发；"力"守于"柔"而用；"力"依于"知"而施；"力"集于"专"而聚；力合于"度"而衡；"力"基于"奇"而神；"力"行于"变"而活；"力"归于"致"而终。

上面十三个字构成了东方战略的体系框架。这十三个字的内在逻辑关系表现为："胜"是战略追求的目标；"力"是实现战略目标的基本条件和手段，是战略的物质基础；"利"是力量运用的根本动因；"道"是力量运用所遵循的道义准则和规律，"利"与"道"两者是决定力量运用的内在因素，是力量运用的基本战略依据；"形"是力量的外在表现；"势"是指力量综合借助外在条件发生最佳作用时的一种外在形态，"形"与"势"两者是力量发挥作用的外在因素，是展示战略艺术的两个基本着眼点；"柔"是综合上面与力量相关诸要素的基础上形成的战略理念，是力量运用的核心战略思想；"知"强调对双方力量的信息获取和正确思维；"专"强调集中力量；"度"强调力量的平衡与使用时机；"奇"强调出其不意运用力量；"变"强调力量在时空中灵活组合；"致"强调战略竞争的主动权和基本竞争方式以及运用力量的作用点。"知"、"专"、"度"、"奇"、"变"、"致"这六个范畴是"柔"这一核心战略思想的展开，是力量竞争过程中战略指导的基本原则。

真正掌握了这十三个字，你就会掌握"天剑之道"，你就会舞动天子之剑，你就会悟透东方战略乃至整个战略学的精要，你就会在战略实践中感到得心应手，游刃有余，举重若轻，你就会走遍天下，无往不胜。

战略提示：东方战略的逻辑起点是"胜"，东方战略的逻辑主线是"力"，东方战略的核心思想是"柔"。

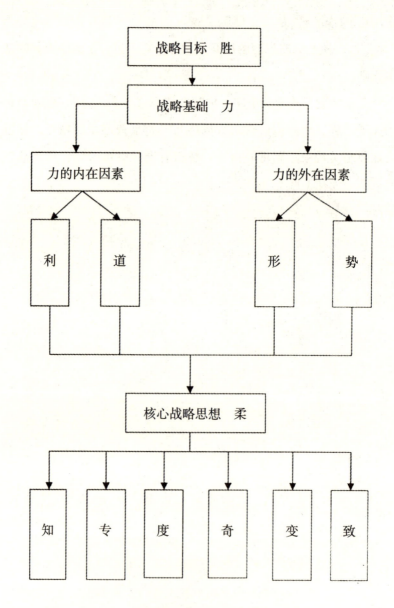

东方战略原理体系框架

第一章

胜

——剑并不是用来杀人的

是故百战百胜，非善之善者也；

不战而屈人之兵，善之善者也。

—— 孙子

"胜"，作为一个重要的战略范畴，它存在于各种集团和各个领域的对抗之中。从形式上看，人类社会的各种对抗活动无非为了一个"胜"字。因为只有胜，人类社会才能生存，人类社会才能发展。

　　"胜"，既是力量对抗的目标，也是力量运用结果成功的标志。从这个意义上说，战略是一种如何求胜的科学和艺术。战略作为一门学科，必须对"胜"进行深入的研究。杰克·韦尔奇在2005年出版了一部名为《赢》的书。这位通用电气的CEO在退休之后为全球的经理人演讲和接受他们的提问。他发现，"具体的问题成千上万，不过绝大多数可以归结为——怎样才能赢?"他说，"在商业生活中，取得赢的结果是伟大的"。

　　在我们通常的理解中，"赢"就是"胜"。

　　胜者为王。历史是由胜者书写的，游戏规则是由胜者制定的，资源控制在胜者的手中，利益的分配服从于胜者的意志。胜者受到尊重，败者只受到同情。胜，是所有竞争者追求的目标。

　　需要强调说明，战争的"胜"与商战的"胜"不完全一样，战争是完全的生死之争，付出的是生命；而商战则是一种经济性质的较量，付出的是金钱。我们既要把握这两个领域相同的规律，也要把握这两个领域不同的规律，不能机械地用战争中的制胜手段来对付商战中的竞争者。

我们许多的战略决策者，对"胜"这个范畴理解得不清楚，不知道"胜"的最终目标是什么，不知道是"先胜"还是"先战"，不知道如何从代价与战果的综合标准上评价"胜"。因此，我们必须认真领会东方战略的"全胜之理"。

一、胜由争出

胜者由竞争产生，这是由"优胜劣汰"的自然法则导致的。这一法则，导致了世界进化的无情，表现出竞争的残酷性。

竞争是普遍存在的，任何人都无法逃避竞争。逃避竞争就意味着放弃生存的权利，放弃发展的机会。从这个意义上说，包括企业家在内的所有的人，都是竞争者。

竞争成为现代经济领域的核心理念。波特的成名作就是用"竞争"命名的。著名经济学家艾哈德的两大核心理念，就是商品自由贸易和竞争。

竞争规律成为现代经济领域必须掌握的"另外一只看不见的手"。在经济领域，我们都非常熟悉"价值规律"这只看不见的手。但是，当进入竞争时，我们必须看到，经济领域还有另外一只看不见的手。这就是导致优胜劣汰结果的"强胜弱败"的竞争规律。

在现代商战的寓言故事中，有两则人们非常熟悉的"青蛙"和"鲇鱼"的寓言故事。青蛙在温火中被慢慢地煮死，而在沸腾的热水中却能逃生；聪明的渔民将鲇鱼放入捕捞的沙丁鱼中，从而保证沙丁鱼的鲜活率。这两则寓言故事告诉我们：现代经济必须适应"优胜劣汰"的法则，必须遵循"强胜弱败"的规律，以保持经济肌体正常的新陈代谢。

我们必须正确认识现代条件下的竞争，认识在正确理性引导下竞争所产生的积极作用。对此，波特说过："看似漫无章法的竞争力量，可以让这个世界变得更加美好——无论是对企业或国家皆然。"（［美］波特著《竞争论》导论，中信出版社 2003 年版）另外，萨缪尔森也认为："竞争制度是一架精巧的机构，通过一系列的价格和市场发生无意识的协调作用，它也是一台传达信息的机器，把千百万不同的个人的知识和行动汇合在一起。"（郭利华等编译《诺贝尔经济学奖经典理论——经济学茶座》，内蒙古人民出版社 2003 年版，第 10 页）

有竞争，企业才有压力；有竞争，企业才有活力；有竞争，企业才有动力。

战略理念：适应"优胜劣汰"法则，遵循"强胜弱败"规律。

二、胜于全胜

美国有一位著名的商战战略专家，名叫马克·麦克内利，他在美国 IBM 公司担任战略顾问，曾经是一位美国的陆军军官。他对《孙子兵法》十分感兴趣，并且有着自己深刻的体会。他写了一本书，名为《经理人的六项战略修炼——孙子兵法与竞争的学问》。这本书再版了 16 次，读者遍布世界 40 多个国家。

马克·麦克内利认真研究了东方战略思想与西方战略思想的不同之处。他认为，西方战略追求一个"国际象棋"的结果，目的是将死国王，最后棋盘空空如也。而东方战略追求一个"中国围棋"的结果，力求用最少的棋子来占领更大的地盘。吃掉对方对于占领地盘这个目标而言是次要的。

他分析了美国航空业激烈竞争的例子，然后说："正如你所看到的，如果行动过后一无所获，那么夺取'整个天下'对你毫无意义。"（［美］马克·麦克内利著《经理人的六项战略修炼——孙子兵法与竞争的学问》，宋克勤译，学苑出版社 2003 年版，第 13 页）

这位商战的战略家深有感慨地谈道："在企业中，应该遵循围棋中的这种哲理而不是国际象棋的道理。应该寻求用最小的投资获得最大的市场版图，而不是通过无休止的商战来摧毁你的竞争对手和你的公司。你不会因为消灭了你的竞争对手而取得最后的胜利，而是要通过避免商战和采取有战略的行动来达到相对地支配市场、保证公司的生存和繁荣。这种方法会使你拥有一个不受损害的完整的行业，能够使你的公司控制一个健康的行业而不是伤痕累累的行业。"（《经理人的六项战略修炼——孙子兵法与竞争的学问》，第 16 页）

马克·麦克内利通过阅读《孙子兵法》领悟到了东方战略的一个十分重要的"全胜"思想。所谓"全"是指"完美"、"完善"的意思。"全胜"是指全局和全面的胜利。从眼前看，损失最小；从长远看，不留后患。

具体说，"全胜"思想包含四层意思：第一，强调综合性的战略手段和战略效果；第二，在战略目标上盯住最终的结果，追求实现战略目标的彻底性；第三，最大限度避竞争之害，取竞争之利；第四，对于对手，不是打倒而是征服。

由此看出，东方战略考虑的求胜目标不是简单地消灭敌人，而是如何将对手以及他拥有的资源变为自己最大利益的一部分。

胜，作为一种力量与力量较量的结果，往往使人得出这样一种直观的结论：胜，是通过双方力量直接接触和激烈拼杀获得的，是建立在双方力量形态有形改变的基础之上的。但是，东方战略对此有一种更高层次的认识：胜，是让对方服从自己的意志，接受自己的条件，从而达成自己所追求的目的。在中国战略家们看来，仅仅是力量形态上的有形的改变，是"曲胜"，只有从意志上彻底征服对手，才是"全胜"。

对此，法国战略学家博福尔有过精辟的论述。他说："在这种意志的辩证法中，当对敌人已经产生某种心理效果时，问题就已经解决了。那也就是说，他已深信再发动或继续斗争都是无用的了。""如果能从正确的角度，也就是从敌人心理反应的角度来观察这个问题，则对于什么是决定性因素，就能够获得正确的认识。""要想解决问题，必须首先创造，继而利用一种情况使敌人的精神大大崩溃，足以使它们接受我们想要强加于它的条件。"（［法］安德烈·博福尔著《战略入门》，军事科学出版社 1989 年版，第 8 页）

东方的"全胜"战略思想明确了这样一个重要观点：在对抗中，改变力量只是手段，不是目的。而从意志上征服对手，才是目的。换句话说，直观上所显示的"战胜对手"并不是最终的目的。实现了自己的目标，满足了自身的利益，才是最终目的。"战胜对手"只不过是实现最终目的的过程和条件。另外，"战胜对手"也有打倒对手和迫使对手妥协之分。我们不能将"胜"简单地定位在对手力量损失的物质形态上。"全胜"，是一种着眼长久的彻底的胜利，是一种着眼实现更高层次目的的胜利，是一种真正意义上的胜利。围绕着"全胜"目标，东方战略强调了"服"而非"制"，突出了"德"和"智"，从而在运用力量方面表现出与西方战略截然不同的风格。这是我们从"胜"的角度理解市场战争学必须说明的一个问题。

"全胜"的目标不是只考虑一方，而是要考虑双方。不是只从对手妥协的程度上论输赢，而是将自身的付出加上去从总体上论输赢。"全胜"思想反对那种"歼敌一千，自伤八百"的做法。

"全胜"追求的结果就是使你的敌人变得越来越少，或者越来越小。如果不可避免地有了敌人，那就用最好的方法"消灭"之。这个最好的方法是什么？我们可以联想到美国历史上这样一则故事：一天，一个士兵问林肯总统如何打赢战争。林肯说他找到了消灭敌人的最好方法。这个方法非常简单，就是"让他成为你的朋友"。

商战中，我们战胜对手并非就是毁灭对手。我们要提倡"双赢"。有些时候，我们将对手的利益考虑进去，减少对手反击的力度，或者使对手由对抗转向一定程度的合作，这对于我们实现战略目标会更有利。"全胜"战略所追求的并非总是从另一个公司手中夺走一块蛋糕，而是设法共同创造一个更大的蛋糕。

商战中，我们在设定目标时，要掌握一个度，不能把对手逼得太急了，逼得太死了，防止对手做出孤注一掷的非理性举动，避免困兽之斗。这就是孙子讲过的"围师必阙"。

战略理念：我们要倡导东方战略的"全胜"思想，战胜对手而不是毁灭对手，占领市场而不是毁坏市场，尽可能从对抗双方的共同利益去设定目标和实现目标。

三、自保而全胜

沃尔玛的首席执行官戴维·格拉斯将沃尔玛的特征概括为"总是先建立内部能力，而从不凭空跳跃"。这位商战专家提示我们：首先要把自己的力量建设好，不去做任何侥幸的一搏；要避免在没有强大竞争优势和充足财务强势的情况下对实力雄厚、资源丰富的竞争对手发起进攻。

在这一方面，过程战略学派有着比较深刻的认识。在他们看来，如果公司内部缺少需要的技能和资源，或者低估了从外部获取它们的困难，那么，不管富有吸引力的市场机会是什么，你的战略都将可能在实施过程中失败。因此，战略中真正重要的是对于特殊的内部能力的长期构建和巩固。战略是一种耐心的向内的知觉过程。

这是一个十分重要的战略思想，也就是东方战略的"自保而全胜"的战略思想。这一战略思想的核心是"己不可胜"，即先要使自己立于不败之地，然后求胜。正如孙子所说，"昔之善战者，先为不可胜，以待敌之可胜。不可胜在己，可胜在敌。故善于战者，能为不可胜，不能使敌之必可胜。故曰，胜可知，而不可为"（《孙子兵法·军形》）。

战略理念：战略家们首先要做的事情并不是赢得胜利，而是避免失败。

细想起来，在竞争中许多失败的原因，并不是对手多么高明，而是由于自己的失误。我们不可能保证能掌控自己的竞争对手，但有可能保证自己尽可能避免大的失误。战略家们首先要做的事情并不是赢得胜利，而是避免失败。

这一战略思想告诉企业首先要考虑好自己的目标下限。记得一位有经验的企业家说过："永争第一"是个上限，谁都会往那个方向努力，但是客观的方方面面不一定能争到第一。但如果你跟不上这个趟就完了，因为这是最基本的下限。下限是很危险的东西，你倒闭了再好的想法也都没有意义了。保证先不失球，立足于先防守，再伺机更高的进取。这并不是一个消极的观点，也是辩证的。追求一件事，追求更好比追求最好可能更现实一些，"更"能代表进步，你能保证自己不断进步，离"最"也就不远了。

这一战略思想要求我们，不能仅从消灭敌人这一个方面来认识"胜"，而要从保存自己与消灭敌人的辩证关系上全面地认识"胜"。在把握这一战略思想时，我们要强调"自保"，但也要同时看到，对抗中单纯强调"自保"有时会陷于"保守"。有些"自保"要在消灭敌人的主动行动中来获取。正如毛泽东所说：只有大量消灭敌人，才能有效地保存自己。

四、先胜后战

在一份杂志上报道了这样一个事件：2004 年 4 月 22 日之后的短短几天时间，三鹿集团在震惊全国的"毒奶粉事件"中因受假冒伪劣之害，直接损失高达数千万元。集团总部在这场突如其来的危机中不能说反应不迅速，处置不有力，但结果并不能令人满意。有的专家分析说：三鹿奶粉在迅速澄清"黑名单"中的"三鹿"为假冒的同时，忽视了市场风险和公众因素，最终的惨重损失是：一些地方三鹿奶粉遭遇终端抵制。

其实，三鹿还是慢了。其奶粉在年初已经出现被假冒的问题，如果当时能及时在媒体上进行大力宣传，损失可能要小得多。

这个事件，反映了东方战略的"先胜"思想。预见风险、提前处置风险，这正是东方战略"先胜"思想所要求的。即使三鹿集团在这场危机中获胜，但也不是善战者也，战略的高明不仅看最终实现的目标，还要看付出了多少代价。

中国战略家强调"先胜而后求战"。中国古人谈到，"胜兵先胜而后求战，败兵先战而后求胜"（《孙子兵法·军形》），"胜定而后战，悬钤而后动"（《淮南子·兵略训》）。这些，都是东方战略"先胜"思想的重要论述。

在东方战略"先胜"思想中，有一个十分重要的观点，就是将战略对抗点前移，制胜于事发之前，把对方的实力和威胁消灭于微萌之中。老子说过，"为之于未有，治之于未乱"（《老子·六十四章》）。中国成语"防患于未然"和"防微杜渐"都反映了这个意思。

这一战略思想告诉我们，企业在竞争之前，必须做好充分的准备，不打无准备之仗，不打无把握之仗。战略上的胜败，完全可以在实际竞争接触之前解决。也就是说，战略上的较量已经在实际竞争接触之前开展。竞争的一方可以通过精心准备，预先具备了稳操胜券的力量优势，并将这种力量优势充分显示给对方，对其竞争意志构成巨大的压力，迫使其提前做出妥协。或者即使采取行动，他也是徒劳一场。

在《成功营销》杂志 2004 年第 3 期上，有一篇卷首语的文章在谈到孙子"先胜后战"思想时这样写道："胜利从来就不是打出来的，而是在开打之前就做好的一套方案，或一个'局'。而打，只不过是实施这个胜利战略的行动而已。"

先胜而后战，应当处理好"先胜"与"后战"的关系。"先胜"是必须在充分的力量准备的基础上；"后战"是要等待时机和条件，不看准不动，不轻易而动。这就像孙子所说的"始如处女，动如脱兔"。

高明的企业家总是做好充分准备，稳操胜券，谋定而后动。小天鹅公司的副总徐源曾经谈道："我们的投资非常谨慎，我们的生产是完全根据订单来安排的，我们的负债率只有百分之十几，银行里经常保持有 4 亿至 6 亿左右的现金。"一位名叫孙陶然的企业家也谈道："不分析市场就进入往往是最好的取败之道，我们直到看见手机市场的巨额增长的事实后才将'商务通'推出，这样就比较安全。在前提还不太明朗的情况下，慎重是必要的。"（贺力等编著《与 100 名老板对话》三，经济管理出版社 1998 年版，第 182 页）

这个问题的讨论涉及我们常说的"冒险"。对于"冒险"，英国培生集团董事长丹尼斯·史蒂文森有自己独到的看法。他说："有一次英国前首相撒切尔夫人请我们吃饭，席间有人介绍我时说：这是一个敢冒险的人。但我自己知道，真实情况不是这样。

我的投资金额大，但风险不大。别人认为我在冒险，但其实我的每一个决定都是计算好的，是有胜算的。冒险是有胜算下的举动。真正的企业家不是不顾血本的赌徒。"（《人力资本》2005 年第 1 期）

战略理念：将竞争的对抗点前移。先有胜算，而后求战。

五、胜于易胜

有一位记者采访张瑞敏。他在听完海尔的经营思路和管理措施的介绍之后，有点着急地问张总："海尔的发展过程中，有没有点传奇的故事？"张瑞敏笑了，"海尔这十几年，还真没有什么称得上传奇的事儿"。这位记者在想，也许正是由于海尔十几年的谨慎小心，因此张瑞敏总也没有机会力挽狂澜；尽管从亏损几百万元到销售额几十亿元并没有什么传奇故事，但这个"没有什么传奇"的本身就是最大的传奇。对于一个企业来说，"没有什么传奇"恐怕反倒是一件幸事。如果经常有一些险情让老总们不时地排除，这家企业也就濒临破产的边缘了。

我们通过这个故事，可以联想到孙子说过的一句话："见胜不过众人之所知，非善之善者也；战胜而天下曰善，非善之善者也。故举秋毫不为多力，见日月不为明目，闻雷霆不为聪耳。古之所谓善战者，胜于易胜者也。故善战者之胜也，无奇胜，无智名，无勇功。"孙子认为，真正善战的将军，并没有传奇的地方，他没有智慧的名声，没有勇武的战功。外国人将这句话翻译得非常有趣，即"佩戴勋章最多的将军不是最好的将军"。

为什么善战的将军没有"智名"、没有"勇功"、没有勋章、没有传奇？孙子在这段话中告诉人们：这些将军并不是没有"智名"和"勇功"，而是有更大的"智名"和"勇功"，只不过人们看不见，想不到。这些善战的将军能够知常人所不能知，见常人所不能见，想常人所不能想。在孙子看来，作为一名将军，知道并预见到常人都能知道并预见的事情，见到常人都可以见到的东西，想到常人也能够想到的策略，并没有什么了不起。就像举起羽毛不算是力气大，看到了日月不算是眼睛亮，听到了雷声不算是耳朵灵。作为善战的将军，他的所知、所见、所思，就是与一般人不一样，否则，他就称不上"善之善者也"。

用东方战略的观念来看，最辉煌的胜利，最高妙的战略，必须超出一般人的策略思考，超越通常的胜利形式；那种通过浴血奋战才能实现的战略，才能取得的胜利，不是"善之善者"。保己而不可胜，避免了战争发生，达成自己的战略目的，在表面上看不出智与勇。实际上这是大智大勇，这种智勇隐藏于无形之中，不被常人所察觉。常被人所知的战场上的有形的智勇，算不上"至善"的智勇。

这就是东方战略的"易胜"的思想。这一战略思想是将目标与代价联系在一起看待的，代价过大的"胜"，有缺憾，不算是真正的"胜"；以最小的代价获得最大利益的"胜"，才是"全胜"，是一种至善至美的"胜"。

所以，东方战略强调"全胜无斗，大兵无创"。中国战略家们认为，真正的伟大的胜利，是智战、巧战，没有或者只在很小的程度上进行力战、激战、苦战。中国战略的艺术，在于潜在和无形地运用力量，征服对手的意志；不追求表面上轰轰烈烈、代价巨大的有形的胜利，而追求深层的意志较量、代价较小的无形的胜利。

对于这一战略思想，西方许多专家也有同感。西方有一本书名为《沉静领导》。该书作者认为，沉静型领导者有别于普通受称颂的英雄式领导。过去我们认为成功的领导者，处理任何事情都该轰轰烈烈，让部属感到佩服不已。事实上，真正伟大的领导者，是在许多细微的事情上，做出了与众不同的抉择。只可惜太多研究领导学的人不曾去注意与珍惜。沉静领导，领导不语，沉静而御。

18世纪，有位名叫沙克斯的法国元帅，在其所著的《战争艺术总论》中这样谈道："我不是不欣赏会战，而我更深信，一个称职的将领可以打一生的仗而不被强迫接受一次会战。应当常用局部性的战斗一点一点地消耗敌人。这是使敌人屈服和达到我方目标的最有效方法。我无意暗示，如果有击溃敌人的机会出现，也不应向敌人攻击，而只是说，使战争摆脱会战带来的危险是可能的。如果他能做到这一点，这位将领就已经尽善尽美了。"

如何才能达成易胜？这是一个战略运用的问题，我们下面还要详细地谈到。在这里，我们只需记住两点：第一，善战者的功夫不在战时，而在战前。这要求统帅们具备一种属于战略层次的谨慎与小心，将一切危险化解于事前。第二，善战者的功夫并不在实际的会战，而在实际交火的会战之外。要力求使敌人在与我方正式交手之前已经得到最大的削弱。这就是中国战略中的"先弱敌而后战"的思想。这一思想，与前面所谈的"先胜"思想有联系，都是强调一个"先"字。一个强调在敌人弱小时先制胜，一个强调先把强敌削弱之后再求胜。

> 战略理念：全胜无斗，大兵无创。

六、胜于无形

在《孙子兵法》中有一段关于"胜于无形"的论述。孙子是这样说的："因形而措胜于众，众不能知；人皆知我所以胜之形，而莫知吾所以制胜之形"（《孙子兵法·虚实》）。这段话的意思是，我把根据战场情况变化采取相应战术而取得的胜利摆在众人面前，却让众人看不出其中的奥妙。人们只知道我取胜的方法，但不知道我是怎样运用这些方法来取胜的。

如果按照孙子的意思展开来思考，我们可以发现中国战略在获胜的思想之中有一种更为高深的理念，这就是要在对方没有察觉的情况下获得胜利，或者说要使对方不知不觉、糊里糊涂地遭到失败。相比之下，这种胜利，包含前面所说的各种获胜思想的要求，并且还要比前面获胜的结果更为理想，但战略运筹的难度更大。

胜于无形，要善于巧妙地借调对方的力量为自己所用，使对方不知不觉、糊里糊涂地被牵着走，最后不露形迹地制服对方，达成目的。古往今来，这方面的实例很多。中国有一个"二桃杀三士"的故事，能够由小见大地反映中国战略的这一思想。这个故事发生在中国古代的齐国。当时是齐景公执政。齐王的手下有三个勇士，名叫田开疆、孙捷遂和古冶子。这三个勇士力大无比，立过显赫战功，还救过齐王的命。齐王自然对这三人恩宠有加。但这三人却居功自傲，凌轹闾里，简慢公卿。更可怕的是，这三人与一个名叫梁邱据的佞臣相互勾结，声势相倚，成为威胁国家的心腹之患。齐国的丞相晏婴有心为国除去此害。一天，鲁王带着一位名叫叔孙的大臣来到齐国，受到齐王的款待。齐王的这三位勇士也到场，持剑立在一旁。酒至半酣时，晏婴提议到桃园取桃，以助酒兴。晏婴取来六枚桃子。齐王、鲁王、叔孙和晏婴自己共食去四枚，还剩下两枚。晏婴建议说，这两枚桃子应该赠给两位功劳最大的勇士。这三个勇士都认为自己是功劳最大者，互不相让，结果逞一时之勇都死于自己的剑下。晏婴就这样不费吹灰之力除去了齐国的大患。

胜于无形，更多地体现在对抗双方智慧的较量上，要善于通过各种方法不露声色地左右对方的动机，改变对方的决心，达成自己的目的。可以举一个国外的战略实例来说明这个问题。据说，20 世纪 80 年代初，美国里根政府上台后，曾精心策划了一项秘密的对苏整体战略，目的是发动一场"无声的战争"，加速苏联垮台。美国秘密战略的重点打击目标之一是苏联经济，所采取的主要措施包括：通过操纵世界石油市场价格使苏联减少数百亿美元的天然气收入；严密堵塞苏联获取西方高技术的渠道；大量散布扰乱苏联经济技术活动的假情报；迫使苏联继续进行军备竞赛以加剧其经济危机。里根政府曾大肆宣扬的所谓"星球大战计划"，其主要战略目的就是通过挑起新一轮大规模的太空军备竞赛，加重苏联的经济负担。一位前苏联外长承认，美国的战略防御计划加速了苏联的崩溃。美国发动的经济战都是最高决策当局领导和计划的，其目的是利用对方的经济弱点施加经济压力乃至制造经济危机，其措施既有公开的，如经济封锁、制裁，也有秘密的，如挑动军备竞赛、操纵国际市场等。

胜于无形不能离开有形。我们需要深刻认识这两者的辩证关系。无形的意志对抗绝不能离开有形的物质基础。运用有形于无形，这是高超的战略艺术。离开有形去追求无形，即是离开了力量去空谈战略，那只是痴人说梦，天方夜谭。

再进一步说，"无形"，实际上反映了中国一种十分重要的"无为而治"的战略思想。这种战略思想，强调战略统帅要在一种别人"看不见"、"摸不着"、"不动声色"、"毫不费力"的状态下，在一种"制形而无形"、"物物而不物"的状态下，达成自己的目的。正所谓"无形而制有形，无为而应变，虽未能得胜于敌，敌不可得胜之道也"（《淮南子·兵略训》）。实现无为而治，无论是政府还是经济个体，要强调理念的力量，强调道德的力量，强调内在规律的力量，注重调动内在、潜在、无形的力量控制局面，战胜对手。

中国战略追求一种"不可知"（这种"不可知"的意思是指对方或其他人无法知道和判断你的意图及行动）、"无为"的境界。正如韩非子所说："道在不可见，用在不可知"（《韩非子·主道》）。还有一句话也表达了这个意思，即"处无为之事，行不言之教"。

虚拟经济为我们在商战中"胜于无形"提供了一个典型的"无形"空间。虚拟经济的产生是现代经济运行发展的必然趋势，是商品的货币化、资本化形成的更高程度的经济社会化的必然结果。虚拟经济是一种特殊的经济运行关系，是交易资产的价格远远脱离它的成本运行时的价值关系。观察虚拟经济着重看关系，而不是看交易物的形态。虚拟经济包括以股票、债券等有价证券为代表的债权、产权契约关系，它们获得财富代表的性质掩盖了其毫无使用价值的本质。虚拟经济还包括以知识、智力、品牌等代表的无形资产形成的虚拟资本。在现代经济中，许多价值已资本化的实物资产也属于虚拟经济，网络经济和一些高科技经济活动也明显地表现了虚拟经济的运行方式。

就像"无形"离不开"有形"一样，虚拟经济与实体经济有着密切关系。虚拟经济不能脱离实体经济而独立存在，实体经济也不可能离开虚拟经济来运行。实体经济的运行价值化、货币化程度越高，经济中虚拟成分就越大，与实体经济背离的程度就越大，从而引起经济泡沫和经济波动的可能性就越大。

我们要特别注意，虚拟价值的产生来源于购买者的期望值和认可度。这需要研究其价值信号和通过何种方式来传播这种信号，以产生预期的购买者的心理反应。这是一门经济之外的战略学问。

金融成为现代经济的核心，使股票、债券等虚拟资产增值，催生虚拟经济。以前的国际金融活动只是国际上实体经济的派生活动，现在的国际金融已成为"以钱生钱"的独立的赚钱手段。在国际经济活动中，以实体经济复制、生产产品的跨国公司已经不再是经济活动的主力机构，那些国际大银行、国际性的金融中介机构以及对冲基金为代表的国际金融投机基金成为当代国际经济活动的主力。

知识经济和金融市场结合，使知识、智力、品牌等无形资产资本化，加大现代经济的虚拟成分。产品的知识含量越大，虚拟经济的比重就越大。在资本市场上，一个品牌或商标具有几十亿、几百亿美元的市场价值被虚拟出来。可口可乐品牌的市场价值就高达 400 多亿美元。

网络经济极大地加速了经济全球化、金融国际化的进程。推动金融市场国际化发展到国际金融的集成化，使得各国的金融市场和国际金融市场的联系更紧密。随着金融创新的增强，使得虚拟经济在金融市场中的流动速度越来越快，流量越来越大，从而使得虚拟经济的规模日益膨胀，使得国际金融市场达到了牵一发而动全身的程度。

在虚拟经济这个"无形的战场"上，我们可以形成完整的"以有形操纵无形"的战略思想，从而展现出商战中可操作的"胜于无形"的战略模式。这一点，我们将在下面关于"柔"的章节中详细论述。

战略理念：要善于在虚拟经济这个"无形"战场上胜于无形。

七、不战而胜

"不战而胜"，是中国战略中较为精彩的一个思想，并且得到国际上的高度重视和广泛应用。目前，国外许多战略家都极为推崇这一思想，许多战略著作和论文都大量引用"不战而屈人之兵"

这句名言。商战中，许多经济战略学家也特别推崇这一思想。加里·哈默就说："通过经营许可、外购协议和合资企业方式，有时可不必战斗就取得成功。"（［美］迈克尔·科特、加里·哈默等著《未来的战略》，徐振东等译，四川人民出版社 2000 年版，第 142 页）

这个思想，老子早有论述："天之道，不争而善胜，不言而善应，不召而自来"（《老子·七十三章》）。对这一思想表述最为明确的是孙子。他说："是故百战百胜，非善之善者也；不战而屈人之兵，善之善者也。""故善用兵者，屈人之兵而非战也，拔人之城而非攻也，毁人之国而非久也。必以全争于天下，故兵不顿而利可全，此谋攻之法也"（《孙子兵法·谋攻》）。《兵经》对"不战而胜"的思想作了很好的总结："战者争事也，兵争交，将争谋，将将争机。夫人而知之，不争力而争心，不争人而争己。夫而知之，不争事而争道，不争功而争无功。无功之功，乃为至功；不争之争，乃为善争。"（《兵经·争》）成都武侯祠有一副对联也反映了这一思想，上面写道："能攻心则反侧自消，从古知兵非好战；不审时则宽严皆失，后世治蜀应深思。"

避免过度竞争，最好的结果是不战而胜，这就是中国传统的"不争之争"的思想。这一思想在商战中有极高的应用价值。它告诉人们：竞争所导致的新陈代谢不一定就是残酷的；在竞争中主张以迂为直，用巧力，消除暴力、蛮力；正确处理竞争与合作的辩证统一关系。

"不战而胜"，是"全胜"思想的体现。前面已经谈到，中国战略的胜利的标志是征服对方的意志。在中国战略看来，力量对抗的目的并不是消灭力量，而是征服对方的意志，达到自己的目的。中国战略的成就感，不是表现在力量直接的硬性对抗上，而是表现在围绕达成目的的力量运用上。中国战略认为，只要力量

战略理念：通过"不争"达成"争"之目的。

运用巧妙，完全可以"不战"而达成目的。这种"不战"之"用"，才是对力量最高明的运用。

"不战而胜"，也是"先胜"思想的体现。从严格的意义上讲，胜利是力量较量的结果，也就是说，双方不经过力量的较量，任何一方也不可能获得胜利。这里所说的"不战"，只是说没有发生力量直接的碰撞，即战场上的拼杀。但从战略上看，对抗的双方已经发生了交战，只不过这是一场"寂静战场"的力量较量，只不过是双方潜在地运用力量作用于对方意志的较量。所以说，"不战而胜"并不是强调"不战"，而是侧重于战略层面上的交战，突出"实战"之前的力量间接接触方式的"先战"。

"不战而胜"，还是"胜于易胜"思想体现。只有"不战"，"兵不顿而利可全"，代价最小。"不战而胜"，才是最大的"易胜"。

按照中国古人的观点，运用力量征服对方意志，达成"不战而胜"的效果，其关键在于"加威"，这也是我们现在所说的"威慑"的意思。孙子对此有过一段阐述："夫王霸之兵，伐大国，则其众不得聚；威加于敌，则其交不得合。是故不争天下之交，不养天下之权，信己之私，威加于敌，故其城可拔，其国可隳"（《孙子兵法·九地》）。意思是：凡是"王霸"的军队，在进攻其他国家时，就能使敌方的军民来不及动员和集中；把威力加之于敌，就使它不能同别国结交。因此，不必同敌国争着去与诸侯结交，不必同敌国争着去与诸侯合谋，只要显示自己的称霸意图，把威力加之于敌，就可以拔取敌人的城邑，摧毁敌人的国都。孙子的"不战而屈人之兵"，既可理解为利用观兵耀武、外交恫吓以使欲战之敌终止战争策划；也可以理解为或大兵压境或兵临城下或断敌兵路或陷敌死地而使之称臣纳贡，不战而降。

"加威"有"示力"和"施力"两种方式。战略运用"力"

的高明之处，更多地表现在"示"而非"施"上。在对抗过程中，受力的一方通常有两种基本的感受：一是有形的感受，遭到"力"的直接打击，自己受到损伤；二是无形的感受，得知"力"的存在和预知可能发生的结果，在精神或意志上受到一种压力。对于后者来说，涉及了"力"的显示。

就战略而言，显示力量，是运用力量的一个重要的方式。战略对抗中的许多运用力量的艺术就是体现"力"的显示上。中国战略所追求的"不战而屈人之兵"的"全胜"、"先胜"的要求，更多地不是表现在实际运用力量上，而是表现在如何显示力量上。中国人讲力量的运用，而不是单纯讲力量的碰撞。中国人讲"任智不恃力"，通过"伐谋"、"伐交"达成胜利目标。

笔者想用中国古代墨子演兵的故事来说明这个问题。当时，楚国的公输般发明并制作了攻城用的云梯，准备用来作为楚军进攻宋国的利器。楚强宋弱，形势对宋国非常不利。墨子得知后，急忙赶到楚国，力图说服楚王和公输般放弃进攻宋国的计划。但是，楚王和公输般仗恃拥有新式的攻城武器，不为墨子的游说所动。于是，墨子就邀公输般在楚王面前进行一次模拟性的对抗。他们用衣带圈了个"城池"，用木片作攻守城邑的"武器"。结果，"公输般之攻械尽，子墨子守御有余"，墨子获胜，迫使楚王放弃了侵宋的计划。从实际作战上讲，楚宋两国没有交兵，没有发生实际的力量对抗，但从战略上讲，楚宋两国的力量已经得到显示，力量的对抗已经潜在地、无形地发生了。楚方感知到了对方力量的存在，不得不改变了原来的计划。墨子演兵，以威慑之，化解了楚宋战争。这个实例说明了非战争方式运用军事力量取胜的可能性，说明了威慑的作用。

战略遏制是一种战略对抗行动，其目的是将对手的威胁提前消除或者减少。这种战略对抗更多地表现为双方意志的较量上，

战略理念：强调潜在和间接地而不是直接地运用力量；强调力量的显示而不是实际使用。

是一种典型的不战而胜的做法。在现代商战中，战略遏制大量存在于我们的竞争之中。

发出威慑信号：表示自己将会坚定不移地实行正在执行的行动；自己将会反击而且会持续地反击竞争对手所采取的某种行动。如果某企业能够使竞争对手确信它的信号，确信它将保证履行自己正在执行或计划执行的战略行动，那么，竞争对手将会重新估计自己的威胁和重新设计自己的行动，甚至完全放弃原有的进攻企图。

在商战中，我们要考虑的具体问题是：如何使你发出的威慑信号具有说服力？专家们分析到，企业在表示自己将继续某项行动的意图时态度越坚决，实现上述成果的可能性就越大。一个做出了承诺的企业会使竞争对手们认识到：被挑衅的一方为了维护自己的利益将会进行坚决报复，并可能因此使大家都陷入恶性循环之中。这种信号的说服力来自让竞争对手明确知道可能产生的可怕后果。我们可以用这样一种情况来比喻：当一位强盗说"举起手来，我要你的钱"，而被抢劫者却说"如果你这样做，我就引爆这颗炸弹与你同归于尽！"

你发出威慑信号的说服力与你过去的所作所为有很大关系。竞争者在考虑某企业现在进行反应的可靠性和反应的强硬程度时，常会以该企业过去行为作参考，因此，企业过去一系列坚决的反应行为能成为表示将来意图的有说服力的信号。

最有说服力的威慑的信号，是让竞争对手看到并且相信你有实战的准备和能力。"不战而胜"绝不是一相情愿的事情。这种追求必须建立在"实战"和"真战"的基础之上。这就是竞争的辩证法。

我们在"不战而胜"这个问题上一定要防止没有实战准备和没有实战能力的空谈，这是十分危险的。克劳塞维茨说："敌人如果确实要求战斗，我们就无法拒绝。因此，必须肯定对方不会进行战斗，或者在战斗中对方一定会失败时，我们才可以采用其他方法。""慎重的统帅在战场上和政府中可以巧妙地运用各种方法，避免大的冲突和流血的方式，利用敌人本身的弱点来达到讲和的目的。如果他的打算既有充分的根据，又有成功的把握，那我们就没有权利责难他。但是，我们还必须提醒他要经常记住，他走的是曲折的小道，随时都有可能遭到战神的突然袭击。他必须始终注视着敌人，以免敌人一旦操起利剑，自己却只能用装饰的佩剑去应战。"（［德］克劳塞维茨著《战争论》删节本，中国人民解放军军事科学院译，战士出版社1978年版，第24页）

战略理念："不战而胜"必须建立在"实战"和"真战"的基础之上。

第
二
章

力

——选用最好的材料造剑

知人者智，自知者明。胜人者有力，自胜者强。

——老子

战略上所讲的"力"就是"力量"。

力量，是我们赢得对抗胜利的最基本的条件和手段。力量与力量之间的较量，是一种普遍存在于人类社会生活之中的现象。强胜弱败是这种力量较量的必然结局，成为我们赢得胜利必须遵循的基本规律。正如中国古人所说：天之道在生植，其用在强弱；人之道在法制，其用在是非。

如何拥有和驾驭力量？是一个有着极为普遍指导意义的战略命题。围绕着"力量"这一范畴，我们能够掌握人类对抗和竞争的要义，建构科学完整的市场战争学的理论体系。

我们的许多战略决策者，对"力"这个范畴理解得不清楚，只知道自己的力量，不知道对方的力量；只知道现实的力量，不知道潜在的力量；只知道单个力量的使用，不知道整体力量的组合；只知道力量的消耗，不知道力量的增长。只知道强胜弱败规律，不知道在此规律上的以弱胜强之道。所以，我们需要认真领会东方战略的"镒铢之辨"。

一、胜负取决于力量的对比

中国战略强调，"胜人者有力"。从战略视角上看，力量是一种能够作用于对方并使对方发生改变的相互作用力。力量在发挥其作用时，有大小、方向和作用点，这正是形成战略运用力量的制胜艺术的最基本着眼点。就战略而言，"力量"绝对不是一个简单的物理概念（但物理学中许多力学定理可以在战略领域得到证明和运用），它是一个综合的概念，它建立在物质的基础上，但并不绝对和完全地表现在物质上。

力量是竞争的物质基础。在激烈的商战竞争中，要想战胜对手，必须立足于这一基础之上，必须具有优势的力量。从直观上看，商战中的战略较量，就是一种争夺力量优势的较量，就是对某种战略物质资源的抢占与控制。

一切战略艺术的奥秘都体现在对力量的把握和运用上。具体说，战略无非是把握对抗中力量的三种变化：第一，把握力量自身的变化，这要在力量的基本要素——人、工具等方面上做文章，即改进工具、提高人的素质和强化控制等。战略艺术在此表现于工具革新、编制完善、科学训练和激励士气等各个方面。第二，把握力量在时间与空间中的变化，或者说把握力量变化的持续性和广延性。我们评价一位战略决策者水平高低，无非是指他能否把他掌握的力量集中于关键的时间和空间，并在此时此地形成对敌的绝对优势。第三，把握敌方作战力量的变化。实际对抗中，敌我之间力量的对比是相对的，敌方力量的削弱，就意味着我方力量的增强。削弱敌方力量的方法有消耗，分散，消灭，或者欺骗。有的方法是直接使用己方的物质力量改变对方的物质力量，有的方法则通过敌方精神因素的转化作用改变对方的物质力量。

在现代的商战中，要用实力说话。有实力才有发言权，才有主动权。有一则寓言，说的是一片森林里食物很少了，所有动物开会商量对策。一只兔子说要大家平均分配食物。而一只狮子却说："你讲的话很好听，如果你有和我们一样的爪子和牙齿，那么战略理念：有实力才有发言权，才有主动权。

你的话对你来说就更有用了。"这则寓言说明了什么？说明的是这样一个道理：说话的分量与其拥有实力的分量有着必然的联系，并且成正比的关系。

孙子说："故胜兵若以镒称铢，败兵若以铢称镒。"（《孙子兵法·军形》）孙子告诉我们：竞争是一种力量与力量的对抗，竞争的较量是建立在力量对比的基础之上。"镒铢相称"，竞争遵循强胜弱败规律。"对比"是竞争的一个核心的概念。我们要从这两个字上理解"竞争"的本质。

所谓"竞争"，无非就是一种对比，一种力量的对比。要比出谁的力量最强，然后力量弱的要向力量强的臣服。战争是力量的对比，对比的力量是暴力，对比的结果是失败者让出国土或者接受强者的条件。商战也是力量对比，对比的力量是资金、产品和成本，对比的结果是失败者让出市场或者接受强者的条件。

力量对比，是战略家们必须掌握的一个内容，是战略方案制定者必须关注的一个基本依据。也就是说，战略决策要建立在力量对比的基础之上。我们注意到，无论是战争还是商战，许多胜负就差在力量对比的毫厘之间。这种对比的偶然性反映了一种必然性。

分析力量对比，不能只看现象，而要看本质；不能只看眼前，而要看发展；不能只看数量，而要看质量；不能只看外形，而要看结构；不能只看力量本身，而要看影响力量的外部条件及其他各种制约因素。

有人会问：既然强胜弱败，力量对比弱小的一方的竞争就没有任何意义了，只有束手就擒算了。那么，历史上那么多以弱胜强、以少胜多的成功战略实例又如何解释呢？这个问题，要从全部力量与局部力量的辩证关系中去解释。力量可分为全部力量与局部力量，这种区分是按力量时间空间分布状态而做出的，体现了力量整体与个体之间的区别与联系。

全部力量多表现为力量的原始形态，局部力量多表现为力量的对抗形态。力量的原始形态与对抗形态不同，后一种表现在特定的时空条件中，表现在特定时空条件下对抗双方的力量对比中。战略指导的艺术恰好表现在这方面。掌握全部力量少的一方，在具体的对抗过程中，并不等于在局部力量上一定会少；掌握全部力量多的一方，在具体的对抗过程中，并不等于在局部力量上一定会多。所以，就全部力量而言，能够"以少胜多"，但是这种全部力量的"以少胜多"必须建立在局部力量的"以多胜少"上。由此可见，"以少胜多"与强胜弱败规律并不矛盾。

掌握了全部力量与局部力量的辩证关系，我们就可以在全局处于劣势的情况下，能动地夺取局部优势，通过不断地赢得局部胜利，逐步改变双方全部力量的对比，最后夺取全局优势，赢得最后胜利。毛泽东在指导中国革命战争中，成功地把握全部力量与局部力量的辩证关系，最后夺取了中国革命战争的胜利。

战略理念：利用局部力量对比的优势，扭转全局力量对比的劣势。

二、力量的构成要素

谈到力量的构成，我们必须首先认识力量构成的各种要素。

在商战中，竞争力量主要部分就是经济领域所说的资源。依照许多研究者的研究方法，我们把资源定义为企业所拥有或控制的资产，它包括机器、厂房、土地、现金、存款、股票、金银等。资产就是财富，其基本特征就是能储藏价值、保值或增值。

资金是商战资源中可机动、可转换的部分，就像我们战争中所说的机动作战力量或"野战兵团"，它是商战竞争力量中基本的要素。所以，资金的积聚、流动和投向，也就是我们常说的"现金流量"，是商战中的战略对抗最为关注的问题之一。有企业家指出，市场经济就是资本市场经济，其最终是要实现资本的增值和回报。他们甚至认为，只要有了资金就可能拥有一切。没有产品可以买到产品，没有技术可以买到技术，没有市场可以换到市场。这几年，国外企业就是用技术和资本来换取我们的市场的。

固定资产是商战竞争力量中不可机动和不可转换的部分，就像我们战争中的"军事基地"和"坚守兵团"。但它是商战竞争力量中的基础设施部分，是竞争力量的主要"硬件"。

在军事领域，人是决定战争胜负的决定性因素。在经济领域，人在竞争力量中的地位同样也是决定性的。有人说，市场竞争，关键是产品竞争；产品竞争，实质是科技竞争；而科技竞争，说到底，就是人才的竞争，谁拥有人才，谁就有了主动，谁就有了今天和明天。

在人才的问题上，我们需要认识"人力资本"这个概念。所谓"人力资本"，按舒尔茨的话说，它是体现在劳动者身上的一种资本类型，它以劳动者的数量和质量，即劳动者的知识程度、技术水平、工作能力以及健康状况来表示，是这些方面价值的总和。人力资本是通过投资而形成的，像土地、资本等实体性要素一样，在社会生产中具有重要的作用。

我们应当看到，在现代经济形态中，对"人"的认识与过去大不相同。旧经济的核心是资本和机器，人在这里只被称为"劳动力"；现代经济的理念是：只有把人的能动性发挥到极致，把集体里每个人的智慧和几千年来人类积累的智慧聚集到一起，才有可能突破自然资源、生产关系等增长极限，达到新的生产力水平。现代信息社会的实质性改变，不是表现在生产模式上，而是表现在人的思维功能上。现代信息技术推动了人的感知能力和思考能力的延伸。智能化软件使人的大脑功能部分被替代，许多程序化、

战略理念：在现代商战中，一定要掌握足够的可支配的机动资源。

逻辑化的思考完全可以用机器去做。有专家指出，信息时代的人已经被技术武装成了"超人"。人的能动性发生变化必然会带来新的思考模式、学习模式、交易模式、娱乐方式、人际交往方式，也会让人的聚集模式（组织结构）发生根本改变。

战略理念：谁拥有人才，谁就有了主动，谁就有了今天和明天。

一支有战斗力的军队，除了拥有高素质的作战人员之外，还要有精良的武器装备。一个企业的生产能力也是一样，除了拥有优秀的员工之外，还要拥有先进的生产工具。只有在最先进的"人—机"结合的基础上，才能够生产出最受市场欢迎的产品，才会有最强大的竞争力。在中国，有许多企业大胆引进国外生产线，改善了自己的生产设备，提高了自己产品的质量，在市场上获得了成功。能够将先进的生产工具迅速引进来，为自己所用，是一种战略良策。

在市场上，一个企业靠什么与对手竞争，靠的是过硬的产品。产品是竞争力量的重要组成部分和最为直接的体现。同时，产品还决定着一个企业所掌握的竞争力量的类型和相关的产业范围。从市场战争学的角度看，产品就像战争中的弹药。所不同的是，它不是直接杀伤对手，而是直接征服顾客，占领市场，进而通过比较优势淘汰对手。在市场竞争中，拥有好产品的一方，将会战胜提供产品差的一方。如同两个射手向同一个靶子射击，枪弹好的一方，将战胜枪弹差的一方。

那么，从商战的角度看，什么样的产品，才算是好的产品，才有战胜对手的竞争力？**一是低价格**。在同样质量的产品中，顾客肯定会购买低价格的产品。这是市场的客观反映。这种客观反映证明了一个长期被反复证明的规律：在同样的产品中，低价格的产品具有更大的竞争力。**二是高质量**。在同样价格的产品中，顾客肯定会购买质量好的产品。这也是市场的客观反映。这种客观反映也证明了一个长期被反复证明的规律：在同样价格的产品中，高质量的产品具有更大的竞争力。**三是独特性**。这是社会文明发展对产品提出的要求，反映了顾客个性化和多样化的精神追求。这就是说，在现代条件下，产品要在满足顾客物质需求的基础上，还要充分考虑到顾客的精神需求，同时，也要体现自己独特的企业文化内涵，以形成与众不同的"差异化"。**四是组合性**。这要从产品功能的外延上来看。一个好的产品，不仅取决于产品的自身，同时还取决于产品与其他相关要素的结合。**五是时代性**。有竞争力的产品必须适应时代的要求，具备现代社会所需要的特征，例如"人本主义"和"可持续发展"等方面的特征。

> 战略理念：要使你的产品对顾客产生更大的"杀伤力"。

在现代商战竞争力量的构成要素中，我们一定要注意分析研究"无形资产"。一家公司要想在竞争中获得成功，就必须拥有一些宝贵的无形资产。这种无形资产可能是先进技术、置业价值、著名品牌等。这种无形资产最好是与众不同的，不可复制的。

无形资产本身具有价值，具体反映在企业的技术含量、管理经验、企业文化以及其他精神方面的因素上。这种价值的体现来自公众的认可度和专家的评判。无形资产能够产生高出企业净资产的虚拟价值。这种虚拟价值是知识经济的特有产物。它的产生机理建立在人们的心理波动上。这是一种没有经过必要劳动时间而是"由钱到钱"产生的价值。

无形资产虽然是无形的，但有许多实例可以证明它的存在。美国的网景公司开发出高性能的浏览器后，被认为是唯一能够同微软公司在此领域一决高下的公司。可是，这家公司并没有什么有形资产，因为这家公司的所有资产就是这个软件。耐克公司本身也没有一家生产厂，但却称霸全世界的运动鞋市场。生产厂家都是以许可证方式生产着耐克牌的产品。这家公司的所有财产也就是"耐克"商标、市场销售能力和开发能力。

有一个数据可以说明这个问题：目前全球贸易总额的97.5%

是金融资本交易，产品贸易额仅占世界贸易总额的2.5%。还有资料表明：20世纪80年代，一个企业所创造的价值中，有38%是无形价值，62%是有形价值。到2000年，无形价值的比重占据了85%。

所以，现在人们越来越注意无形资产，甚至有人说，"公司理财的本质是企业无形资产的变现"。有眼光的经济战略家，十分注意无形资产的价值，以及如何通过无形资产实现有形价值。有人把这种战略运作称为"资产经营"。有人说资产经营是一种"空手道"，是一种由"钱"到"钱"的游戏。这是一种利用无形的方式得到有形资源的途径。这里面有很高的战略技巧。

战略理念：通过无形资产实现有形价值，利用无形的方式得到有形资源。

力量是由质量和数量两个方面构成的。质量，是指好与坏；数量，是指多与少。就军事而言，中国战略常将质量高的军队称为"精兵"。中国古人还将特别精锐的部队称为"锋"。质量与数量的关系，可以通过"以一当十"或"以十当一"形象地表现出来。辩证地把握这一关系，是战略指导的一个重要内容。

中国战略强调力量的质量，主张兵在精而不在多。在《吴子》一书中，有一段对话描述，能够很好地说明这个问题。武侯问："兵何以为胜？"吴起说："以治为胜。"武侯又问："不在众寡？"吴起说："若法令不明，赏罚不信，金之不止，鼓之不进，虽有百万，何益于用？所谓治者，居则有礼，动则有威，进不可当，退不可追，前却有节，左右应麾，虽绝成陈，虽散成行。与之安，与之危，其众可合而不可离，可用而不可疲，投之所往，天下莫当，名曰父子之兵。"这段话，简单明了地告诉了我们兵在精而不在多的道理，同时也指出，在同样条件下，质量高的力量要比数量多的力量灵活，对保障的依赖程度小，能够更有效地利用对抗条件和把握战机。

战略理念：注重力量的质量，兵在精而不在多。

对于一个企业来说，它的竞争力并不一定表现在人的数量上，而在人的素质上。现代企业也要强调"精兵"政策，宁可花重金聘请一个能人，也不廉价地雇佣一帮庸人。

三、商战竞争力量的表现形态

当力量的使用者在运用力量时，力量便具有某种目的性、指向性和作用点，形成了力量在发生作用时的特定的表现形态。这种形态，直观地反映了力量的功能和效率，在军事用语中我们称之为"作战能力"，在现代商战中我们可称之为"竞争能力"。不同的经济时代和经济模式，企业具有不同的竞争力量的表现形态。

——力量的规模和整体性

一个企业的竞争能力与其生产规模有着必然的联系。如果条件有利，企业应当迅速扩大自己的规模。规模可以在降低成本、赢得市场等方面给你带来许多好处。规模在防止其他竞争者进入或者削弱其他竞争者的影响力等方面具有特殊作用。

有的成功企业注重规模性经营，打破传统界线，形成完整体系，建立了产、供、销一体化模式，例如，有的商场增加餐饮和娱乐场所，将销售与休闲文化结合起来。

——核心竞争力

核心竞争力，指的是对企业发展起着决定性支撑作用的竞争力量，它同时也包括我们上面所说的竞争对手难以复制的专业化的特异力量。"核心竞争力"这个概念已经在企业家中间达到了耳熟能详的地步，在此不必过多解释。但需要指出的是，现在商战中时髦的理论——"核心竞争力"，实际上在军事战略中早就提出来了。法国战略学家博福尔早在20世纪60年代就说过："要掌握军事战略，关键在于了解武装部队起决定性作用的能力是如何发

展的。"（《战略入门》，第 45 页）

从军事学的角度看，所谓"核心竞争力"就是那种起着决定性作用的能力。这种能力，就是军队中主力部队和这一部队所掌握的主要杀伤手段。这种能力，也是自己军队区别于其他军队的那种标志性的杀伤手段。我们从军事角度认识我们商战中常说的"核心竞争力"的内涵，会使我们得到更新和更深入的认识。

——相对谈判力

"相对谈判力"是企业竞争的一个专业概念，它是指企业竞争中的一种内在的影响力，它决定一个企业在竞争中所占据的主动性有多少。

谁的相对谈判力强，谁的声音就有力，通俗地说，就要看谁的脸色行事。掌握相对谈判力比较强的一方，往往处在距离掌握游戏规则最近的位置上。

专家们认为，对一个相对谈判力强的企业来说，通常不会去整合相对谈判力弱的那一方。反之，对一个相对谈判力弱的企业来说，如果有机会整合相对谈判力强的企业，将可以大大提高本身的竞争力，如联想集团整合 IBM 的 PC 业务。

——运作知识的能力

运作知识的能力，也包括我们常说的"学习的能力"，是指企业在掌握知识资源以及运用知识调集其他资源等方面的一种能力。这是知识经济时代对企业竞争力量的特殊要求。

当代主流战略管理理论中的基于资源的战力学派（based strategic management approach）认为：企业的员工和整个组织所具有的知识和技能方面的能力，是保证企业获得持续利润的核心能力。这种核心能力是企业的一种学习、适应、变化和创新的能力。由于具有组织学习的能力，企业能够通过多种合作，获得其他企业的知识技能，甚至通过合作网络，进入其他企业的核心能力层。

　　专家们认为，企业之间的合作，就本质而言，是一种知识的传播和扩散，是知识的共享，是一种双赢行为。对于相对处于知识接受一方的企业而言，通过合作可以降低获得知识的技术成本（特别是机会成本），从而快速形成经营力；而对于相对处于知识输出一方的企业和组织而言，通过知识扩散和输出，可以保证知识投资收益最大化，实现报酬递增的可能。这种知识传递的双赢性质为现代信息环境下的竞争合作网络的建立提供了可能。

　　有资料报道说，在产业化过程中，中国同创集团通过发展合作网络，有效地实施了知识的接受与扩散活动，充分利用企业的内外的既有资源特别是知识资源，获得了产业化过程所必需的推进力量。同创集团一方面着眼于全球范围内的信息技术发展成果在企业中的应用与开发，通过全球范围内的供应商网络体系，获得新知识和新技术。同创集团与英特尔、戴尔、IBM等供应商保持良好的合作关系，并能通过这种合作迅速提升其技术水平和管理水平，特别是提高战略管理的水平。另外，同创集团充分利用所在地区和全国范围内的知识创新体系所提供的知识，努力寻求与高校和科研院所的合作。如同创集团与南京航空航天大学、东南大学建立了同创多媒体研究所，与南京大学建立同创经济信息分院。通过广泛的产、学、研合作，同创集团的竞争能力得到了较大的提升。虽然，在上述两种合作中，同创集团处于知识的接受方，但同创集团始终注意掌握主动权，即根据自身需要去整合各种知识和技术。这一点，对于基础薄弱的中国高科技企业来说，尤其重要。

　　——**资源利用能力**

　　资源利用能力反映在企业资源利用的有效性上。企业的这种能力与成本和环保有着密切的联系，在目前世界经济发展中尤其在中国可持续的经济发展中具有十分重要的意义。

对此，有的专家提出了"资源生产力"的概念。这一概念有利于我们探索任何产品中成本与价值新的关联途径。在企业里，资源利用的无效率，通常表现在物料使用不安全，或是制成品管制太差，并导致没有必要的浪费、缺失和储存材料。我们应当看到，"资源生产力"概念所形成的经营模式，是一种积极的模式，并非简单的污染控制模式。

——市场开拓能力

市场开拓能力，也就是市场营销能力。这种能力反映在企业能够有效和大量地占领市场空间并获得更多的市场份额上。一个企业如果有很强的生产能力，但没有相应的市场开拓能力，它最终还是无法实现自己的战略目标。市场开拓能力，是一种与竞争对手面对面的实战能力，这种能力与企业期望的战果有着更为直接的关系。这种能力更多地表现在企业的营销能力上。

我国著名企业家柳传志曾深有体会地说："联想在八十年代末九十年代初曾有一个人数相当多的技术研究中心，研究出来的阶段性成果，可转化为产品的有几十项，其中最大的一项投资有500万，叫多口汉卡。这个产品还是比较有市场的，有的台湾厂家现在还在做。但是当时我们做起来就是不大，为什么呢？因为没有市场开拓能力。一是产品本身没有在市场上反复地磨合过，产品的性能和质量还应该在市场上获得更多的意见；二是销售人员不知道在市场上应该如何卖。"（《与100名老板对话》二，第22页）

要想具备强大的市场开拓能力，必须使自己的生产能力能够贴近市场，适应市场，随时满足市场提出的各种需求。目前，企业为了提高自己适应市场的能力，形成柔性生产技术和弹性生产流程，提出了"时基竞争"的概念。丰田公司创造了一种弹性的

（或称柔性的）生产流程，这种生产流程能够减少装配时间和半成品存量，使多产品竞争者大大降低了产品扩展的加工成本，打破了生产规模与产品复杂性之间的僵局。但是，弹性生产的作用还远不止限于制造成本和加速资金周转，它真正的用武之地体现在市场开拓能力上。生产商可以在越来越短的周期里提供空前繁多的产品种类。于是，分销商的存货变少了，可供产品的种类增加了，客户能准时得到完全符合自己意愿的产品。它使营销人员的梦想成真。

——科技创新与转化能力

科学技术是第一生产力。市场竞争，在很大程度上表现为科技实力的竞争。企业竞争实力的优劣，在很多方面体现在科技含量的高低上。一个有竞争力的企业，它必须掌握先进的科学技术，拥有科技含量很高的产品，并且有强大的不间断的由科技转化为产业的能力。

有许多企业家用"科技特质"这个概念来描述现代企业的科技优势。他们认为，技术优势可以转化为市场优势。"只要拥有技术优势，任何时候介入都不会晚，都可以成功。"（《与100名老板对话》三，第100页）

技术进步，能够使企业竞争能力减少对自然资源的依赖。在强调经济可持续发展的今天，这一点非常重要。过去的生产依赖大量消耗有限的自然资源，而现在，由于技术进步，弥补了自然资源的匮乏，使资源的使用效率大大提高。有资料统计说，1920年生产汽车时，原料成本占60%，现在只要20%，其他都变成了知识成本。技术进步的另一个重要表现，是各种代用品不断出现，减少了人们对稀缺原料和资源的依赖。在这方面，以色列的精确化农业给人以深刻印象。

战略理念：现代企业在强化其核心竞争力的基础上，形成高度适应市场需求的复合型竞争能力。

四、不同类型的力量及其相互关系

根据作用方式或表现形式不同，力量有多种多样的类型。细化和把握力量的各种类型及它们之间的相互关系，这对于战略指导来说，十分重要。

现实力量与潜在力量

力量有现实力量与潜在力量之分，用战略常用的简化语言来说，就是"实力"和"潜力"。现实的力量是指实际存在并立即可以投入使用的那些力量；潜在的力量，是指能够转化为现实力量但不能立即投入使用的那些力量。

高明的战略家们在非关键的时期不主张保留过多的现实力量，只要合理够用就行。因为保留现实力量过多，只会增加负担，造成不必要的损耗。但是，我们一定要随时注重潜在力量的建设，并且做好潜在力量向现实力量迅速转化的准备。这两种形态的力量要组合成"金字塔"结构，上面小而锐，下面大而重。

对于现代商战来说，有人认为，掌握现金流量，就是要存放大量的现金。曾有企业家将自己在银行存有多少亿现金看做成功的做法和成功的标志。其实，存放现金，并不是高明战略家的做法。从商战的角度看，把钱大量存放在银行里，是一种力量闲置，是一种保守的做法。掌握现金流量，不是将大量的现金放在那里不动，而是以最快的速度和最大的幅度增值。所以，高明的战略家并不存放大量的现金。那么，在需要的时候，他的现金从哪里来？这就要看他的资金运作能力。高明的战略家手里并不经常攥着很多钱，但关键的时候他总能够自如地调集到很多钱，并且需战略理念：企业的战略能力反映在由潜在力量向现实力量迅速转换上。

要多少就能够调集多少。他的现金流并不是一个固定的货币数目，而是一种战略运作的能力。

研究"潜在的力量"，不仅包括研究力量转换的问题，而且也包括研究力量生成的问题。关于力量的生成，孙子有过明确的表述。他说："地生度，度生量，量生数，数生称，称生胜。"（《孙子兵法·形篇》）这句话的意思是：敌我所处地域不同，产生双方土地面积大小不同的"度"；"度"的不同，产生双方物质资源多少不同的"量"；"量"的不同，产生双方兵员多寡不同的"数"；"数"的不同，产生双方军事实力强弱不同的"称"；"称"的不同，最终决定对抗的胜败。

中国古代的战略家告诉我们，力量的生成是有条件的，要依赖于雄厚的基础，用现在的话来说叫"潜力"或"综合国力"。一个国家或企业力量生成的大量资源，来自这个国家的综合国力。中国古人的以上论述，为我们揭示了一个非常重要的综合国力对抗的战略观点。这一战略观点，在现实的战略决策领域有着极高的价值。

中国战略揭示了"条件—资源—力量"的力量生成链，并且告诉人们：力量绝不是凭空生成的，不是无中生有的，它是从大量资源中聚集而成的。这些资源包括"人"和"物"两种最基本的要素。古往今来，这些资源的多少与所处的地域以及地域的大小有关。所以，历史上许多资源丰富的地区，都成为兵家必争之地。争夺者希望在这些地区源源不断地获得力量（由此，也涉及了战略对抗中"地缘"因素重要性的问题）。在许多战略家看来，只要占据了力量生成之地，有了力量生成之本，力量就会从无到有，由小到大。所以，他们有时不惜代价地夺占某处要地，以图日后发展。毫无疑问，在我们今天商战的战场上，也有许多我们企业的"兵家必争之地"。这些"兵家必争之地"集聚着我们企业竞争的潜在力量，关系到我们竞争力量的发展和壮大。

当然，我们也要看到，现代科学技术高度发展的今天，地域之间的界线以及存在资源多少的差异不如以前那样重要了，关键是看谁能够拥有更先进的手段，更快更多地获得资源，并且这些资源也与过去大不相同（例如信息资源的出现和作用）。但是，无论社会怎样发展，关于力量生成的两个战略基本原理不会改变：第一，力量生成是有条件的，力量生成依赖于大量资源以及与之相关的条件；第二，力量生成是有过程的，战略强调从力量生成之本着眼发展和壮大力量。

战略理念：高明的战略家不只是注意力量的结果，更注意力量生成之本。

物质力量与精神力量

通俗地说，物质力量是由人的肌肉以及人操作的工具发出的，它有形地作用于目标，改变目标的有形的形态。精神力量是由人的心理发出，多表现为人的"士气"、"斗志"等，它通过某种物质工具无形地作用于目标，改变目标的无形的形态，或者说瓦解对方的斗志，征服对方的意志。

对于物质力量，我们通常能够看得见，摸得着，比较好理解。对于精神力量，它包括许多方面，有许多类型和表现形式，我们很难把握。对这种力量，我们首先要承认它的存在，然后需要对其进行广义的理解。笔者在此借用《北京青年报》2000 年 3 月 17 日的一篇文章来说明这个问题。这篇文章中有这样一段话："世上有很多种力量，其中，情感的力量是致使人类延续的原始动力；道德的力量是维护社会稳定的基本保障；知识的力量是推动历史前进的内在核能。然而，还有一种力量却总被人们忽视，它以假设为前提，以现实为参照，以'无'为根本，以'有'为终结……正是这种力量，牵引着人类的政治、经济、文化、情感等诸方面的所有变革。我们称之为——幻想的力量。"

精神力量作用于目标的方式大致有两种：一种精神力量通过转化为物质力量作用于目标。例如，我们通过先进理论改变原有的力量组合，使原有力量增强；我们运用智谋正确选择了力量作用点，使原有力量发挥更大的效能；我们通过激励士气，增强人们操作工具的能力，形成更强的物质力量。另一种是通过一些媒介直接作用目标，这主要表现在人与人之间的心理或意志对抗。

在力量的总体构成中，物质力量与精神力量紧密结合在一起。物质力量与精神力量的这种结合，就是《孙子兵法》中所说的"合之以文，齐之以武"，类似于我们常说的计算机的"硬件"和"软件"。

因此，我们不能只从物质形态看待"力量"，而要从更宽泛的含义上理解"力量"。我们要特别注意老子说过的一句话，即"道生之，德蓄之，物形之，势成之"（《老子·五十一章》）。这句话非常精辟，有很普遍的涵盖性。就力量的生成与构成而言，这句话表明：力量是由"道"而生，力量包蓄有精神方面的"德"（这样的力量才有"气"，才有"魂"），力量是由"物"构成并显示出自己的形状，力量所产生的预期作用要由"势"来促成。

在商战中，企业文化是一种典型的精神力量。文化是什么？文化是一种在特定环境中人与自然、人与人之间互动形成的特定的思维和行为模式。还有专家说，文化是最大的"我们"。在其中，我们感到舒适，使"我们"区别于"他们"。企业文化是指一个企业的价值观、理念、传统、经营风格和内部工作环境。企业文化可以使企业员工之间产生无形的内聚力，可以促使员工自觉地导向同一个目标，可以在员工身上自动诱导出惊人的力量。在企业制度约束下的员工行为是被动的和消极的，而在企业文化激发下的员工行为是主动的和积极的。企业文化所塑造的力量更

> 战略理念：力量是活的而不是死的，要使你的力量具有内在的魂魄。

具有人性，更具有灵性。

当前，企业的文化含量、文化附加值越来越高，关于这一点，我们可以通过商品包装以及企业广告看出来。文化因素在经济和社会发展中的作用日益重要，逐渐成为企业发展的主要动力。甚至有人断言，今天的文化就是明天的经济。现代商战的战略强调从经济与文化互动中推动企业发展，提高企业的文化含量，并通过文化含量的增大使企业进入更加良性的运转轨道。

惠普公司因其精心构建的文化（"惠普之道"）的强大和卓越性而为全球所瞩目。这家公司的创建人之一戴维·帕卡德描述了公司文化的作用。他说："任何组织，任何已在一起工作一段时间的群体都会形成一种哲学，一套价值观，一系列的惯例和习俗。这些从总体上看是这个组织所独有的。对于惠普来说也是这样。我们拥有一套价值观——坚信这些信念将引导我们去实现我们的目标，共同工作，与消费者、股东及其他人打交道。我们的企业目标是构建在这些价值之上的。这些目标是我们制定决策的日常指导。为了有助于我们实现目标，我们应用战略和各种行为。正是这些要素——我们的价值观、目标、战略和行动——的综合构成了惠普之道。"（［英］哈默、帕拉哈莱德等编著《战略柔性——变革中的管理》，朱戎等译，机械工业出版社 2000 年版，第 88 页）

我们不仅要让公司有"气"，而且要让公司有"神"。这就是企业文化的塑造与定位。从生态学的角度看，企业必须有"神"，这是一种内在的魂，这样你的企业才有生命。我们要做的事情，就像米开朗琪罗所说的那样，将你所需要的"精灵"寻找并释放出来。这种文化的开发，是企业无形资产的积聚，是企业成活的点睛之笔。

笔者曾经与天坛酒店的一位经理探讨过企业文化的塑造。笔战略理念：一定要注意培育企业文化，因为它可以塑造活的力量，保证你的基业长青。

者谈道：你们酒店的文化要定位于"天坛"，要超越传统酒店的功能范围去认识和发展它，使它成为商务人士在浮躁商战中的精神宁静的港湾，成为商务人士求知寻友的会所，成为商务人士"天人合一"的养生之地。

有形力量与无形力量

有形力量，即是那些我们能够看得见、摸得着的力量，它由物质的现实的力量构成。与此相对应的无形力量，就是那些我们看不见、摸不着的力量，它包括前面所说的精神力量、部分潜在力量、信息力量等。

现代战略，十分重视对无形力量的运用。这是因为：第一，这种力量具有强大的穿透性，尤其在信息时代，这种穿透性更为明显。第二，这种力量可使对手难以防备，达到"不战而胜"、"胜于无形"。第三，随着科学技术的发展，人类所掌握的无形力量越来越多，人们通过使用无形力量进行无形对抗的领域越来越大。

无形资产就是一种无形力量。在现代商战领域中具体表现为一种品牌，一种信息资源，一种知识资本，一种注意力资本，一种企业间的网络关系，或是一种企业的信誉度。

上面说的企业文化既是一种精神力量同时又是一种无形力量。关于这一点，有许多企业家作了精辟的论述。海尔的张瑞敏说：老子的"天下万物生于有，有生于无"是说有形的东西受无形的东西支配，在企业里这个无形的东西就是企业文化，一个企业能否发展，取决于有无自己的文化。美国的管理专家麦金瑟管理咨询公司的专家们在研究了美国43家大公司的经营业绩后得出结论说："超群出众的企业之所以能做到这一步，是因为它们有一套独特的文化品质，是这种品质使它们脱颖而出，鹤立鸡群。"

在信息时代，我们要特别注意研究"影响力"这种无形力量。影响力作为实力的体现，是权力的重要组成部分。在影响力上运作得好，能够使很小的现实力量获得很大的竞争效果。

战略理念：高明的战略家，能够看到那些别人看不到的力量。

"虚"的力量与"实"的力量

按准备程度和发挥程度的不同，力量有"虚"、"实"之分。也可以这样概括地说，在有利状态下的力量表现为"实"，在不利状态下的力量表现为"虚"；在进入对抗状态下的力量表现为"实"，在没有进入对抗状态下的力量表现为"虚"；按照战时编制齐装满员的力量表现为"实"，按照平时编制非齐装满员的力量表现为"虚"。分清力量的"虚"与"实"，对于我们正确分析对抗双方的力量非常重要。

在现实的竞争中，我们掌握的力量不可能也没有必要总是"实"的。我记得老子曾经有一个比喻：车轮有实的地方，也有空的地方；一个瓦罐有实的地方，也有空的地方。实有实的用处，空有空的用处。有虚有实，虚实结合，才是高明的战略家所为。

战略理念：力量有实与有虚，战略的作用就是使力量该实的时候实，该虚的时候虚。

常规力量与特异力量

常规力量是指一种通用力量，在中国战略中称为"正兵"，用军事术语说是"正规部队"。这种力量在竞争中不可缺少。特异力量是指一种其他人所不具备的特殊力量，在中国战略中称为"奇兵"，用军事术语说是"特种部队"。

特异力量作为企业拥有的特别出色并且是独有的竞争资本，是竞争对手无法复制或者复制起来难度相当大的。特异力量是企业竞争优势的一个基础，是公司所拥有的一种专门技能或专有能力。例如，夏普公司在平板显示技术上的特异力量使得它能够垄断全球的液晶显示器市场。丰田、本田和日产公司在低成本、高质量的制造技术和很短的"设计—市场"周期两个方面的特异力量一直是全球汽车市场的竞争优势。英特尔公司快速开发的新一代更强大的半导体芯片方面所拥有的特异力量使得该公司在个人计算机行业拥有垄断地位。摩托罗拉在无缺陷制造方面拥有特异力量大大提高了该公司在全球蜂窝式电话设备市场上的领导地位。橡胶女王在不断为家用和商业应用开发出具有革新意义的橡胶和塑料产品所具有的特异力量使她成为行业领袖。

没有特异力量的企业是没有竞争力的企业，因为它没有自己独特的竞争优势，没有真正属于自己的东西，它不可能在市场竞争中出奇制胜。

大量的现代商战经验表明，竞争对手的仿制是削弱你的竞争优势的重大威胁，而对付这种威胁的最有效的力量，就是特异力量。

战略理念：不仅要拥有强大的常规力量，同时一定要建立与众不同的特异力量。

五、如何增强自身的力量

如果说我们前面的讨论的问题，是一种关于力量本身的概念性问题，或者是有关于力量构成、生成、类型等方面的理论性问题，那么，我们下面要讨论的是一种直接指导商战的具有可操作性的战略应用问题，这就是回答如何增强我们自身的力量。现代商战的战略家们，恐怕关注最多的也就是这个问题。

优化自身的力量结构

我们要善于从自身内部聚集更多的力量，用我们常说的话说就是"挖潜"。实际上，我们自身内部有着许许多多潜在的力量，只是我们没有发现它。就现代商战而言，我们从自身内部聚集力量的办法通常包括：压缩规模，削减成本，减轻负担，集中有效地使用资源；发现、改造那些闲置资源；通过科技创新和市场需求引导，提升原有资源的质量；等等。

我们应当融合不同形式的资源并且催化每种资源的价值。不同的资源在融合过程中会发生"化学"变化，当然，这要看你是否掌握了催化的方法。融合与催化所包括的做法有：技术一体化，业务功能一体化，新产品构想。进行融合与催化需要技术通才、系统思维以及最优化处置的能力。

就增强自身内部力量而言，我们要关注"力量构成"这一问题。力量构成得好，力量结构优化合理，力量自然会增强；构成得不好，力量结构就不合理，就会产生内耗，力量自然会衰减。为什么会出现这种现象？其原因是，力量各要素具有不同类别和性质，如中国古人所说："圆者易转，方者易置，敧者易仆，直者易植，窍者易浮，锐者易刺，牝者易变，牡者易入，刚者易折，柔者易曲。"（《投笔肤谈·物略》）这些要素在彼此发生联系的过程，由于类别和性质的不同，会发生这样或那样的排斥或融合作用，相斥则力衰，相合则力强。在理解这个问题时，我们还应当理解中国古人这样一段话："天下之物理，有相生者，有相克者，有相感者，有相成者，有相制者，有相胜者，有言其性体者，有言其声气者，有言其形势者，有言其作用者。杂然并撰，分类别行，凡有利于兵之事者，不可胜穷也。"（《投笔肤谈·物略》）这段话的意思是，自然界各种各样的东西，都有自己的特殊性质。因此，物与物之间存在着不同的作用：有的东西可以促进另一种东西的生长，有的东西可以使另一种东西死亡，有些东西相互感应，有些东西相互弥补，有些东西相互制约，有些东西合在一起性能更好。正因为各种东西都有其特性，所以人们可以将这些特性加以分类，以便利用。有的讲它们的性质形体，有的讲它们的声音气息，有的讲它们的形势，有的讲它们的作用。这些多种多样的具有不同性质不同作用的东西，在战略上的应用是无穷尽的。把以上的意思归结起来，也就是中国古人所说的"金火相守则流，火木相得则炎"。（《投笔肤谈·物略》）

从现代理念的角度来看，通过科学的组合，力量可以产生 1 加 1 大于 2 的效果。力量建设一定要注重体系的综合效果。现代竞争是体系与体系的对抗，发达国家特别重视通过信息技术来增强体系的合成能力。

让你的资源"动"起来

我们记得尼赫鲁的父亲曾经讲过这样一句话："一个有钱的人，是一个善于随时赚钱的人。资本只有不断流通，才能不断增值。"这就是说，要想让你的力量增强，一定要让你的资源"动"起来，在流通中增值。在战略上讲，这是一种动与静、虚与实的组合艺术。

让你的资源动起来，也就是要把存量变活。荣事达的总裁陈荣珍告诉我们："企业资本积累达到一定规模，资产特别是净利资产的获利能力比较强的时候，就要考虑下一步怎么融资发展的问题，小富即安不行。荣事达的第二步，是把存量资本盘活。"那么，他是如何将自己的存量变活的？他接着告诉我们："无形资产不到市场上交换，一分钱也不值。我们主动出让 49% 的股份给港商。这种做法在当时引起很大争议，企业获利能力这么强，转让给别人，不是划不来吗？他不知道，一方面，拿存量资产获得资金能谋求更大的发展；另一方面，只有在资产获利能力最强的时候才能卖个好价钱。"（《与 100 名老板对话》二，第 97 页）

注意发现那些被忽视的力量

力量与它的相关的内外在因素密切相关，与它所处的时间和

战略理念：力量建设一定要注重体系的综合效果。

战略理念：一定要让你的资源"动"起来，"活"起来。

空间密切相关。力量在与它的内外因素结合时，在它所处的不同时空中，有着不同的表现形态，产生着不同能量。因此，我们需要用不同的方式和不同的角度观察力量，寻找力量。同样的力量，在有的人眼里是力量，在有的人眼里就不是；在有的人手中就可以放大，在有的人手中反而减弱。这就是力量的主客观的统一。力量并不是固定不变的，关键看你如何认识和运用它。

有许多高明的企业家能够敏锐地发现那些潜在的资源，调动那些容易被人们所忽视的力量。成都人民商场的总经理吕根旭就找到并调动了这种力量，这就是他们的商业信誉。他说："我明白企业的扩张不能按常规进行。成商可以利用的资源也不仅仅表现在面上，必须把它们挖掘出来。我们武侯分场一万多平方米的营业面积没花一分钱租金。最重要的是，我们投入了我们的商业信誉，其实这也是对方看中的东西。"（《与100名老板对话》）

战略理念：你之所以比别人高明，就在于你看到了别人所看不到的东西。

增大企业的内聚力

加里·哈默说过："挑战使企业处于紧张状态。"（《未来的战略》，第135页）他的这句话揭示了企业力量产生的一个重要原因。企业为什么要发展？企业为什么会有力量？在很大程度上是它面临着对手，面临着威胁，面临着挑战。对于一个有自信心的企业来说，这种威胁越大，这种挑战越大，它发展的动力也就越大，它所产生出来的力量就越大。在安全和军事意义上讲，这就是一种具有强大激励作用的忧患意识。我们如果有意识地分析一下成功的企业，可以发现，在它们中间都强烈地存在着这种意识。这种意识可以在瞬间产生巨大的内聚力，使所有的企业员工团结成一个人，将不可能的事情变为可能。有大量成功或者失败的事实表明，走向胜利的最终目标往往就差那么一点点执著和信任。

企业内聚力的形成还与企业的战略目标有很大关系。战略目标作为一种展望，必须带有一定的强制性、挑战性和吸引力。战略目标所使用的语言，必须激起公司员工的承诺，创造自豪感，建立一种追求和信仰。战略目标表述能够使员工把自己的工作看成是"建造一个大教堂"而不是"垒砌砖头"。高明的战略家会把战略目标作为企业的管理工具来使用，通过战略目标来延伸公司的能力，挖掘公司的潜力。这要求公司制定的目标体系必须有一定的高度，具有挑战性，使公司产生巨大的活力。通用电气信奉这样一个哲学理念：制定很积极的延伸目标可以推动组织前进，超越"能够做到的"境界，达到"可能达到的"境界。通用电气的管理层认为，给组织提出挑战，推动组织达到"不可能"的目标，可以提高公司所作努力的质量，倡导一种"我能做"的精神，从而建立自信心。专家们认为，目标的高度应高于"能够做到"的水平，延伸目标需要并且能够造就某种近乎英雄主义式的东西。（［美］汤姆森、斯迪克兰德著《战略管理》第十版，段盛华等主译，北京大学出版社、科文（香港）出版有限公司2000年版，第47页）

> 战略理念：企业内部的力量依赖于某些无形的激励因素，其中包括强烈的忧患意识和富有挑战意义的目标追求。

六、如何借用自身之外的力量

对于一个统帅来说，谁都不会认为自己掌握的力量太多，总是感觉自己的力量不够，韩信将兵，多多益善。因此，对于一个高明的战略家来说，他要设法使自己的力量增大，使敌我双方的力量对比向对自己有利的方面转化，要调动一切可以调动的力量为自己所用。就是说，要利用一切可以利用的力量，调动一切可以调动的资源。

从另一个角度来看，在商战的关键时刻，我们必须将最大的力量投入决战之中，这些力量除了自身力量之外，还包括通过各种渠道调集的其他方面的力量。这因为，在激烈对抗的关键时刻，双方力量对比的微小偏差，有可能会导致无法挽回的重大失败。所以说，不会利用外在力量的战略家，不是真正的战略家。

解决这个问题的关键在一个"借"字上。记得有位著名的中国企业家说过："借一切能借之事，借而又借，以借再借，借字当头，利在其中。"

借助各种有利条件

力量的转化是有条件的，并且一定要借助条件。在有利的条件下，弱小的力量就会变强；在不利的条件下，强大的力量也会变弱。因此，高明的战略家，充分利用自然条件、时空条件以及其他方面的条件，增强自身的力量。就像孙子所说的"地形者，兵之助也"。（《孙子兵法·地形》）

从物理意义上讲，占据有利的位置，能够形成强大的位势，通过位势使自己的力量增强。比如说，一个企业是否拥有力量在很大程度上取决于企业在产品价值链中的位置。有专家分析说，企业在产品价值链中的位置越靠后，它的位势就越大，它得到的资产尤其是获利资产就越多，它的竞争力量也就越强。

战略理念：充分利用各种有利条件，占据有利的位置，以增强自身的力量。

借用对方的力量

在现代商战中，海尔善于巧妙地借用国外当地市场的力量，实现了自己企业国际化的战略。海尔的决策者认为，国际化就是本土化。海尔在国外发展，要充分借助当地势力和资源，这样就可以消除消费者对外来品牌的抵触，降低进入国的非关税贸易壁垒，同时还可以解决国际商务人才缺乏的问题。因此，海尔坚持"当地设计、当地制造、当地销售、当地融资、当地融智"的战略。在美国，海尔在洛杉矶建立了设计中心，在南卡州建立了生产工厂，在纽约建立了营销公司，三位一体，形成了"本土化"的海尔，其雇员也主要是美国人。

蒙牛集团也是个善于借力的高手。在一份有影响的营销杂志上，有专家对蒙牛作过这样的点评：历史上诸葛亮用"借"势打败了曹操，如今蒙牛又续写了"借"势成功的佳话。在蒙牛的成长中处处体现着一个"借"字：创业初期，借用工厂，实施"虚拟联合"，快速开拓市场；借势于"中国乳都"、捆绑行业老大"伊利"，打响自己的名头；借用社会资本，发展自己的实力。"借"，把蒙牛的迂回进攻战略展现得淋漓尽致。同时蒙牛将自身的优势资源集中于市场开发、技术开发，将原料供应、生产、运输等资本密集型业务外包，形成以品牌优势为基础的价值网络，而且始终不渝地积累自身的品牌优势，得以在市场中逐步壮大。

号称"价格屠夫"的格兰仕总裁俞尧昌，是一位成功借用国外资源的战略高手。有人形容他说：从他伴着烟雾的嘴里发出来的有些沙哑的东西，不是声音，都是硝烟！他利用中国劳动力成本低的优势，把国外公司的生产线搬过来——用格兰仕的话说，是"用别人的生产线来替自己生产"。这成为格兰仕特殊的 OEM 方式。

这些例子反映了东方战略非常强调的"借力"思想。

在通常情况下，力量在对抗过程中是要大量消耗的。但是，中国战略家们却在思考自己的力量在对抗过程中如何越变越强，即"胜敌而益强"。这里面包含着十分重要的力量转化的战略思想，并且集中体现在如何通过借用对方力量而使自己力量增强，并产生倍增性力量对比反差效果等方面。借用对方的力量，实现双方力量对比的转化，难度很大，但也最能够体现出战略艺术的效果。

借用对方的力量，实现自己的目的，是东方战略的精髓。孙子曾经说过："善用兵者，役不再籍，粮不三载，取用于国，因粮于敌，故军食可足也。"（《孙子兵法·作战》）孙子在这里表述了他的著名的"因粮于敌"的思想。这一思想强调，要学会向敌人"借力"，要把敌人的力量转化为自己的力量。《兵经》一书中也有过类似的论述："己所难措，假手于人，不必亲行，坐享其利；甚至以敌借敌，借敌之借，使敌不知而终为借，使敌既知而不得不为我借，则借法巧也。"

毛泽东在指挥中国革命战争时，灵活地运用了这一思想，获得了巨大的战略效果。我军在解放战争时强调"歼灭战"，就包含有"取之于敌"的战略用意。

在有气魄的战略家看来，借对方之力，要善于借巨人之力，借强者之力。四通集团的段永基对此深有体会。他说："在中国市场日益为外来的跨国公司占领的前提下，怎么建立我们的产业基地？只能走与巨人同行的道路。"（《与100名老板对话》一，第200页）一位加盟于美国"BEST WEST"饭店管理体系的华人老板说："在美国这个市场上，靠我一个人的力量势单力薄，很难站住脚。背靠一棵大树，虽然缴点管理费（特许经营费），但我有了客源，有了管理系统，有了各项后勤保障，这样风险小，容易成功。"（《与100名老板对话》三，第351页）

有的企业家通过巧妙的借力，实现了自己的战略意图。东信公司的"借牌立足"的做法，就是一个很好的实例。这家公司的老总施继兴说："借牌立足"这四个字概括了我们东信的发展模式。即通过引进摩托罗拉技术，把先进产品做出来，借此直接进入急需市场，从而较快地形成规模产业，待资产积累到一定的实力，才去着手开发拥自主知识产权的技术和产品。实践证明，借牌立足，首先抢占市场嫁接国企的路子是正确的。（《与100名老

板对话》三，第 166 页）

许多企业家甚至认为，你最强有力的竞争对手可以成为你发展自己企业的最佳武器。这些你每天都要与之竞争的企业也可能有助于你降低销售成本，促使你改革创新，甚至引导你开拓新的商机。譬如说，如果你战略运作得好，你的竞争对手就会为你付出顾客的教育成本。一旦顾客已经购买了你的竞争者的产品并且积累了基本的产品信息，你就处在一个有利的地位，那就是你通过更高档的产品或更实惠的服务，提供增加值从而使自己胜出。

记得有人说过，"你最好的老师就是你的敌人"。向你的竞争对手学习，实际上也是借用对手的力量。你要取人之长，补己之短，虚心学习竞争对手的管理之道和营销之术。你需要经常就近观察竞争对手，发现他的成功与失败之处，从而避免自己在经营中走弯路。

借用"第三方"的力量

谈到这方面的问题，我们首先要对"债务"进行一番认识，这因为，在企业战略家的眼中，债务是一种可以借调的第三方的力量，债务是灵活使用其他方面资金的一种常见形式。如果说，不会利用外在力量的战略家，不是真正的战略家，那么，我们从这个意义上说，不会利用债务的战略家，不是真正的商战战略家。

债务作为一种现代商战增力的方式，需要从竞争对抗的角度去观察它的积极作用。静态经济学的理论对此解释不通。

通常情况下，低成本竞争者能比竞争对手负担更多的债务，且风险小。通过杠杆的作用，这些债务能转化为更多的利润。债务也能转化为相同利润下更低的价格。两者都可以降低来自竞争对手的风险，又能维持一个比竞争对手更低的总体风险水平。所以专家们认为，低成本竞争者若没有比对手运用更多的债务，那

> 战略理念：要巧妙地把对方的力量借为己用。

便是作茧自缚，必将在竞争中一败涂地。

合理运用债务必须具备长期建立起来的信誉。国内的一位知名企业家谈到自己在利用债务方面的体会时说："俗话说，有借有还，再借不难。我们依靠良好的资信逐步建立起良性循环的资金保障制度。凭借敢借能还、有借有还的资金信誉，获得国内出具不可撤销的信用担保，赢得合作伙伴摩托罗拉公司的理解与支持，适时开启疏通流动资金的方便之门，开始采用延期支付采购外方关键材料货款的方式，从而转入'柳暗花明又一村'的美好境地。1995 年，我们开始探索从产品经营向资本运营的转化，努力探索产业资本与金融资本融合的新途径。我们明白，企业竞争是综合实力的竞争，也懂得小资本支撑大产业难以长久。1992 年便开始转向社会集资和海外筹资的规模运作，继而筹建上市股份公司，自主进入资本市场，筹划资本运营。"（《与 100 名老板对话》三，160 页）

利用债务，主要是与银行打交道。在这方面，恐怕所有的企业家都有着程度不同的经历。现在，经济领域的融资渠道越来越多了。我们除了通过银行之外，还可以通过更多的融资渠道获得资金，如上市、抵押等。

在经济全球化发展的今天，善于从世界范围调集资源，是企业家们关注的一个重点。有战略眼光的企业家，不会将他的融资渠道局限于国内，而是积极地扩展到国外，从全球范围调集更多的资源。企业可以通过跨国性经营，发挥自己的优势，弥补自己的劣势，寻找到更大的市场、丰富的资源、廉价的劳动力和良好的基础设施，能够充分利用国外的各种生产要素。一些专家们明确指出：要善于将全球资源为我所用——这是中国企业强大的出路。

利用外资是借用国外资源的一种方式。中国企业在这些年来充分利用外资，获得了长足发展，取得了很好的经验，但也存在

战略理念：在聚集资源方面，你的视野要无限大。

着不足，也有着一些深刻的失败教训。这里面关键的问题是：我们要利用外资发展自己，而不能被外资所控制。中国 TCL 公司在这方面有着成功的经验。有资料报道说，公司总裁李东生在用市场拉动产品经营的同时，又跳出了单纯做好产品经营的圈子，将产品经营和资产经营结合起来搞"统筹经营"，让 TCL 有限的资产通过各种合资、合作、联营、兼并、股份制控股等形式加快扩张。TCL 的合资方式是以自己的品牌来确立在合资企业中的主体地位，利用外资来打自己品牌的市场。无论是选择"长城"还是"陆氏"，李东生都注意利用它们多年生产彩电、音响等家电产品的经验和海外市场。由于这些厂家自身没有名牌商标，因此 TCL 品牌可以得到延续。在上彩电项目之初，资金特别困难，也曾有著名的跨国公司提出合资意向，但条件是控股和使用其商标，目的很明确，就是利用中国企业作为进入中国市场的跳板。为了创自己的品牌，保持对企业的领导权，TCL 最后还是拒绝了他们的投资。

我们应当看到，"借入"其他公司的资源是一种积累和杠杆式运用资源的方法。日本企业在这方面做得不错，并且深有体会。在这个问题上，日本管理者有这样一句话是"你（在西方）砍倒树，我们（在日本）建造房屋"。这句话的实际意思就是：你做非常艰苦的发现工作，而我却可以利用这些发现去开拓市场。晶体管及电荷耦合器件的技术是由美国的 AT&T 贝尔实验室开创出来的，但索尼公司却成为把它们商业化的第一批公司。索尼公司还主动与 3M 公司合作，以新奇的方式把两家公司的核心技术结合起来，发明了索尼公司的"随身听"。这种富有想象力的资源"借入"方式，在年轻人中间展示了一种新的生活方式，创造了一个巨大的市场。

企业在更大范围调动和利用各方面的资源，要善于通过战略联盟的形式。在这方面，好孩子集团的故事很有说服力。好孩子集团在 1992 年销售额已经达到 3000 多万元，这已经是一个很不错的成绩了。但有一天，一位台湾著名的童车制造商告诉好孩子集团的总裁宋郑还："童车不是这样做的。"宋总当时有些茫然，决定到外国看一看。在国外，他得到一个最直接的感触是，要同全世界本行业最优秀的企业联合。他认识到，如果总是自己关起门来干，像小农经济那样运作，一点一点去积攒，通过所谓"滚雪球"来发展，等到何时才能跻进国际市场？他明白了这样一个道理：在一个全球性的经济循环中，企业要求生存、求发展，不进行联合是不可想象的；优秀的企业、目标高远的企业的联合是没有国界的，只有通过联合才能赢得这个世界的时间和空间，才能经营整个世界的资源；搞联合必定是全面的联合，多方位的联合，彻底的联合，不仅从生产上要借用别人，而且在管理上、营销上等诸多方面都要吸收他人的长处，为我所有。

战略理念：现代商战中，我们不能像"滚雪球"那样积攒力量，而要通过联合或其他方式使自己的力量迅速增长。

战略格言：

不能忽视看不见的资源。

最好是能够借用别人的资源为己所用。

厚积而薄发

记住：钱只有在流通中才能变得更多。

保护好自己赚来的每一分钱。

赢得名气便赢得财富。

打造一块名扬四海的金字招牌。

人才就是资本，善于用人才，财源滚滚来。

第
三
章

利

——所有的剑都是双刃的

合于利而动，不合于利而止。

——《孙子兵法》

东方战略十分重视"利"。中国古代战略著作几乎都谈到"利",有的著作只有数千字,但谈到"利"的地方多达数十处。我们研究东方战略,不能不把"利"作为一个重要范畴突出出来。

人类来到这个地球之后,要吃,要穿,要住,产生了各式各样的生活需求,于是出现了"利"的问题。"利"的第一层意思是"利益"。什么是"利益"?简单地说,就是你想要的东西,而"根本利益"就是你最想要的东西。"利"的第二层意思需要从"得"与"失"上来理解。"利",就是有得无失,或者说得大于失。"利"的第三层意思是指所处的外在条件"有利",能够有助于自己顺利实现既定目标。

我们前面说过,力量是决定竞争胜败的最基本的物质要素,但力量自己本身是不会动的,它作用于哪个方向,作用的量有多大,都要由力量的操纵者来决定。那么,谁又来决定力量的操纵者呢?这就是"利"。由此可见"利"与"力"的关系,即"力"为"利"所趋。"利"与"力",都是具有普遍意义的范畴,并且是两个联系非常紧密的范畴。

我们企业经营的最终目的是什么?我们市场运营的最基本的交换法则是什么?实际上就是"利"。我们掌握了"利",就抓住了企业经营的最本质的东西。

我们的许多战略决策者,并不清楚利害交换这个竞争领域的根本法则，在决策过程中不是先知害而后求利，不知道"利"与"害"之间的辩证统一关系，因而把握不住"合于利而动"这一竞争规律。因此，我们必须认真领会东方战略的"利害之辨"。

一、事必言利

一个明智的战略决策者在思考问题的时候，不是漫无边际的，而是要依据某种东西，这就是"利"。正如孙子所说："是故智者之虑，必杂于利害。"（《孙子兵法·九变》）

"趋利避害"是自然界或人类社会的一个普遍法则。例如，有一个大家熟悉的古代和尚谈"名利之船"的故事。国家有国家的利益，企业也有企业的利益。谈利益，从维护自己的利益谈问题，是必要的，也是正常的。如果不是这样，我们反而要提防了。

为什么战略决策者在思考问题时要"杂于利害"？这要从人类本性的分析中寻找答案。这需要深刻把握人类社会所遵循的"趋利避害"的行为规律和准则。荀子说过，"人之性，生而好利"。西汉的司马迁说过这样一句名言："天下熙熙，皆为利来；天下攘攘，皆为利往。"

趋"利"绝不是唯利是图，趋"利"要有度，要有道德标准来约束，这是中国战略所特别强调的。老子说过："天之道，利而不害；人之道，为而不争。"（《老子·八十一章》）老子这段话涉及了"利"与"害"的关系，并由这一关系强调了人类社会趋"利"的一个道德标准，即"利而不害"。这一思想，与中国社会强调"仁"、"义"、"德"等是一致的，这与一些西方学者为趋"利"而不择手段、不顾及道德标准的观点截然不同。

中国的孙武子讲过："合于利而动。"商战的最终目的是获得

战略理念：取利而不害。

利润，获得新增价值，获得财富。企业家考虑的最主要的问题是怎样增值，如何采用新的方式增值。商场竞争的压力只有一个：最大的利润。

追求利润最大化，应当与社会要求的道德标准相一致。这是一个商业目标与社会目标相协调的问题，也是现代经济领域必须关注的一个问题。

我们必须承认公司在追求利润最大化方面的社会合理性。公司不是施舍机构，它是通过自身经济上的有效行为来提高社会成员的生活水平。商战竞争的根本动力是追求利润。一个企业家成功的基本标志就是获得更多的财富。我们不能否认这一点，问题是我们如何利用这一点，使企业家的趋利动机与社会需求有机统一起来。同时，我们必须运用人类的智慧，设想各种有效的机制，让那些不法的经营者自食其恶果，让企业竞争环境得以净化。

在现代竞争中，作为企业战略决策者，他的追求利润的动机不应当受到社会的责备，但是这不等于说他在战略目标设计时不考虑社会责任和道德问题。这因为，即使抛开他的良知不谈，仅从增加利润方面也需要考虑道德问题。中国古人说"德蓄之"。在战略层次上考虑获利，获得长远的利益，必须考虑道德问题。企业战略目标——"利润最大化"，应与人类社会发展的战略目标——"幸福"联系在一起。理性选择是企业战略目标选择的一项十分重要的要求。所以，应当从理论上或实际中让企业家们明白：只有将自己的趋利目标与社会责任更好地结合起来，才能最终或最长远地获得更大的利益。

"全胜"的思想就是要求企业家从这种全局和长远的角度来考虑如何实现自己的利润。这种全局和长远的考虑，便会将自身的利益与社会的利益自然协调起来。"全胜"思想所关注的就是对企业自身利润过度追求的控制，避免这种过度的利益驱动，造成人类资源巨大的浪费，导致人类心理的扭曲，唆使现代文化的堕落。"全胜"思想要求我们应当在中国传统"天人合一"的理念中，确定企业合理的利润追求，形成企业目标的多元化诱导与约束，将企业目标与社会总体目标协调起来。

在思考之"利"时，我们应区分主观确定之"利"与客观实际之"利"。也就是说，人们主观想象中的"利"，与客观实际存在的"利"，并不完全一致。有时候，人们认为有利的方面，而在客观实际中却表现为不利。可以肯定地说，几乎所有的战略决策者在思考时都要"杂于利害"，但有的决策正确，有的决策不正确。为什么？这里反映出战略决策者认识和把握"利"的能力高低。不高明的战略决策者，往往只顾眼前的"利"、局部的"利"和虚假的"利"，而忽略了长远的"利"、全局的"利"和真实的"利"。高明战略决策者的做法则恰恰相反。

> 战略理念：从全局和长远考虑企业的利益，实现企业目标与社会目标的有机统一，实现人与自然和睦相处即"天人合一"。

> 战略理念：注重长远之利，注重全局之利。

二、利害并存

利害并存，利害兼有。利中有害，害中有利。

曹操就是从这样一个角度来注释孙子兵法中"杂于利害"这句话的。他说："在利思害，在害思利。"也就是说，在有利的时候，要想到其中的害，在有害（也就是不利）的时候，要想到其中的利。伊拉克战争后，记得美国大兵们非正式总结的"作战条例"中有这样一句话："当两军都觉得自己快输时，那他们可能都是对的。"这就是"在利思害"。

有一则管理寓言，讲到一个乌贼喷吐墨汁。这种墨汁既有保护自己的作用，同时也有暴露自己的作用。还有一则寓言说一只狐狸在快要摔倒时抓住蔷薇，虽然狐狸没有摔倒，但却被扎了。

这些寓言都提示我们：利害是并存的，兼有的，在急于求利或避害的时候，往往会使你在躲避一种伤害时却受到另一种伤害。

在现实的对抗中，战略决策者常常面临"利害并存"、"利害兼有"的复杂选择。这种情况下，战略决策者仍然依据"利"确定自己的选择，只不过这种选择是在"利"与"害"的程度比较中完成的。例如，我国古书说："断指以存腕，利之中取大，害之中取小也。害之中取小，非取害也，取利也。"

高明的战略家，会由害见利，并通过巧妙的运作，由害变利。IBM 中国区的公司曾经发生过一个失误，使消费者能够在该公司的网页上用 1 元人民币订购到 1000 元人民币的 DVD 光驱。在这种情况下，公司总裁周伟焜果断做出决定，对消费者的订单保持诚信。这样，IBM 在一夜之间虽然损失了 30 万美元，但却保住了540 亿美元的品牌价值，并且使自己的美誉度得到提升，以至于媒体出现了"IBM 真君子"的称颂。

战略理念：每一件事情都有有利的一面和不利的一面。战略的功能就是趋利而避害。

三、合利而动

《孙子兵法》说"合于利而动"。这句话明确告诉我们：竞争中的一切行为举动，都取决于利益。我们做出战略决策，一定要从我们的利益需求出发，要从能否充分得到和利用有利条件出发，非利不动，不可轻率行事。

我们现代商战要强调"合于利而动"，或者说"非利不动"，这不仅是商战竞争规律和原则所要求的，同时也是商战竞争的基本战略目标所决定的。

我们的战略思维应当"合于利而动"，也就是说，应当将"利"作为出发点，去认识企业的经济行为，思考并提出企业的战略理论。那么，企业的"利"是什么？企业的"利"实际就是企业所拥有、应该拥有和可能拥有的资本。波士顿公司就是从这个出发点上提出了他们的竞争理论框架。波士顿公司的专家们认为，用传统的会计理论来解释现代企业的经济行为已经不合适了。他们依据企业追求利益的经济行为和竞争行为，着眼于"现金流量是一切的关键"，提出了新的企业战略理论。这个理论包括的要点是：可见的成本行为模式；探索可持续增长和资本运作的动态；资本市场在上述效应的增大或衰减过程中所起的作用；上述各点在竞争系统中的关系；等等。这个理论提出了一系列新的概念，例如，"经验曲线"、"增长与份额之间的权衡"、"产品组合"、"经验共享分析"、"经营风险与财务风险之间的权衡"、"市场渗透成本"、"竞争者文化与行为推断法"，等等。（《公司战略透视》，第10页）

我们在确定竞争对手的战略选择上也应当"合于利而动"，也就是说，我们不仅要依据"利"来考虑企业的战略理论，同时也要依据"利"来确定自己的竞争对手。在现代商场上，谁是你的竞争对手？这是依据"利益"这个标准动态确定的。具体说，对自己的利益有阻碍者，是竞争者，防之；对自己的利益有帮助者，是合作者，用之；对自己的利益有帮助但有威胁者，是替代者，用之的同时防之。不过，我们应当注意，这种"利益标准"是在全方位判断的基础上确定的。我们应当从不同的角度全面认识你的竞争对手。为此，有专家提出"战略方阵"的概念，并且认为只有从"战略方阵"角度对使命进行定义后，才有可能得到谁是竞争对手的精确界定。

在"合于利而动"这个问题上，最复杂的是如何认识自己的"利"。历史上许多失败的战略统帅，并不是不讲"利"，而是没有认识清楚什么是真正的"利"，什么是长远的"利"，什么是全

战略理念：现代商战中，应以利益而不是感情确定自己的对手或朋友。

局上的"利"，有人甚至还把"害"当成"利"。在具体的"利"的认识上，战略家们的认识是不同的，这里反映了战略家之间战略水平的高低。

在战略决策中，有一种常见的违背"合于利而动"的举动，就是以冲动代替理智，以感情代替利益。在历史上，有许多战略统帅，在关键的时候情绪激动，拍案而起，不计得失，不合于利而动，结果招致了失败。在三国时期，刘备为了给关羽报仇，发兵攻打吴国，结果被陆逊火烧连营，打乱了诸葛亮的战略计划，导致了尔后的战略被动。类似的例子，在我们商战的历史上也有很多。因此，我们应当牢牢记住孙子说过的这样一段话："非利不动，非得不用，非危不战。主不可以怒而兴师，将不可以愠而致战。"（《孙子兵法·火攻》）

战略理念：主不可以怒而兴师，将不可以愠而致战。

我们在前面说过，所谓的"利"，就是一种"得"与"失"的计算。"得"大于"失"，就是赢，就是赚，就"得利"，反之则是输，则是赔，则"失利"。这里所说的"得"与"失"，实际也是我们常说的"获得"与"付出"。所谓现代商战中战略家的运作，从本质上看，无非就是在追求他的"获得"大于"付出"，从而使他获得最大的利益。在此，我们可以发现现代商战中的一个非常重要的利益交换法则：企业的任何经济行为或竞争行为，都是围绕着其利益而进行"付出"与"获得"的交换的。这个法则给予我们两个重要的提示：第一，天下没有免费的午餐，任何回报都需要付出。在商战中，如何出现"免费的午餐"，出现不正常的馈赠，出现违背"合于利而动"的慷慨者，里面恐怕会有一些不正常的图谋。正如孙子所说："无约而请和者，谋也。"有一则寓言，讲了一个神与供奉者关系的故事。神要求他的供奉者不要花无谓的钱财。在神看来，供奉者花钱求神是有图谋的，如果供奉者在花钱之后没有所得就会怪罪于自己。第二，我们也要辩证地看到，任何的付出都会得到回报，或早或晚，或在这个地方，或在那个地方，有时候吃亏就是福。高明的商战战略家非常明白"欲取先予"、"欲擒故纵"这个道理，知道自己应该什么时候付出，应该怎样付出。

战略理念：市场运作的基本法则就是利益的交换。

四、利而诱之

调动力量，甚至调动对方的力量，就在一个"利"字上。通过这个"利"字，我们才能够潜在性地运用力量，达到"制敌于无形"的战略效果。中国历史上纵横家靠着三寸不烂之舌，搞得几个国家围着他们团团转，凭什么，就是一个"利"字。这就是孙子说的"利而诱之"。（《孙子兵法·始计》）

为什么"利"能够调动对方的力量或者转变对方力量调动的方向？这与我们前面所说的人的"趋利避害"的本性有关。这种本性不仅在单个人中得到体现，也在战略集团中得到反映。人类集团实际是由单个人组成的，是一个放大了的"人"。"趋利避害"，反映在战略对抗中，成为"合于利而动，不合于利而止"的战略原理。任何战略集团的行动都遵循这一原理。哪怕稍有头脑的战略决策者，他也会遵循这一原理。所以，利可以诱敌，利可以动敌，利可以趋敌。

在我国古人看来，利，害之反也。我们在战略上"以利诱之"，要把握好"利"与"害"的辩证关系。有些时候，告诉对方"害"，或者向对方显示"害"，也是显示"利"。"避害"也就是"趋利"。从这个意义上说，我们在战略上"以害惧之"与"以利诱之"是一致的，或者说，本身就是"以利诱之"的一种方法。

战略理念：与其用力逼之，不如用利诱之，以害惧之。

有人会提出这样一个问题：战略决策者都"以利而动"，他要以自己的"利"而动，不会为对方的"利"而动，这样的话，他们怎么会被你所说的"利"而驱使呢？回答这个问题，要从战略决策者对"利"的认识偏差说起。"利"，有"近利"，有"远利"；有"此利"，有"彼利"，也就是有这一领域的利益，还有其他领域的利益。战略决策者在确定力量使用时所依据的"利"，是一种综合的"利"。战略决策者在综合各种"利"时，会产生认识上的差异。有的人把"近利"看得重一些，而忽视了"远利"；有的人把"此利"强调得多一些，而疏远了"彼利"。高明的战略家正是利用这一点调动和驱使敌人。他利用对方"以利而动"的心理，以"近利"让对方让出"远利"，以"此利"让对方让出"彼利"。他使对方"以利而动"，但动的方向是按照自己的意愿设定的。这就需要战略家们通过说服或者示形的方法使对方按照自己的意愿确定对"利"的认识，有时候，也需要战略家们出让一些"小利"，以换取以后的"大利"。在我国战国时期，张仪以"六百里土地"之利劝楚与齐绝交，破坏了对方的抗秦联盟，扭转了不利的战略态势。在现代商战中，这种现象更是常见。高明的商战谈判专家，总是能够以"小利"为自己的企业谋取长远的、全局的"大利"。

战略理念：牺牲小利，获得大利。

在战略上，我们除了考虑如何使对方"以利而动"，还要考虑如何使盟友"以利而动"。这需要告诉并时刻提醒自己的盟友，"跟着我干是有利的"。否则，盟友就会与你疏远甚至决裂。这里面最重要的是，战略家们必须引导自己的盟友正确处理共同利益与个体利益的关系，把握好共同利益中的个体利益的平衡，区分好不同群体在维护共同利益时的责任和任务分配。

战略理念：通过共同利益联系你的盟友。

在战略上实施"利而诱之"时，我们要注意荀子说过的一句话："不利而利之，不如利而后利之之利也；不爱而用，不如爱而后用之之功也。利而后利之，不如利而不利者之利也；爱而后用之，不如爱而不用者之功也。利而不利也，爱而不用也者，取天下矣。利而后利之，爱而后用之者，保社稷也。不利而利之，不爱而用之者，危国家也。"（《荀子·富国》）这句话的中心意思告诉我们：在示"利"以动敌时，要主动地示"利"，而不要被动地示"利"；要在自己处于有利地位时示"利"，而不要在自己处于不利地位时示"利"。如果在被动时示"利"或者在自己处于不利地位时示"利"，不仅没有调动力，反而容易被对方所制。我们可以想象，当自己是一个弱者时，向对方晓以利害的说服力显然不如强者，同时，对方还会认为你有所求而拼命要价，这样做的结果，对方要么不被所动，要么也不会按你的意愿所动。

战略理念：能否利而诱之，选择位势、时机和方式非常重要。

战略格言：

勿以利大而妄为，勿以利小而不为。

在利益攸关面前，绝不可轻信于人。

找出人们真正需要的。

别忘了你手上的武器是由出价最低的承包商制造的。

当两军都觉得自己快输时，那他们可能都是对的。

钱聚人散，钱散人聚。

第四章

道

——出剑有道，出剑守道

兵失道而弱，得道而强；将失道而拙，

得道而工；国得道而存，失道而亡。

——《淮南子·兵略训》

就中国战略的整体而言，这里所讲的"道"，是反映力量的本质属性和制约、规范力量运用的规律、道义的总称。在中国战略家看来，掌握了"道"，就等于掌握了运用力量最本质的奥秘，就能够清晰透彻地了解周围的一切，就能从容不迫、游刃有余地战胜自己的对手。

对于这一点，国外一些理论家有着深刻的认识。本杰明·霍夫在其1989年的著作中阐述了自己的这样一个观点：人要想成为生活的主人，就应该明白"道"的原理。这样，他们才能进行自我反省，倾听内心深处的声音。这是智慧的声音，超越了知识，超越了聪明。这并不是少数人所拥有的力量，而是上天赋予每个人的。

我们的许多战略决策者，由于受西方战略思想的影响，在"道"与"术"的界线上混淆不清，不知道什么是"战略决策者"，什么是"战略执行者"；不知道什么是"战略"，什么是"战术"；不知道什么是"形而上之道"，什么是"形而下之术"。有许多人没有理解清楚"道"与"术"之间的层次区分，以及在这些不同层次间的决策要求。这些人只注重量化，不注重抽象；只注重个体放大，不注重整体观察；只注重微观的实际可操作性，不注重宏观的理念引导性。因此，我们有必要从东方战略中认真领会"道术之辨"。

一、"道"就是"道路"和"途径"

在中国古语解释中，"道"就是指"道路"，如古书《说文》中所说的"所行道也"。当我们明确了战略目标，如何实现它？通过什么样的途径实现它？这就是"道"要回答的问题。

就商战而言，我们追求的目标就是获得最大的利润，获得更高的价值。那么，实现这一目标的途径有哪些？就商战战略而言，我们要回答商战中的"道"是什么，有哪些"道"。

在商战中，实现上面目标的途径有很多，我们可俗称其为"生财之道"。战略就是要研究这些财富生成的转换机制，更好地创建一种力量运用的战略模式，从而比竞争对手更加聪明地运用力量和借用力量，最终在竞争中获得胜利。

通过许多商战成功经验可以看出：每个行业并非只有一条赢利之路，只要寻找到适合该行业的独特经营运作方式，善于将现成的资源为我所用，加上灵活应对风险，开辟出另一条财富蹊径并非难事。

商战中究竟有哪些"生财之道"？

1. **商品出售**。我们将资源转换为商品，然后将其投入市场，使其在消费者的购买中产生价值，获得利润。这是正常的商品交易，不会过时，但目前竞争激烈，获利微薄，只有那些在科技含量、个性特色等方面优势突出的商品，才能够抢先占领市场，获得满意的回报。

2. **贸易获利**。利用不同时段和不同地区的价格差别而获利，是通常贸易的做法。在信息、交通十分发达的当今时代，随着差价的缩小，这种方式将越来越困难。只有超大型集团和有特殊、固定联系的经营者，才可能在这个领域生存发展，才可能通过这个途径发展。这里的战略运作，更多的是一种非经济的战略运作。

3. **获取虚拟价值**。通过虚拟经济市场，利用虚拟价格升值。在现代经济领域中，这种方式越来越被人们重视。它既有诱人的利润，也有巨大的风险，需要很高层次的战略运作。对于战略家们来说，这是一个最有挑战性的领域和方式。在当今的金融交易中，我们能够由"钱"生"钱"。我们不得不佩服金融投机商索罗斯的胆识和智慧。我们可以通过下面的数据来说明这个问题：目前全球贸易总额的 97.5% 是金融资本交易，产品贸易额仅占世界贸易总额的 2.5%。

4. **事先投资**。通过事先对某种资源投资，随着形势发展，在这种固定资产升值后得到回报。譬如，先购置房地产，先购置部分商品，先控制某些资源。这需要战略的超前性运作。

5. **功能性回报**。在替代或补充的付出中得到回报，如咨询业。这也可称为功能性回报。这是由社会的更大分工导致的。这种行业在现代经济领域中越来越突出，并且回报也丰厚。这是一种典型的直接的知识经济类型，它有着自己特殊的运行规律。

6. **适应新的需求**。随着社会发展，人类需求不断变化，新的需求不断增加，尤其是精神方面的需求趋多，如体验需求。这需要经济领域提供新的产品供人们消费。而适应这种新的需求，可以使捷足先登者获得巨大的利润。

战略理念："生财之道"不只有一条，战略的成功者是那些最先发现新的"生财之道"的人。

二、"道"反映了事物的本质

"道"的含义体现在哲学本体论方面，即"道"是构成万物并决定万物变化的最本原的东西。要深刻理解"道"的本体方面的含义，并不是一件容易的事情。我们需要从以下几个方面进行剖析，并从中感受一些战略上所应感受的东西。

"道"体现在"大"字上

深刻理解"道"的含义，要把握好一个"大"字。老子在解释"道"的时候，特别强调了一个"大"字。他说："有物混成，先天地生。寂兮寥兮，独立而不改，周行而不殆，可以为天地母。吾不知其名，强字之曰'道'，强为之名'大'。"（《老子·二十五章》）老子在这里强调"道"的"大"，就是要说明"道"的无所不包、无边无际、无所不在、无时不在的无限性。如果从战略上理解这个"大"字，就是一种高远的战略意境，就是一种胸中自中雄兵百万的战略胸怀。

在现代商战中，这个"大"是一本大账，而不是小账。海尔的张瑞敏说：国内很多企业解决不好算数和算账的问题，算账是看做这件事合不合算，并不是看这件事局部范围内数字的大和小。一些企业现在运转不灵，首先想到的是压缩费用、压缩广告宣传费用。但在目前这个时候你需要的可能恰恰就是广告宣传，咬着牙也应该上。如果这时候你放松了宣传恐怕真会有人议论你：看来是真不行了，连广告都打不起了。从死数上看合算了，成本降低了，但一算账，你放弃了发展的最基本投入。这种辩证关系怎么处理不是一两句话能说清楚的，只有靠自己理解。（《与100名老板对话》）

战略理念：一切从大处着眼。

"道"具有恒常不变的稳定性

"道"就是"道"，它不为其他因素所左右，不为任何条件所制约。它自身不变，却引发周围一切事物的变化，并且决定周围一切事物变化的形态和方向。按照现代哲学理论来理解，"道"就是一种以不变应万变的"绝对的存在"。对战略来说，理解"道"
的这层含义是非常重要的。只有掌握了"道"，战略才能够达到
"以不变应万变"的高深境界。

"道"体现为"无"

"道"作为万物之本，是一种"无"，是一种无形、无声、无
臭的存在物。它不具有万物所具有的任一特性，却能产生万物所
有的特性；它不会有万物任一固定的形态，却能产生万物所有的
形态。老子说过："天下万物生于有，有生于无。"（《老子·四十
章》）按照老子的观点，世界万物生于"有"，自身也是一种
"有"，但这个"有"是产生于"道"这个"无"中。从"无"
的角度理解"道"，对于战略来说是一个比较高深的课题，但也是
一个极有价值的课题。

这首先要对中国哲学"有"与"无"的一对范畴有所了解。
"有"和"无"，来源于"道"，是"道"的两种表现形式。老子
说："此两者，同出而异名，同谓之玄。玄之又玄，众妙之门。"
（《老子·一章》）老子曾用车、陶器和房子说明有与无的关系。
这二者共同存在，相互配合，才使事物发生作用。他是这样说的：
"三十辐，共一毂，当其无，有车之用。埏埴以为器，当其无，有
器之用。凿户牖以为室，当其无，有室之用。故有之以为利，无
之以为用。"（《老子·十一章》）

从"无"的角度理解"道"，需要把握好两点：第一，战略
上讲求一种"无"和"空"的境界，要不受任何制约和干扰地去
思考问题，要不受任何固定模式的束缚去抓住问题的本质，去求
取"道"的真谛。第二，"无"和"有"是一种辩证的统一体。
"有"是"无"生成的，但"无"又是体现在"有"之中。战略
上如果刻意寻求无形之"道"，这种"无形"本身就是一种

"形"。真正的"无形"体现在"有形"之中，它展现在人们面前是一种不固定、无常形的客观存在。这就是老子所讲的"道法自然"。"道"的存在，是自然而然的自在。这就是说，在刻意寻求"无"的意境中，不能得"道"，只有在顺其自然的和谐意境中，才能得"道"。

深刻认识这个问题，我们需要领会老子说过的一句话，即"'道'常无为而无不为"（《老子·三十七章》）。"无为"讲的是"道"不专为，而"无不为"讲的是"道"无所不为。只有把握"道"，把握事物本质，才能够关照到事物的方方面面，才能够"无不为"。但是，这种关照，又不是事无巨细，又不是直接具体，这叫做"无为"。

有人认为，生命中最美妙的东西并非物品。有形不过是为了某种无形。最简单的是为了有形的生产，在它之上是通过有形追求无形的生产，最有价值的是直接提供无形产品的生产。随着社会文明程度的发展，这种现象在经济领域体现得越来越明显。我们可以从"体验经济"和"信息经济"等这些新的经济形态中，具体观察和感悟"道"中之"无"的含义。

体验经济中的"无"的体现

体验经济向人们提供了一种"无"的产品。这是一种由有形来制造无形的经济，是一种更加高级的经济形态。

在1999年3月4日的《文摘报》上，有一篇采访，采访的对象是一位名叫段云松的小伙子。他原先是王府饭店的服务员，后来下海经营餐馆赚了钱。他先后经营了饺子馆和茶馆。他的成功在于捕捉到了人们的体验。他说，我注意到，来这儿吃饭的人桌上几乎都放着大哥大。大哥大那会儿还是有钱人的象征，这些人平常都是吃海鲜的主儿。可一个客人对我说：哥们儿，不瞒您说，好长时间，今天在这儿吃的是第一顿饱饭。当时我就琢磨，为什么吃海鲜的人宁愿去吃一顿家家都能做、打小就吃的饺子呢？川式的、粤式的、东北的、淮扬的，各种风味的菜都风光过一时，可最后常听人说的却是，真想吃我妈做的什么粥，烙的什么饼，人在小时候的经历会给一生留下深刻的印象。吃也不例外。他于是在院子里拴了只鹅，从农村搜罗来了井绳、辘轳、风箱之类的东西，还砌了口灶。并且起了个"忆苦思甜大杂院"的名字。结果生意好得不得了。大杂院只有100多个座位，来吃饭的人常要在门口排队，等着他们发号。它不光吸引平头百姓，有头有脸的人也慕名而来。很多插过队的知青，成帮成伙地到他的店里来聚会，说是又找回了当今的感觉。他后来开了家茶艺馆，但在干什么，自己煞费苦心也解释不清的东西，终于有一位客人自己悟到了。他对段说："茶艺馆给人一种很放松的感觉，它就像过滤器一样把外头的喧嚣、躁动、诱惑，都过滤一遍，能让心有种宁静的感觉，这可是一种久违了的感觉啊。"

把体验视为一种独特的经济提供物提供了开启未来经济增长的钥匙。这种经济脱离了原有的经济模式，产生了自己独特的价值。由于各公司筹划了形形色色不同的生活体验，它们就更容易强调自己的独创性，因而这类公司不必按通常的竞争所形成的市场价格定价，而是基于它们所提供的独特的价值收取更高的费用。

什么是体验？

体验事实上是一个人达到情绪、体力、智力甚至是精神的某一特定水平时，他意识中所产生的美好感觉。

体验实际是人类寻找自我的现象，关键是人是否能够找到自我，与自我沟通，这是一种"天人合一"、"身心合一"的感觉，不能简单化地理解。体验有两种功能：一是不断寻找新的环境以适应自我；二是不断通过新的环境去发现自我。有人说，网络空间是个世外桃源。

体验属于不同的每一个人，没有雷同，不可复制。没有哪两个人能够得到完全相同的体验经历，因为任何一种体验其实都是某个人本身心智状态与那些筹划事件之间互动作用的结果。

娱乐是一种体验，不过是一种简单的体验。有人将娱乐排斥在体验之外，这是不对的。

体验经济有哪些与众不同的特征？

体验经济提供的是一种精神商品，它能够使消费者得到精神满足，并且这是一种别人没有的十分稀缺的东西。体验经济的策划者完全以体验者的感受为目标。

体验经济进入生产与消费更为有机结合的高级阶段。人们在提供的特定环境中，既是生产者，又是消费者。你的体验要通过你自己产生出来。别人只是起到调动或诱导的作用。体验是自我满意的体验，是为"我"而设计的。

体验经济更反映了现代社会个性化的特征。有人认为，体验经济实际已经不是产业了。因为它所追求的最大特征就是消费和生产的"个性化"和"大规模量身订制"。

如何成功地进入体验经济？

体验经济在文明程度上给予人类充分想象的条件。通过想象，人们可以设计出一种生活来体验，这里面有回忆，也有尝试，换换口味。体验经济的关键是展示想象力，并能够让别人感受它。体验经济的经营者必须具有更多的经济之外的东西，如心理学知识。

体验经济成功的秘诀就是不断地创新，不断制造新的体验。但是，在没有设计出新的体验之前，可以把过去的体验整理重现，如儿时看小人书等，如果得到逼真的体验，不会没有市场。

要设法使顾客在消费过程中产生难以忘记的经历。公司必须意识到他们创造的是值得记忆的经历，而不是商品。客户现在需要的是体验，他们愿意为这些体验付钱。有些做法会触动顾客敏感的神经。体验经济的决策者们要特别注意这一点。加强印象才能获得美好的体验。

注意体验的形象化设计，要善于活化事物。故事是主题形象化的展示，它会使人的体验感知更容易调动和储存起来。具有诱惑力的主题必须调整人们的现实感受。主题是体验的基础，而体验还必须通过深刻的印象来实现。

意想不到的感受，印象最深，价值也就最大。给顾客一种意外的惊喜，能够达到理想的体验效果。例如，汽车经销商常采用返还款的办法来吸引顾客，聪明的经销商在顾客购买了汽车之后送去他们意想不到的返还款，对他们的购买表示报答，这将会更好地促进再次销售。打折仅仅给客户在很长的一段时间里获得一次性的收益，那些让客户惊讶的做法往往更能够帮助公司吸引消费者做出下一次的购买决定。另外，为了促销，商家在给顾客每年赠送的礼品中，避免千篇一律的内容。

有必要先让顾客了解所体验的对象，才能使他们感受体验进入更快，更深刻。我们在设计体验战略教学时注意到了这一点。例如，我们要求学员感受孟良崮战役，必须事先对其背景有较多的了解，这样，到了现场体验得更深刻。

体验提供者还要删除任何削弱、抵触、分散主题中心的环节。这种体验设计不能有任何矫揉造作，一切都表现得自然得体。

迎合顾客的体验需求应是主动的而不是被动的。公司不可能适应每一个人，最好的办法是设计出较有普遍接受性的新奇的体验模式，让多数人来适应你，不必在意少数人的感受。在体验经济中，不能盲目追求如何适应顾客。更为高明的主动方式是，如何让顾客心甘情愿地适应你，并产生意外的快感。透明的定制通过一种不可辨别的方法满足了各个消费者的需求。无须客户花费时间，细细陈述他们的每一个需要。

体验有着完整性和连续性。体验为了满足人的精神饥渴而精心设计的一种完整的系列产品。

要注意体验的交互作用和过程。公司必须利用互动工具来获取顾客的特殊需求。将传统的供应链转变为需求链。在体验经济中，与消费者距离最近的或者最直接的产业，是获利最大的产业。

战略理念：通过"有"来制造"无"，为人们提供那些最原始但最有价值的体验产品。

信息经济中的"无"的体现

信息经济所接触的资源，本身是一种"无"的资源，它以感知、关系等"无"的形式作用于现代经济运行之中。

以前的技术对人类社会的影响多是有形的，表现在对人的体能的替代性上。内燃机、电和新的运输工具主要是使人的肌肉轻松了。信息技术对人类社会的影响多是在无形上，表现在对人的思维和决策的影响上。

信息技术对生产力的改变主要不是在有形的生产工具上，而是在生产关系上，在市场的整体性的联系上。信息技术的发展使生产与消费更为紧密地联系在一起，使交换更加透明和灵活。市场更加变为一个有机的整体。这就是现代的信息网络经济。在这张"网"中，社会的分工更为明细，资源的配置更为合理，原有的区域障碍减少甚至消失，行业的界线变得模糊不清，创造价值链被打开和重新组合。

信息经济所形成的"无形之网"，使需求成为主导，市场更加公开、管制得到放宽。在此基础上形成的互联网经济和服务经济，形成了生产单元的无形联结，改变了将职工大批集中于生产地点的做法。企业、供应商、分包商、顾问和顾客之间的关系变得丰富了。为了描述无形资产在经济中所占比重的增加和知识经济的发展，格林斯潘使用了"国民生产总值的概念化"一语。

当信息能够在人们节省时间成本和提供服务和体验的时候，它变成了商品，并且这是一种大家可以共享的"不对立"商品。这种商品在市场上产生巨大的价值。

信息经济非物质化和数字化的成分，形成了它的"虚拟化"特征。电子基础设施正在加速从物质到数字 BIT 的转换，这使得原来那些人所共知的用于生产和销售的战略规则逐步失效。越来越多的产品的组成部分可以用数字来显示，有形的提高效率的过程正在"虚拟化"，其结果是减少了对空间、仓储以及运输的需求，传统的生产流程和方法失去了意义。

战略理念：利用先进的信息技术，改变原有的价值联系，更主动地去发现、塑造和引导市场。

"道"就是"一"，就是事物的本质

讲到本体，人们常用"一"来作形象的描述。现代哲学概念中也有"本一"的说法。同样，中国许多古人用"一"来解释"道"的含义。就战略而言，知"一"者，无一不知，不知"一"者，无一能知。明白"道生一"的道理，就是要着眼事物最本原的"道"，善于捕捉事物的最本质的东西，善于从这个最本质的东西出发，对周围复杂的现象进行缜密的符合逻辑的思考。最本质的东西最抽象，关联的事物最多，关照的范围最大。

战略的理性突出表现在：迅速准确地发现事物的规律，抓住事物的本质。所以有人说，战略家之所以称为"战略家"，就是他们认识问题非常深刻，具有宏观性，在他们的脑子里，所有问题是一个清晰的"一"，而不是更多的杂乱无章的数字。

在现代商战中，这个"一"，体现在我们常说的"核心业务"和"利益中心"上面。有一位多元化经营公司的首席执行官说过："我们必须确信我们的核心业务管理有方，能带来稳定的长期的赢利，我们不能只是往后一坐仅仅查看数字。我们要知道在利益中

心存在的真正问题，否则，我们无法在重大决策上对经理们进行考察。"（《战略管理》第十版，第245页）

在现代商战中，这个"一"就是最关键的、全局性的东西。海尔的张瑞敏说：虽然我是一万多人企业的头，还亲自到基层去抓某一件小事。有时候必须抓得非常具体，当然它是属于带有全局性的问题。北京翠微商场的总经理栾茂茹说：企业家要管就是管最大的和最小的事，最小的、别人看不见的、忽略的地方你要注意；最大的、战略性的东西你要带领领导班子制定战略目标，制定战略方向。我体会是管两头，中间的全管管不过来。要靠制度管，靠企业内部的法规管，逐步向下去管理。（《与100名老板对话》）

卡洛斯善于从"道"出发，关注本质问题，迅速抓住日产公司问题的症结，提出了日产公司重新振兴的正确方案。具体表现在：1. 开发新的产品和新的市场机会。对于一个汽车公司来说，没有优质产品解决不了问题——产品开发是日产复兴的核心，因此用于研发的投资要有所增加。2. 恢复日产的品牌的效力。3. 对我们的技术进行再投资。4. 削减一万亿日元的成本。其中包括：重新定义日产的供应基础，减少日产一半的供应商，以实现在3年内使采购成本下降20%；协调我们的制造能力和销售预测，从而实现生产效率的最优化。削减20%的销售成本和管理成本。到2002财政年度末，将裁员21000人，并对受到本计划影响的人员进行妥善处理。5. 出售所有的对未来发展并不是必不可少的资产。

现代商战战略所要关注的本质问题是什么？

一位名叫梁庆德的中国企业家说："只有付出才有可能得到，没有付出永远也得不到。不要一天到晚想天上掉下大馅饼。"这句话就反映了现代商战的一个本质问题——交换。笔者认为，现代战略理念：商战战略应当把握的本质是"分工"、"供需"与"交换"。

商战战略应当把握的本质问题就是"分工"、"供需"与"交换"六个字。把握住这六个字，我们就能够从最本质的层面上观察经济形态的变化，从中找出我们商战制胜的途径。

从本质上观察经济形态历史演变的轨迹

所谓"轨迹"，可以理解为"道"的外在表现。把握经济发展的大趋势，寻找重大的商机，不能不认识经济形态历史演变的轨迹，而这种认识离不开对本质的认识，因为只有认识到本质，才能准确地描述出轨迹。下面，我们尝试着从"分工"、"供需"和"交换"的本质出发，把经济形态历史演变的轨迹作一番概略的探讨。

早先农业经济的基本单位是"家庭"，它既是生产者，又是消费者，它从"土地"（投入性劳动）提取出各种用于消费的作物。典型的农业经济是一种自给自足的经济。这种经济形态无所谓"分工"、"供需"和"交换"。

分工、交换和相配套的专业化，逐渐导致了工业经济。这里，基本的生产单元不再是家庭，而是企业，前者则蜕变为单纯的消费单元。形成消费与生产分离的完全竞争市场经济。生产职能从消费单元分离出去，劳动、资本、土地等要素被特定制度安排给每个人，并在要素市场上获得竞争性价格。

到了20世纪中后期，工业经济已经渐渐失去了增长动力。原因是：自然资源日益耗尽；不了解消费者的个性化需求而导致的供需脱节。但随之而来的信息技术却为经济带来了新的生机。它可极大节省资源消耗，可使厂家与消费者直接对话。有了网络的帮助，分工更加精细，供需对接更加紧密，交换更加便利。

随着分工、供需、交换的关系进入更高的发展阶段，形成了所谓的"服务经济"。经济学家告诉我们，当工资不断增长时，家务劳动逐渐被机器和具有规模经济效应的专业化公司提供的家庭服务替代。分工和专业化的逻辑，要求消费者不断把消费活动中的生产行为转移到生产部门中去，成为纯粹的消费者。"商品"则成为"物品"与"服务"的总和。现代商品经济包含了曾被马克思排除在物质财富生产部门之外的"服务"部门。而这一"服务"部门更在当代社会里发展成为主导的、被人们叫做 VIRTUAL ECONOMY（有时被误导性地翻译为"虚拟经济"）的价值创造部门。

在体验经济时代，人们更加需要精神的产品，有着更多和更强烈的体验需求。在这里，消费的商品将更多地体现为一个过程，消费者则成为这一过程的产品。当过程结束的时候，人们的记忆将长久保存对过程的体验。消费者愿意为这类体验付费，因为它美好、难得、非我莫属、不可复制、不可转让，转瞬即逝，它的每一瞬间都是一个"唯一"。在现代体验经济中，分工、供需和交换，将以一种全新的方式体现出来。

战略理念：更多地向人们提供精神产品，让生产与消费在更高场次复归。

从改变人类生存状态上来观察经济演变的本质

从本质上看，人们对一个著名的企业家拥有多少财富并不是太看重，而真正看重的是他是否曾经深刻地改变过人类的生存状态。下面的企业家之所以给我们留下了深刻的印象，就在于他们获得的成就与人类生存状态的改变密切相关，如福特发明的 T 型车使汽车驶进千家万户，斯隆创立的现代大公司的管理模式，沃森的 IBM 电脑使人类迈进数字时代的门槛，盖茨的视窗操作系统则像空气一样无处不在。

大量的事实表明，这些企业家通过或正在通过他们的智力产品和物质产品改变整个社会——而这一切又都与我们上面所说的分工、供需和交换等本质问题有着直接关联。也就是说，最为深刻的经济分工、供需和交换关系的改变，将会直接引起人类生存状态的变化。反过来看，我们能够通过人类生存状态的变化，反观到经济分工、供需和交换关系等本质性问题。譬如说，福特的公司生产的物质产品使美国成为"生活在四个轮子上的国家"，而他之所以能做到这一点，完全得益于他的先进的分工合作的流水线生产方式。

　　我们应当注意到，人类生存状态正在进入"自我实现"的更高发展阶段，这取决于现代经济能力能够普遍地、大规模地满足马斯洛所说的人类自我实现这一最高需求层次，取决于现代经济的分工、供需和交换正在发生深刻的改变。在现实和未来的体验经济中，企业将在一定程度上不再生产商品，而成为舞台提供者，在它们精心制作的舞台上，消费者开始自己的、唯一的、从而值得回忆的表演。此时，劳动不再是体力的简单的支出，则变成自我表现和创造体验的机会，如"网页制作"。体验的特征之一是对体验的回忆可以让体验者超越体验。所谓"自我"，只有当自我从事"自我"塑形时才存在，才有意义。哈贝马斯说：自我通过"表演"获得自我意识。一张照片，一片汪洋，一间祈祷室……任何引发我们感慨的物品都可作为表演的舞台。通过表演，我们洞察自己的灵魂（获得认识自我的知识）。体验经济模式将不再是消费与生产截然分开的，体验是消费的，同时又是生产的过程，人们既是消费者又是生产者——这是一种更高层次的复归。

　　现代的经济更加具有人性味和文化味。

战略理念：要从能够改变人类生存状态的本质处着眼自己的战略发展。

对"转型经济"中经济本质的认识

　　"转型经济"是一种新的经济形态。在这种新的经济形态中，"分工"、"供需"和"交换"关系有着重大的转型。

　　人们在揭示世界秘密的时候需要看清三种关系：一是人与自

然的关系，二是人与人的关系，三是人与自己的关系。商品经济反映了第一种关系，服务经济反映了第二种关系，而转型经济反映了第三种关系。有人说，"转型经济"是一种与自我打交道的过程。苏格拉底说"认识你自己"，亚里士多德提倡"控制自己"，而耶稣说"给自己"。"转型"将使有志者成为"一个全新的你"，其中蕴涵道德、哲学、宗教的概念。

"转型经济"要给顾客勾画出未来世界的图景，要做些使顾客留有印象的工作，使顾客们了解到：他们在接受"转型"的策划之后，今后的生活和工作将处在怎样的一个新环境里，并且怎样去创造这个未来的世界。

商场竞争者的世界观将在经济分工与交换关系中起着越来越重要的作用，这种现象反映在：所有经济提供物起发展的作用都不只是目前价值的交换，它们也在或明或暗地促进着一种特定的世界观。当"转型"最终包含了经济商务中所有优势的时候，许多行业和个人都会宣称提供最终形态的提供物，同时会对揭开这个秘密而收费。

在"转型经济"中，一切交易都涉及道德的选择。在这种经济形态中，所有商业行为都是精神的选择，每一个行业都是美化某些东西的舞台。

在"转型经济"的初生时期，客户就是商品，"转型"就是有助于改变购买者的行为方式。这些有帮助的"转型"同时也是在加速商品化的终结，因为没有比"转型"的人具有更大的差异。当然，竞争对手们也可以复制这些分析的方法、经验，还有采用相同的设备。但是，没有人可以复制"转型"最重要的方面，这因为引导者与被引导者之间已经建立起独特的关系，就像是紧紧绑在一起的结。

有专家指出，"转型经济"是第五种也就是最后的一种商品形式。没有任何商品经济形式可以代替"转型经济"，因为能够取代"转型"的提供物只能够是另外的一种转型——对于自身标准的又一次确定过程。

我们可以将这种"转型经济"称为"生产者与消费者一体化经济"。这种"一体化"反映了经济本质的变化，将成为我们今后经济发展的必然趋势。

对"创造性经济"中经济本质的认识

"创造性经济"是知识经济的一种类型，它看重的不是金钱，而是创意。在这种经济形态中，资本在财富积累中的至高无上的地位将受到挑战，有创意的战略与战略家将备受青睐。

有人说，资本的充裕对资本家——包括股市上的一般投资者——而言可能是坏事，这是因为他们所提供的商品——金钱——不再紧缺，所缺的是好的创见。因此，21世纪股东可能失去一些影响力，而企业家和能提出创见的雇员的影响力将会增强。起主要作用的雇员能够获得巨额红利和期权，这便是这种趋势的早期迹象。芝加哥大学商业研究生院的经济学家拉古拉迈亚·拉詹说，现在也许应该重新考虑一种普遍的传统看法，即股东有权分享公司的所有利润。

"创造性经济"中的分工是决策者与执行者的分工，其交换关系是智能与智能的交换，是人才与人才的交换。"创造性经济"中，最重要的知识产权不是软件，也不是音乐和电影，而是在员工头脑中的东西。当资产是像煤矿一样有形的东西时，股东能真正拥有它们，但如果最重要的资产是人，那就没有真正的所有权可言。公司能够做的最明智的事情就是创造一种留得住最优秀人才的环境。

许多公司已经开始为适应"创造性经济"的新现实而进行调

整，其做法是让权力从资本来源向思想来源倾斜，并把它们置于一种有利于发展的公司生态环境中。（参见《参考消息》2000 年 8 月 29 日）

说到"创造性经济"，我们要注意研究"创造性破坏"这个概念。

从英国经济学家亚当·斯密撰写《国富论》时起，资本主义经济就被一种概念所控制，即这些国家是被价值规律这只"无形的手"牵着走。这种情况正在改变。随着更多的专家拥护所谓的"新经济"，似乎这些资本主义国家也受到了一种不断需要的引导，这种需要就是以效率更高的技术和劳动者更新和取代效率较低的技术和劳动者。这一过程被已故的奥地利裔美国经济学家熊彼特称为"创造性破坏"。也就是说，公司之间的竞争是为了创造新的产品和服务，同样也是为了获得更大的市场份额。

价值规律这只"无形的手"所关注的是生产过程，而"创造性破坏"则是更强调创造性活动和能够由此产生的利益。消费者是亚当·斯密经济理论中的主角，而熊彼特的理论核心则是革新进程。因此，与"无形的手"理论相反，熊彼特的理论认为，垄断并不总是起负面作用，政府参与有时是积极的，不平等是生活的现实；尽管竞争很有活力，但它会否认给创造者的补偿，而是把补偿转给了消费者。斯密的观点认为，劳动者与公司之间的竞争可趋向于使工资平等，而熊彼特的理论认为，市场可以倾向于扩大不平等。

因此，有人担心，熊彼特的这种"创造性破坏"理论已经在互联网和高科技行业中风行起来了，它将导致混乱，将使未来的世界变成一个风险和快速变化的世界。这种技术快速变化将造成大量失业，使许多劳动者感到明显的不安全。如今美国人已感到了技术上的压力，担心他们的技能很快会过时。（参见《参考消

战略理念：在价值构成中，思想比金钱更重要，战略家比专家更重要。

息》2000 年 8 月 15 日）

对"零阻力经济"中经济本质的认识

这种经济形态是网络新经济的先驱美国学者刘易斯提出的。这一经济形态所表现出的与众不同的特征是：产品生命周期又短又快、主流化、达维多定律、个人市场、合资企业、敌对结盟、物竞天择快者生存、回归农业时代族群意识等。

学者们发现，在后工业时代社会的经济运转，产生了一种"逆向经济学"的现象，就是指一些产品（像移动电话、电脑、电视等），品质变得越来越好，速度越来越快，但价钱却变得越来越便宜。

对这种现象进行分析，首先要熟悉"达维多定律"。这一定律是用英特尔一位副总裁的名字命名的。这一定律主张公司必须率先在市场推出新一代产品的方式主导市场，即在某个范畴内，先占者可以抢得 50% 的市场。很多软件发展公司并不是率先设计或制造某件新产品，反而是采取一种循序渐进、逐步演化的方法，靠不断改版、升级来抢夺市场（主要是针对模仿者）。微软深知"宁可做同业的第一快，也不要做第一好"的道理。

我们在观察这种新的经济形态中经济本质的时候，要注意下面几个概念：

第一是"主流"概念。现代的企业家试图通过高科技手段使自己的产品成为"主流产品"，并通过这种主流化的操作控制需求，控制市场。如网景和微软。

第二是"个性化转移"概念。与大众化商品相适应，个性化进一步成为"零阻力经济"中区分产品的主要关键。这种新的经济形态强调积极地适应"个性化转移"并且主动地引导"个性化转移"。

第三是"快速"概念。在现代社会中，社会变化节奏加快，再加上受到媒体的影响（这里面也包括供应者主动地通过媒体施加影响），需求者兴趣转移也随之加快。作为商家，为了适应这种情况，也同时为了摆脱模仿者，加快了产品更新速度，缩短了产品更新周期，出现了令人目不暇接、眼花缭乱的现象。时间的因素在这种经济形态中更为突出。因此说，从本质上看，这种经济主要体现在需求者兴趣的快速转移上，体现在供应者要将新产品、新服务在最短时间奠定主流市场的地位上。我们可以将其概括为：快速适应需求，快速主导需求。

> 战略理念：快速适应或主导需求，不一定要成为第一好，但一定要成为第一快。

三、"道"体现了对立统一规律

中国《易经》对"道"的解释是："一阴一阳之谓道。"这是从对立统一规律的角度揭示"道"的含义。对立统一规律是决定事物变化的一条最基本的规律，它是基于矛盾体中两个对立面相互斗争、相互依存、相互转化的本质联系而形成的一条规律。也可以这样说，"道"包含有对立统一规律，认识了"道"，就把握住了这一规律，就能够把握住事物的本质联系，从容驾驭事物的发展。

中国古代思想家经常用"阴"和"阳"来表述矛盾的两个对立面。"阴"和"阳"最初的意义，是指日光的向背，正面为阳，背面为阴。也有人将"阴"、"阳"最初的意义解释为与"月"、"日"对应的关系，如"阴本诸月，阳本诸日"的说法。

中国古代思想家看到一切现象都有正反两方面，就用"阴"、"阳"这对范畴来解释世界对立统一的现象。对此，宋明理学是这样解释的：天地万物之理，无独必有对，皆自然而然，非有安排也。万物莫不有对，一阴一阳，一善一恶，阳长则阴消，善增则恶减。盖天下无不二者，一与二相对待，生生之本也。经过中国哲学家的提炼，"阴"、"阳"便从具体的物上升到具有一般意义且统涵万物的哲学范畴。据有关资料考证，这种提炼，是战国末期以邹衍为代表的阴阳家最早完成的。

我们理解"一阴一阳之谓道"，不能不注意中国古代的"太极图"学说。中国古代思想家们认为，"阴"和"阳"都是由太极而生，"阴"为静，"阳"为动，两者相互作用，产生世界万物，形成世界的千变万化。这一思想，充分表现在周敦颐在《太极图说》中的一段解释中。他说："无极而太极。太极动而生阳，动极而静；静而生阴，静极复动。一动一静，互为其根；分阴分阳，两仪立焉。阳变阴合而生水火木金土，五气顺布，四时行焉。五行，一阴阳也；阴阳，一太极也，太极本无极也。五行之生也，各一其性。无极之真，二五之精，妙合而疑，乾道成男，坤道成女。二气交感，化生万物；万物生生，而变化无穷焉。"这种"太极图"，构成了中国特有的宇宙生成图。"太极图"很形象，中国战略思想中许多深刻的道理来自"太极图"学说的观点并且是用这一学说中的概念表述的。例如，太极合阴阳，阴阳同根；太极分阴阳；阳中有阴，阴中有阳，即少阳对阴，少阴对阳；阴阳转化；等等。还有，金、木、水、火、土"五行"相生相克。

在"阴阳"范畴的基础上，形成奇与正、迂与直、强与弱、虚与实、进与退、利与害等范畴，构成了中国特有的战略范畴群。仅就力量的形态而言，"阴"指的是隐蔽、潜在的力量；"阳"指的是公开、实在的力量。

就战略而言，不仅要理解"道"生"阴阳"，更要关注"阴阳"相互作用之"道"，也就是说，要在"阴"与"阳"的相互作用的变化之中，认识"道"，运用"道"。战略中许多原理性的

战略理念：任何事物都包含有对立的两个方面，既有阴，也有阳；既有利，也有害；既有实，也有虚；既有正，也有奇。我们必须同时关注两个方面以及它们之间的转化。

东西，或者说一些带有神韵色彩的指导艺术，就是出自变化中对这种对立统一的理解和把握。正如《淮南子·兵略训》所说："所谓道者，体圆而法方，背阴而抱阳，左柔而右刚，履幽而戴明，变化无常，得一之原，以应无方，是谓神明。"

"一阴一阳之谓道"的核心思想，可以用老子所说的"反者，道之动"（《老子·四十章》）来概括。这句话的寓意非常深，解释起来有很大的难度。如果通俗地说，老子在告诉人们，"阴"与"阳"互为反面；任何一方的行为，都是它的对立面所推动所影响的；任何一种高明的选择，要善于从对方的角度去考虑，要善于从反常的方向去运作。老子用一个"反"字，概括了"道"的精髓，解释了"阴"与"阳"构成的对立统一规律。

理解"道"的对立统一规律，我们在战略上就要防止非此即彼的思维方式。西方战略家们经常在这个方面犯错误。他们的思维是直线的，不是"此"就是"彼"，没有在"此"和"彼"之间的东西。笔者在与一位美国战略研究专家谈中美关系的时候，他就认为中国要么是敌人，要么就是朋友。在他们看来，不是敌人的人就是朋友，不是朋友的人就是敌人。在他们的概念中，绝没有一个既不是敌人也不是朋友的那种人。

《纽约时报》曾经有一篇文章评论过美国战略决策上所犯的这种错误。这篇文章的作者认为，导致美国历史上猪湾事件失败的最大决策错误是，肯尼迪接受了中情局的既定框架，而这个框架只是考虑了两个选择，要么入侵，要么袖手旁观。实际上，肯尼迪政府是在 14 个月以后才面临古巴导弹危机，总统当时有充裕的时间来选择更合理的解决问题的框架，但总统没有这样去做。总统的弟弟罗勃·肯尼迪事后深刻地认识到了这一点，他在回忆其兄战略决策的着眼点时说："在袖手旁观与派遣轰炸机间必定还有一些其他选择存在才是。"

现在一些西方商战的战略家们逐步认识到这个"道"的含义。他们看到，尤其是在道德问题需要依靠"是与是"的道德逻辑的今天，许多公司仍然是以"是与非"的道德逻辑来进行决策。（《战略柔性》，第 174 页）这些战略家们发现，这里面涉及战略思维的辩证性，这是一种防止直线思维、讲求"双赢"的技巧。

战略理念：对立统一是辩证关系，绝不是非此即彼的简单化选择。

四、"道"反映了深刻的道德内涵

中国古人认为，"道"也就是"道义"。这个"道义"属于道德伦理范畴。韩非子对"道"有一段独到的论述。他说："道者，万物之始，是非之纪也。"（《韩非子·主道》）在他看来，"道"，既是"万物之始"，具有本体的含义，同时也是"是非之纪"，具有道德伦理方面的含义。这种观点，代表了中国许多战略家的思想。在力量对抗中强调道德伦理的规范作用，在东方战略思想中占有非常突出的地位。

在商战中，强调"道"十分重要。中国俗话说："君子爱财，取之有道。"这个"道"就是指"道义"。我们的商战竞争是有其道德内涵的。在商战中，我们当然要竞争，但要遵守"道"，要有基本的道德约束尺度。

在 2004 年 4 月 22 日的《南方周末》上，有一位名叫赵晓的博士对市场经济背后的文化伦理因素有着深刻的认识。他指出：市场经济是脆弱的，它本身必须建立在起码的道德基础上，建立在信任精神的基础上。中国在走上市场经济道路之后，在文化伦理方面尚存在着巨大差距。中国开放 20 多年来创造了巨大的财富，但如果没有市场伦理的跟进，社会仍将充满不确定性。他认为市场经济对道德伦理的需求表现在两个方面：一是市场经济存在着大量的委托代理关系，而只要存在着委托代理必然造成信息不对称、激励不相容、责任不对等，这样就会出现坑蒙拐骗。如何防止行骗，如果完全没有人心的自律，就要靠一系列的制度，董事长、监事会，再加上法律的监督，结果必须是成本无穷高，高到运行不下去。这个问题经济学家解决不了，任何制度设计也解决不了，是靠市场伦理在背后解决的。为什么中国有很多家族企业很难做成大企业？原因是中国文化缺少信任资源，对外人极不信任。二是市场经济中有大量的一次性博弈。重复博弈会比较遵守协议，而一次性博弈由于缺少长期的利益维系，很可能变成"抓一把就走"的唯利行为。

战略理念：君子爱财，取之有道。

在战略所遵守的"道"中，我们要特别强调以民为本的"仁"和"义"的分量。这是中国战略思想的一个鲜明特征。这一特征，反映了中国传统儒家思想对中国战略的深刻影响。中国古人把"仁"和"义"嵌入"道"的内涵之中，或者说用"仁"和"义"去解读"道"的深刻内涵，使"道"不仅反映了人与自然的关系，而且反映了人与人的关系，使"道"具有了明显的社会属性。

"仁"，是古代儒家的一种含义极广的道德范畴。《礼记·中庸》中说："仁者，人也，亲亲为大"，就是指人与人之间互相的亲爱。"仁"，也是古代所谓善政的标准。人们相互亲爱的"仁"与人们相互对抗的"战"，是两个意思截然不同的对立范畴，但在中国战略中，这两个范畴联系在一起，赋予力量运用以明确的政治道德指向。这就是中国战略在政治道德意义上所强调的"道"。

我们注意到，中国战略强调"道"的"仁义"含义，主要表现在三个方面：第一，强调对抗的目的性。就进行战争而言，一定要符合"除暴安良"，"顺从民意"的目的。第二，强调对抗中行为道德规范，尽可能降低对抗的残酷性。例如，在中国古代战争中，一些君王和将领主张"不击半渡"，"不擒二毛"，一些战略论著中对战争中坑杀降卒等残暴现象表示强烈愤慨。第三，强调防御和"非战"，尽可能防止过激的对抗行动和对抗方式，避免流血过多。

在现代商战中，我们的战略一定要守"道"，要强调"道"的道德内涵，只有这样，你的企业才会长久地发展，你才能够拥有更多的财富。例如，中国有个"瑞蚨祥"布店，由于注重"道义"，到现在依然生意兴隆。记得有人说过，信誉并非一种虚名，它和钱是牢牢捆在一起的。生意不是做一次就完，所以精明的生意人绝不会为一时之利而丧失苦心积累的信誉。

就战略上"道"的道德内涵而言，我们需要了解一下哈里斯公司对其利益相关群体的伦理承诺。哈里斯公司是一家在全球范围内为商业及政府客户提供信息、交流、半导体等方面的产品及系统服务的大型供应商。该公司利用高新技术，为数据信息、声音信息、文本信息及图像信息的处理和交流，提供革新性和成本有效性的解决方案。该公司1996年的销售额为360亿美元，其职员将近23000人。下面，我们看一下这家公司的伦理承诺。

顾客——对于我们的顾客，我们的目标是：在全球范围内及时不断地提高质量的产品和服务，从而不断提高顾客的满意度。我们同顾客的关系光明正大，符合伦理道德规范，我们处理这种关系的方式将为我们赢得信任和信心。

股东——对公司的股东和所有者，我们的目标是：不断提高每股收益率。由此带来的股票升值加上分配给股东的红利应该为我们的股东提供一个可以与类似投资机会竞争的总投资的回报率。

职员——所有哈里斯的人都是我们最有价值的财产，我们的目标是：每一个人都参与公司业务的成功，每一个人都分享公司业务的成功。该公司致力于提供一个鼓励所有职员充分利用其创造力和独特才能的环境，致力于提供公平的报酬、良好的工作环境以及仅靠个人能力和愿望很难企及的个人发展和成长机会。

供应商——供应商是我们的一个关键资源，我们的目标是：同那些和我们一样致力于通过不断提高质量、改善服务、加强送货及时性和优化成本来不断提高客户满意度的供应商们，建立和维护一种互利互惠的合作伙伴关系。我们同供应商的关系是真诚的、符合伦理道德规范的，秉承采购惯例的最高准则。

社区——我们的目标是做一名有责任心的团体公民。这包括支持适宜的民事、教育和商务活动，尊重环境，鼓励哈里斯的职员很好地履行公民责任和义务以及支持社区项目。我们对我们的社区最大的贡献是取得市场竞争的成功，从而我们才可能维持稳定的就业和创造新工作机会。（参见《战略管理》第十版，第69页）

对我们的员工、股东、合作伙伴和消费者要讲"仁"，但对于那些关系企业生死存亡的竞争对手也要讲"仁"吗？当然也要讲"仁"，但不能反映在生死对抗的过程中，而要反映在对抗过程之后。也就是说，对于形成生存威胁的竞争对手来说，我们要讲"仁"，但应该先有"酷"再有"仁"。这因为他要置你于死地，你必须要为你的生存而战，在这时候讲"仁"，试图通过道义来感化他，无异于与虎谋皮。正如克劳塞维茨所说："如果敌人选择了大规模战斗，那么我们就不得不违反自己的意愿，也采用同样的方法。这时，一切就都取决于这种歼灭性行动的结局。"（《战争论》删节本，第22页）从另外一个角度看，对于竞争对手来说，强者的"仁"与弱者的"仁"，是不同性质的。竞争对手对于强者的"仁"是感激的，而对于弱者的"仁"是蔑视的。所以说，我们的战略目的不是把敌人变成更大的敌人，而是要把他变为朋友，但这只是在战胜他之后才能够做到这一点。

孙子曾经说过："道者，令民与上同意，可与之死，可与之

战略理念：商战竞争中的道德内涵就是"仁"和"义"，没有爱心的人和不讲信义的人，不可能成为商战中长久的胜利者。仁者无敌。

生，而畏危也。"《淮南子·兵略训》说，"故同利相死，同情相成，同欲相助。顺道而动，天下为响；因民而虑，天下为斗"。这里所讲的"道"，强调的是能够令民众同心同德的"仁义"、"道义"的意思，强调的是战略的性质，而这一性质规定了战略追求的目标。"顺道而动"，"师出有名"，是一条十分重要的战略指导原则。

这个"道"的意思，充分反映在人与人之间关系的处理上。高明的商战战略家，十分注意这个"道"，十分注意处理好人与人之间的关系。在《财智人物》一书中有一段对香港富华国际集团董事长陈丽华的报道："要学好投资，先学好做人。人与人的关系很难相处。这句话，是陈丽华的肺腑之言。或许很多生意人因为处理不好公司发展方向而苦恼；陈丽华却不这样看，她认为处理好人与人之间的关系才是商战过程的关键。这种关系处理好了，生意人要的成本、时机、商机自然会一应俱全。"

与此相关，我们应当研究一下汉迪的人性化的管理哲学。汉迪认为，组织机构是社会有机体，而不是机械结构，是由层层叠叠的人际关系网组成的。我们每个人都同我们的组织机构形成一种心理契约，而这张契约的性质取决于我们的感觉、需要和希望。我们可以把我们的契约看成强制性的，根据这种契约，组织机构迫使我们做它想要做的事情。我们也可以把这种契约看成合作性的，在这种契约中，我们把组织机构的需要和目标看做是自己的需要和目标。我们处理问题应该更加人性化。经理人员不是技术人员，他们是鼓励士气的人。人们必须获得恰当的精神鼓励。

科特在论述他的领导艺术理论时也曾经谈道：管理者能否进行有效的管理，在很大程度上取决于他们能否与他人建立某种联系。最重要的联系往往和企业的结构或等级无关。

在现代商战中，我们要认真思考如何培育和保持忠诚度的问题。这种忠诚度表现在自己的员工身上，表现在合作伙伴身上，表现在消费者身上。这实际上就是一个如何处理人与人关系的"道"的问题。自己的员工、合作伙伴和消费者的忠诚度要依靠多方面的培养，但其中最主要的一点就是体现在"道"的"仁"与"义"的内涵上。

战略理念：处理好人与人之间的关系是商战之道，它可以带来商机，可令周围者、上下者同欲。

商战竞争的道德内涵还反映在企业利益与社会利益的统一上。企业不仅是生产利润的机器，而是社会的一部分，它具有社会功能。在现代条件下，公司应当从自身功能和社会功能的结合上考虑自己的战略定位，甚至有时候必须重新思考自己扮演什么角色。

在这方面，我们商战竞争需要审视所带来的社会道德方面的问题。例如，盲目诱导消费和拼命获得利润的经营模式，导致了过度消费，造成了社会贫富不平衡和自然界的重负。有数字说，美国一个人的能源消耗，是一个尼日利亚人的 150 倍；西方国家宠物食品的费用是 170 亿美元，而世界用于消除饥饿的费用是 190 亿美元。

战略理念：企业竞争的道德尺度反映在它的社会责任上。

不同的国家和地区的公司，有不同的经营之"道"，这体现在不同的文化背景下所形成的不同的经济模式上，反映在公司之间、公司与社会之间各种不同的关系上，反映在公司战略所追求的价值趋向上。

有的资料归纳出世界上的七种不同的经济模式：

一是美国模式。其优点是弹性很强的劳动力和产品市场、低税、激烈的竞争和股东资本主义。股东资本主义对管理者施压，要求他们使利润最大化。缺点是收入差距悬殊、低福利救济、"公共物品"——比如初等和中等教育——质量差、低投资率和很低的储蓄率。

二是日本模式。优点是终身雇佣制促进了忠诚和高熟练程度；公共服务（特别是教育）质量高；银行和其他工商企业关系密切；

公司交叉持股使管理者受到保护，免遭失去耐心的股东影响，从而使之得以对投资采取长期观点。缺点是受到保护，没有完全暴露在市场力量之下的公司所受到的促使其高效率地利用资本的压力很小。

三是东亚模式。经济学家们对东亚模式有着不同的看法。一些人把东亚快速的经济增长看做是市场政策的成功，如采取低税、弹性很强的劳动力市场和公开贸易等；另外一些人则认为是政府控制的结果，如韩国的产业政策就是证据，证明有选择的政府干预所带来的可能收益。实际上，我们没有看到单一的"东亚模式"，这些经济成功的东亚国家的经济政策差别很大，既有较为开明的香港，又有严加干预的韩国，不仅有印度尼西亚普遍的政府腐败，也有极为廉洁的新加坡。但是我们可以看到，这些东亚国家的共同点是对贸易的开放和储蓄率超过其他新兴经济体。

四是德国社会市场模式。优点是出色的教育和培训；慷慨的福利国家和工资差距较小促进了社会的和谐；公司和银行之间的密切关系助长了高投资。缺点是权力过大的工会、高税、过分慷慨的失业救济和对劳动力市场及产品市场的广泛限制导致了失业率居高不下。

五是瑞典模式。曾经作为资本主义和社会主义之间的"第三条道路"而被大肆宣扬。优点是较为开放的市场，加上全面的福利国家、很小的工资差距和使失业者重新工作的就业计划。缺点是不断上涨的通货膨胀率和经济衰退使预算赤字增大；随着失业率上升，对耗资巨大的就业计划不堪重负；高个人所得税挫伤了人们的工作积极性。

六是新西兰模式。20世纪80年代彻底的改革把富裕国家当中的这个管制最严和最为封闭的经济体改造成了最积极地奉行自由市场政策的国家之一，其税率最低，贸易壁垒最低，私有化很普及。缺点是贫富差距急剧拉大。

七是荷兰模式。荷兰一度是欧洲僵化症的一个极端实例，但现在一些人却视之为欧洲其他国家学习的一种模式。工人们接受了工资的较低增加，以获取工作岗位的增加；对兼职和工作的规章放宽了；社会保险税降低了。结果是失业率引人注目的下降——降到 3.6%。荷兰模式看来提供了一条途径，减少失业，而又不会过大地削弱福利，也不会造成报酬的巨大差异。然而，这种被当做头条新闻的低失业率所给出的图画，其玫瑰色过于浓重：三分之一的工人只在部分工作时间里有活干，这一比例是富裕国家当中最高的；有很多的人领取丧失劳动能力或患病救济金，而他们并没有计入失业者中。

系统战略学派分析了高级资本主义的两种基本形式所受到的社会文化的影响。他们认为，德国和日本的模式是一种银行和企业之间紧密合作的模式，类似家长式统治，用共产主义的观点看待管理层和工人之间的关系。这种模式促成了企业在战略上更加注重长期目标，原意为设备和培训进行投资，尊重那些拥有技术开发和生产所需的实用技能人才。战略上不反对理性计划，同时也推崇过程战略学派由下到上的渐进主义。以美国和英国为主导的盎格鲁撒克逊模式则与动荡的金融市场、缺少耐心的债权人、敌意接管和对劳动人员的雇用和解雇联系在一起，其结果导致战略更加强调短期的财务结果，呈现出一种积极进取的外部导向特点。战略上对于速度和灵活性高度推崇。

战略理念：不同社会文化土壤中生长出来的经济模式绝不能简单地移植。

五、道可道，非常道

"道可道，非常道。"这是老子的一句话。"道"是一个非常深奥的哲学范畴，很难用语言表达清楚。这要靠"悟"，也就是上面所说的战略感悟。当你对事物的本体、规律和道德内涵有了一定的认识，你就会产生战略的直觉，获得战略的灵感，用中国人的俗话说，你"入道"了。

"道"是极为抽象的。

老子说："道之为物，惟恍惟惚。惚兮恍兮，其中有象；恍兮惚兮，其中有物；窈兮冥兮，其中有精；其精甚真，其中有信。"（《老子·二十一章》）这段话的意思是：要说"道"是一种物体，它是恍恍惚惚的，若隐若现的，若即若离的。"道"的象、物、精、信，隐于其中，不可直视，不能明说。所以，老子说，"道可道，非常道"。（《老子·一章》）

"道"是无形的，或者说是形而上的。

《易经》说："形而上者谓之道，形而下者谓之器。"无名者谓道，道无形，故不可名也。始者，道本也。吐气布化，出于虚无，为天地本始也。《淮南子·兵略训》也说："凡物有朕，唯道无朕。"这里所说的"朕"不是指皇帝，而是指"形迹"。这句话的意思是，凡是事物都是有形的，只有"道"是无形的。《六韬》一书也是这样说的："故道在不可见。"对此，中国古代哲学家庄子也有过大量论述。他说："夫道有情有信，无为无形；可传而不可受，可得而不可见。"庄子还说："道不可闻，闻而非也；道不可见，见而非也；道不可言，言而非也。知形形之不形乎！道不当名。"《庄子》中谈到两位圣人相见而不言，因为"目击而道存矣"。

有人认为，中国传统哲学的"形而上学"与西方哲学的"形而上学"是不同的。西方传统哲学的最高目标在于设立一种纯粹的原理，是在概念的逻辑推论中构造起来的，其核心内容即本体论。中国传统哲学则把"道"当做形而上学的最高目标，它除了本体论方面的内容之外，还包括竞争规律、行为准则等其他方面的东西，是自然与社会的统一，规律与道德的统一，体现了"天人合一"和"身心合一"。因此，它不仅是在概念中被把握的东西，而且更是人们在实践中加以体验的东西。这种体验包括对外部世界的体验和对自我内心的体验。

按照中国古代先哲们的意思，"道"不可道，只可暗示。言透露"道"，是靠言的暗示，不是靠言的固定的外延和内涵。语言词汇是有限的，而"道"是无限的。从整体联系而言，凡用语言表达的越明晰的东西，它失缺的也就越多。因此，感觉和暗示，往往表达的意思更为丰富，更为全面。

因此，我们需要用一种形象的办法来认识"道"。有的商战专家认识到了这一点。英国的若热对战略量化问题作了阐述，提出了测定公司在某个产业的战略的 4 种标准，即延伸度、集中度、竞争位势和差异度。他认为这些测定标准可通过图表使公司现有或潜在的战略得以形象化，以简便方法概括更多信息，并获得清楚而简单的战略建议。他的看法不无道理，他还引用了中国"一画顶千言"的格言作为论据。他依据市场细分程度和附加值的高低，对战略进行了定性分析，概括出金貂型（细分市场少，高附加值）、山猫型（细分市场少，低附加值）、雄狮型（细分市场多，高附加值）、骏马型（细分市场多，低附加值）。

《淮南子》是一部有名的道家著作。这部著作告诉我们如何去认识和把握"道"。书中说："物物者亡乎万物之中"，意思是"道"隐含在万物之中，我们要在天人合一、物我同一中把握和体验作为宇宙大全及其运化规律的"道"。

在中国古人的论述中，常把"道"与"心"联在一起，强调用"心"去感悟"道"。王阳明江西平乱，屡获大捷。他的学生问他的用兵之道是什么。王阳明回答说："用兵何术，但学问纯笃，养得此心不动，乃术尔。"岳飞在一次出征前接受老将军宗泽所赠阵图时说："阵而后战，兵法之常；运用之妙，存乎一心。"

这种被人们用"心"感悟到的"道"，是人的主观世界对客观世界基本规律的理性的反映，达到了战略所要求的最高境界。在具体的实践中，"道"由"心"悟，"道"由"心"发，没有一种明确的可操作的方法，这要靠在一定的悟性和大量经验积累的基础上，由自己去理解和发掘。正如孙子所说："此兵家之胜，不可先传也。"（《孙子兵法·始计》）西汉名将霍去病并没有读过兵书，却达到了用兵如神的境界，在抗击匈奴的作战中屡建奇功。史书上说他"暗与孙、吴通"，即在用兵作战方面达到了与孙子、吴子同样的境界。霍去病能达到这样的境界，靠的就是对战略领域"道"的感悟，这是任何逻辑推理难以解释的。

有一位外国哲学家，对"道"也有类似的深刻理解。本杰明·霍夫在其1989年的著作中写道："人要想成为生活的主人，就应该明白'道'的原理。这样，他们才能进行自我反省，倾听内心深处的声音。这是智慧的声音，超越了知识，超越了聪明。这并不是少数人所拥有的力量，而是上天赋予每个人的。"（《战略柔性》，第210页）

智慧存乎于心，它是一种体会，是一种所谓的"悟"。战略是一种大智慧，它绝不是程序化的条文，也不是简单的逻辑"链条"，而是一种内心的感悟，是一种潜在的意识，是一种基于直觉的理念。换句话说，企业"元帅"所掌握的战略，绝不是书中的条条框框，而是一种内在的战略意识和理念，是一种能够以不变应万变，能够在瞬间告诉你应该怎么办或者不应该怎么办的"战略直觉"。

笔者在大量有关商战的书中摘录了很多言论和事例，它们能够对上面的观点作进一步的说明。

战略理念：战略之道，是一种大智慧，它绝不是程序化的条文，也不是简单的逻辑"链条"，而是一种内心的感悟，是一种潜在的意识，是一种基于直觉的理念。

意大利埃尼公司总裁贝尔纳贝说这是"心中的指南针"。

海尔的张瑞敏说这是"第六感觉"。

大陆航空公司总裁格雷格·布仑尼曼说："事实是，你不可能在一场扭亏行动中考虑得太多。时间很紧，资金更紧。如果你只是坐在那里，想设计什么高超和复杂的战略，并企图随后通过一系列完美无瑕的决定来施行它们，你注定会失败。"（《危机管理》，第 94 页）

有一本书这样评价科利华总裁宋朝第：这位 38 岁的总裁，信奉"直觉和灵感比经验更重要，而灵感就是那些不可思议的东西，死命抓住它，就意味着成功"。

古井集团董事长王效金说：有些人问过我在投资的时候靠什么来把握，我讲，"靠第六感觉，靠直觉判断"，用一句歌词说就是"跟着感觉走"。事实上这个第六感觉的形成，是知识与经验长期积累而成的，是对市场的一种悟性。接触一个项目后，先有一个直观的判断，之后从定性定量的分析，如果定量的结果和你的感觉是一致的，那么这个项目就能做得好。（《与 100 名老板对话》）

有位中国老板说，他的投资十几亿的商务决定就是在十几分钟内做出的。

在一本关于商业策划的书中有这样一段话：不论在国内还是在国外，我们看到好多好多的品牌，都是因为大胆，市场那么复杂，怎么杀出一条路来，创造一个差异、创造一个魅力呢？很多都是从大胆中来。大胆到底怎么来的？其实说到底就是一个知觉。这个是很难讲的，因为到现在还没有任何一个工具可以告诉各位，说这个工具只要抓到，用这样的方法，品牌就一定会成功，不会有这样的通用工具。听一百场演讲不一定你做品牌会成功，但是可能让你成功的几率比较高，或者犯错误的几率比较少一点，但

是很多东西还是看个人的敏锐度、判断力以及对这个品类产业的感悟。(《策划人》，第 110 页)

　　有一位学者认为，管理追求的最高境界是"禅"。这种认识十分接近我们所讲的战略的"道"的含义。他谈道：管理可分为 4 个层次：第一层次是"无意识管理"——在无理论指导下的凭感觉进行的管理。感觉对了可能便成功，感觉错了便失败了。第二层次是上升到了一定的"哲学"水平——在长期的实践中积累总结出的理论理念。如民间流传的"和气生财"及哲人道出的"中国人患不均而非患多寡"等经营之道。第三层次是上升到"数学"问题——量化管理。第四层次即最高层次，便是禅中所提倡的无为而治——有意识地不去做什么方能做什么。从这四个层次的角度进行比较的话，中国传统的管理停留在第一层次的较多，而在第二层次即哲学理念及第四层次即"禅"的方面比西方不差，甚至还优于西方。很多西方理论者从中国传统文化中借鉴了很多。但在第三个层次即数学的量化管理方面显然是落后了，需要大力学习。传统的中国文化更多地讲究一种平衡中庸，而忽略或不屑于精细、准确和量化。这与中医与西医的区别情况类似。(参见《北京青年报》2000 年 4 月 30 日) 笔者基本上同意这位学者的观点，但有些问题要加以说明。说到第一个层次，我们要注意这一层次所说的感觉与我们所讲的"战略直觉"不是一回事。我们所讲的"战略直觉"是进入第四层次的"禅"的那种东西。说到第三个层次，中国的管理确实存在这样的问题，但要区分管理层次去认识这个问题，笔者认为，高层战略管理就是不能太精细，否则就会不自觉地割断某种联系，破坏事物的整体性。精细的工作也很重要，要交给辅助性战略管理人员去做。

战略理念：真正的战略家具有一种战略意识，这种意识随时会告诉他应当怎样做，就应当怎样做。这种意识并不是每个人都有的，它要靠长期的经验积累和理论学习，当然也包括拥有者的天赋。

第
五
章

形

——善剑者，手中无剑

胜者之战，若决积水于千仞之溪者，形也。

——《孙子兵法》

"形"是"力"的外在表现。用战略的话说，"形"就是力量在特定时空条件下的具体部署和显示，或者说，"形"是指力量在特定时间和空间中的显现的一种相对固定的状态。在真正的战场上，对抗双方其实看到的只是力量外在之"形"。

"力"以"形"而显。人们只有通过"形"才能观察"力"的存在。战略只有通过"形"才能构成实际的对抗。战略作为一种运用力量的艺术，其许多方面的奥妙之处，就是体现在"形"字上，体现在力量于特定时空条件下的"示形"和"变形"的过程之中。

"形"与前面所说的"道"有着密切的联系。按照中国古人的话说，"形非道不生"。形体是道所生，但是，得道必须依赖形体的完整保持。

东方战略非常重视研究"形"，并通过"示形"来实现力量运用的意图，展示其战略艺术。用现代观念来看，示形就是一种灵活运用信息不对称的战略艺术。

我们许多战略决策者，比较注重内容，不太注重形式，并不知道在当今经济时代形式的重要性，更不知道如何在激烈的竞争环境中如何"隐形"和"示形"。在信息时代，你如何根据战略目标和当时战略环境的要求，显示出形的大小，形的多少，形的有无，至关重要。因此，我们需要认真领会东方战略关于"形"的"有无之变"。

一、"形"与"示形"

按照辞书上解释，"形"即"象"，是事物的"样子"。东方战略所讲的"形"，是力量的外在表现形式，或者说是力量的外部特征。在现实的战略较量中，力量不是抽象的，而是具体的，它必须在特定的时间和空间中表现出来，这就是"形"。

在中国古代战略著作中，还没有看到对"形"作出严密的理论诠释，多数是借喻式的形象描述。例如，孙子说："胜者之战，若决积水于千仞之溪者，形也。"（《孙子兵法·军形》）孙子把"形"比喻为由很高的山上直泻而下的积水，我们由此可以想象到力量的壮观之"形"。在此需要提一下大家十分熟悉的孙膑减灶诱敌的故事。这个故事里的"灶"，就是力量的"形"。通过增加或减少灶的数量，使力量之"形"得到改变。

东方战略将"形"作了分类。例如，在《孙子兵法》中，将"形"分为"强弱之形"和"攻守之形"。前者是力量对比的形态，侧重讲物质；后者是力量对抗的形态，侧重讲谋略。孙子还将"形"区分为"所以胜之形"和"所以制胜之形"。前者是别人能够看见的力量部署和调动的形态，而后者则是力量运用的形态。后一种形态，是战略关注的焦点，围绕这一形态的"示"与"察"，展现出战略家们的智慧和才能。

在商战中，"形"体现在许多方面。例如，企业发出的价值信号、产品广告、产品包装、企业形象、商务车辆、公关礼仪、办公与生产设施甚至企业人员的着装，等等。

一个企业的品牌就是一个企业"形"的体现。品牌作为"形"，它要向商场上的顾客和竞争对手提示一种明确的感知信号。

如摩托罗拉，在设计品牌时选用了头一个字母"M"，考虑到公司的特点，把"M"设计得棱角分明，充分体现了高科技产业的形象。麦当劳，虽然也选用"M"为品牌，但却突出了柔和亲切，符合其餐饮业的形象。

有一个例子能够很生动地说明企业形象塑造的必要性。盼盼集团是一个乡镇企业。它的老总韩召善说：一个乡镇企业给国外公司发运一批上好的豆粉，收到电报却说"质量有问题"。可双方一会面，问题解决了，还交了朋友。原来这家国外公司的总经理听说豆粉是农民生产的，凭脑海里的农民形象，主观断定这批产品一定不合格。可是，当一位西装革履、彬彬有礼的、颇有企业家风度的农民站在他面前时，他的疑团顿消。显然这一事件的过程是由"形象"二字贯穿始终的，形象的问题之重要，由此可窥见一斑。所以盼盼集团要求它的员工衣着整洁，注意形象。在市场日趋激烈的竞争中，提高企业形象是提高企业竞争能力的重要方面，良好的企业形象是一个企业的无形财富。企业员工的形象是企业形象的缩影。（《与100名老板对话》二，第151—152页）

战略理念：良好的企业形象是一个企业的无形财富。

对于战略来说，什么是"形"并不难理解，也没有什么深奥之处。战略的深奥之处，在于一个"示"字上，在于如何"示形"，就是如何向对方显示自己力量的形态。

对抗的双方要想获胜，必须了解对方的力量，而这种了解要通过"形"来实现，对"形"的认识会直接影响到对力量的判断，影响到战略决心的确定。力量的"形"是可以改变的，并不总是真实反映力量本身。力量的"形"是可以通过"示"而展现的，并不总是完全客观地反映力量。这就给了战略家们施展自己主观能动性的机会，他们可以通过"示形"去左右对方的战略判断和战略决心，进而达到战胜对方的目的。

针对商战，从广义上说，所谓"示形"，就是要让别人按照自己的战略要求来感知自己。

实际上，商场中"示形"问题已经引起人们高度重视，并且形成了专业领域，这就是大家所熟悉的"CI"行业。"CI"是英文 Corporate Identity 的缩写，Corporate 可译成企业或团体，而 Identity 一词则有多重意义，如"身份"、"标志"、"个性"、"认同"、"同一"，等等。一般在中文中，将"CI"译为企业识别，意即企业形象的统一性策划。日本著名 CI 设计专家西元男对此的定义是："有意图地、有计划地、战略地展现出企业所希望的形象。"

企业之"形"体现在理念识别（MI）、活动识别（BI）、视觉识别（VI）。这三者构成了一个完整的 CI 系统，彼此既相互关联，又各具特点。MI 的重点在心，在精神，它是 CI 系统的原动力。BI 的重点在人，是企业中人的主观能动性的反映。VI 的重点在物，是一种媒介或载体，它是 MI 的外在表现。

有专家指出，企业之"形"通过以下因素展示出来：1. 市场形象。认真考虑消费者问题，对顾客服务周到，善于广告宣传，销售网完善，有国际竞争力。2. 外观形象。值得信赖，有稳定性，有传统性，规模大。3. 技术形象。研究开发力旺盛，技术优良，对新产品开发很热心。4. 未来性形象。合乎时代潮流，有积极性，有未来性。5. 经营者形象。经营者优秀。6. 公司风气形象。具有清洁形象，有时代感，公司风气良好，给人亲切和蔼的感觉。7. 社会责任形象。热心防治公害，对社会有贡献，对文化有贡献。8. 综合形象。一流的企业。（《CI 战略》，第 118 页）

战略理念：要根据自己的战略需要设计和展示自己的形象。

二、形之动静

力量"形"的变化，无非是"动"与"静"两种状态。

"动"与"静"是中国古代哲学中的一对重要范畴。按照中国古人的解释，"动"是指事物的运动、变化和进程，而"静"是指事物的静止、固定和终止。

从东方战略的角度看，"动"是一种变化的有形状态，对方能够察觉；而"静"则是一种不变的无形状态，或者说是一种对方难以判定的虚无状态，是"虚无者道之舍"。"动"有力争的意思，而"静"有不争的意思。"动"导致"形"变而力发，"静"则保持"形"不变而力聚。

战略理念：以静隐形，以动示形。

"动"与"静"具有对立统一的辩证关系。东方战略强调"动中有静，静中有动"。张载谈道："今以刚柔言之，刚何尝无静，柔何尝无动。坤至柔而动也刚，则柔亦有刚，静亦有动。"（《横渠易说·坤卦》）（参见《中国哲学范畴发展史》，第342页）中国历史上的二程说得更为明确："静中有动，动中有静，故曰动静一源。"（《河南程氏粹言·论道篇》）"动静相因，动则有静，静则有动。"（《周易程氏传·艮卦》）

"动"与"静"各有不同的属性，各有不同的用处。一个事物存在和发展，不能没有"动"，也不能没有"静"。对于这一点，王廷相说得极为深刻。他指出："静，生之质也，非动弗灵。动，生之德也，非静弗养。""静而无动则滞，动而无静则扰，皆不可久，此道筌也，知此而后谓之见道。天动而不息，其大体则静，观于星辰可知已。地静而有常，其大体则动，观于流泉可知已。"（《慎言·见闻篇》）（参见《中国哲学范畴发展史》，第347页）

战略理念：动中有静，静中有动，更高的战略示形神韵体现于"动而无动"和"静而无静"。

当战略示形达到非常高深的境界时，"动"与"静"这两种形就没有界线了，达到了一种"动而无动"、"静而无静"的状态。周敦颐曾说："动而无静，静而无动，物也。动而无动，静而无静，神也。"（《动静》）

　　总起来说，东方战略是主"静"的。中国道家哲学认为，在"动"与"静"的关系上，"动"为暂时，"静"为根本，"动"起于"静"复归于"静"。因此，中国古人强调"以静制动"，强调"贵柔主静"。庄子说："静而圣，动而王，无为也而尊，朴素而天下莫能与之争美。"（《庄子·天道》）王安石在《道德经注》中说："静为动之主"，"动而不知反于静，则失其主矣"。这些话的意思是说，"静"是主导方面，"动"为非主导方面；"动"要反归于"静"。

　　在东方战略家们看来，战略计划实施之前，将力量处在一种"静"的状态下，可以做到我不动而敌动，我后动而敌先动，从而达到我无形而敌有形或者敌先于我示形。对此，《兵经》是这样阐述的："我无定谋，彼无败着，则不可动；事虽利而势难行，近稍遂而终必失，则不可动。识未究底，谋未尽节，决不可为随数任机之说。当激而不起，诱有不进，必度可动而后动，虽小有挫折，不足忧也。妄动躁动，兵家极戒。"（《兵经·静》）《淮南子·兵略训》也有过类似的论述："静以合躁，治以持乱，无形而制有形，无为而应变，虽未能得胜于敌，敌不可得胜之道也。敌先我动，则是见其形也；彼躁我静，则是罢其力也。形见则胜可制也，力罢则威可立也。视其所为，因与之化；观其邪正，以制其命；饵之以所欲，以罢其足。"这部书还用捕猎的事例来形象地加以说明，大致意思是：虎豹如果不动，就不会落入陷阱；麋鹿如果不动，就不会碰到猎人的网上；飞鸟如果不动，就不会被罗网所捕获；鱼鳖如果不动，就不会被钓钩贯穿嘴巴。万物没有不因为动而受制的。所以圣人以安静为贵，安静就能应付躁动；退后就能应付争先；细密就能胜过粗疏；圆满就能制服残缺。

战略理念：敌先动我后动，视敌形而示己形。

三、能而示之不能

我国广东有一家经营热水器的企业，名为万和集团。这家企业发展初期，受到竞争对手万家乐集团的重视。万家乐集团曾经派人到万和的企业探察，以决定是否对万和采取行动。万和的老总说：在当时的情况下，只要万家乐动一个小手指，万和会立刻完蛋。但是，万和采取了巧妙的示弱战略，利用最短的时间把工厂搞得又乱又差，并向来访的万家乐人员讲一些看起来十分愚蠢并且不可能实现的经营规划。结果，万家乐放松了警惕，使万和逃过一劫，并最终成为将万家乐送上毁灭的强大竞争者。

这是一个十分典型的"能而示之不能"商战的战略示形战例。

东方战略强调"示形而形不可察"，即通过示形而使对方不能正确判断我真正的战略行踪，不能掌握我的力量和我运用力量的战略企图。做到这一点，就要"能而示之不能，用而示之不用；近而示之远，远而示之近"（《孙子兵法·始计》）。"示之以柔，而迎之以刚；示之以弱，而乘之以强；为之以歙，而应之以张；将欲西，而示之以东"（《淮南子·兵略训》）。简而言之，这叫做"反向示形"，即"示形"要依照自己力量真实的相反方向去"示"，使对方按此"形"做出错误的判断，走入战略决策的歧途。

在现实的商务活动中，我们会看到一些势力不够强大的企业却向人们刻意展示一种"强大"的外形，住高档酒店，乘坐豪华商务用车，租用高级写字楼。这也是战略示形，只不过与"能而示之不能"的做法相反，是"不能而示之能"。这两种做法都是"反向示形"，其目的是一样的，就是要使竞争对手做出错误的判断，但后一种做法缺乏必要的实力支持，容易被人识破，比较冒险。

美国著名的商战专家麦克内利对这方面的问题有深刻的认识。他说：战略示形不但使你能够迫使对手因为错误地分配资源而造成资源浪费，而且还由于其管理层不能确定你的意图，从而造成你可以进攻的弱点。他结合一个实例说道：汉森太平洋公司的成功之处在于格登爵士知道不能让对手猜透他的进攻地点和进攻方式。他认为，有时让竞争者认为你不如实际那么强大更好。让他们低估你的潜力，然后你进攻的时候他们就不会有所准备。因而，战略示形会导致对手措手不及，从而导致你的成功。（《经理人的六项修炼——孙子兵法与竞争的学问》，第 57 页）

我们必须注意，巧妙的战略示形与拙劣的小人欺诈不是一回事。前者是有道德前提的高层智力运作，而后者是一种没有道德约束的低层次的小把戏。

战略理念：通过巧妙的示形，使竞争对手做出错误的判断。

四、形兵之极，至于无形

东方战略认为，"示形"的艺术发挥到了极点，便达到了一种"无形"境界，达到了一种"神乎"的境界。对此，孙子说过，"形兵之极，至于无形"。"故善攻者，敌不知其所守。善守者，敌不知所攻。微乎微乎，至于无形。神乎神乎，至于无声，故能为敌之司命。"（《孙子兵法·虚实》）

东方战略之所以强调"无形"，是因为"诸有象者，莫不可胜也；诸有形者，莫不可应也"。"智见者，人为之谋；形见者，人为之攻；众见者，人为之伏；器见者，人为之备。"只有"藏形于无"，"运于无形"，才能达到"出其不意"的效果（《淮南子·

兵略训》）。具体展开来说，在对抗过程中，只要一方有端倪可察，有形迹可寻，另一方就会有应对的措施，就会找出制胜的办法。当人们知道你的意图、你的形迹、你的力量、你的武器装备，便可有针对性地采取对策，或是进攻，或是防备，从而获得战略主动权。所以，高明的战略"示形"，就是要达成"无形"，使自己的战略意图藏于无形之中，并运用自己的力量于无形之中，这样，对方便无端倪可察，无形迹可寻，便会在对抗中不知所措，无法应对。

怎样才算达到了"无形"？正如孙子说过，"无形，则深间不能窥，智者不能谋"（《孙子兵法·虚实》）。达到"无形"，首先要"深间不能窥"，即深藏不露，使对方"看不见"、"摸不着"。达到这种"无形"的办法很多。还有一种"无形"的状态是"智者不能谋"，就是说即使对方看见了你，也无法判断你的形状，无法掌握你的动向。这是一种更高的战略示形艺术，要使敌人视而不见，见而不察，察而无谋。

在此，还有必要提及一下《淮南子·兵略训》中的一段话，即"兵贵谋之不测也，形之隐匿也，出于不意、不可以设备也。谋见则穷，形见则制。故善用兵者，上隐之天，下隐之地，中隐之人"。这段话提出了达成"无形"的三个很重要的方法，即"上隐之天"，"下隐之地"，"中隐之人"，就是说，达成"无形"，要借助并善于利用天时、地利、人和等条件，要使自己力量巧妙地与天、地、人融合起来，匿"形"于天、地、人之中，把"己形"藏于天、地、人的"大形"之内，从而达到"示形"于"无形"的目的。

总之，真正的善战者，非常善于隐藏自己的战略部署和战略意图，让对方看不着，摸不透。这要通过一系列巧妙"示形"来实现，真隐于假，假隐于真，将自己的力量部署在对方觉察不到

战略理念：躲避对方的打击或者有效打击对方，最好方法就是使自己处于无形。

战略理念：更高的战略示形艺术，要使敌人视而不见，见而不察，察而无谋。

战略理念：善于将"己形"隐于"大形"之中，以求得"无形"。

的地方、意想不到的地方或者对方认为不可能的地方。

五、应形于无穷

在追求"无形"的过程中，高超的战略指导艺术，不是只盯住"匿形"，而是注重"变形"。这就是东方战略强调的"应形于无穷"的思想。通过无穷尽的"形"的变化，达成"无形"的目的。"应形于无穷"更加高深莫测，它所追求的"无"不是没有或看不见，而是"因情变形"、"形不固定"、"形无常形"、"以形隐形"。

这种以"变形"求"无形"的战略思想，深刻反映了中国古代一个"有无相成"的辩证法原理。这个辩证法原理告诉我们，"无"中生"有"，"有"中生"无"。就以"变形"求"无形"的战略思想而言，便是"有"中生"无"辩证法原理的具体体现。在对抗过程中，我们藏秘于公开行动之中，但要使对方视而不见，见而不察，将自己的"有形"变为"无形"，则需要利用对方熟视无睹、常见不疑的心理，甚至有意利用对方反向思维的习惯，故意露出一些真实的情况，或频频露出一些"本意"，使敌以真当假，习以为常，以"有"生"无"，谋成于密。

对通过"有形"求"无形"的战略思想的形象理解，莫过于"水"。这因为，水有形，谁都能看得见，但水又无形，谁都说不出它的形状是什么样子。这是为什么？其中的奥秘就在于一个"变"字。孙子说过，"夫兵形象水。水之形避高而趋下，兵之形避实而击虚。水因地而制流，兵因敌而制胜。故兵无常势，水无常形，能因敌变化而取胜者，谓之神"（《孙子兵法·虚实》）。孙子在这里就用水形作比喻，形象地表述了一个重要的"示形"思想。"形"要变化，不能固定。我们要将自己的力量运用处在一种经常变化中的或者说随机、因情变化中的无固定的形状。"敌变我变"，在这种与对抗环境恰到好处的变化之中，示"形"于"无形"，使对方察而不谋，对方即使看见，但无法做出判断，定下决心。这才是战略运筹中的出神之笔。

在理解"应形于无穷"的战略思想时，我们还有必要关注孙子说过的这样一段话："因形而措胜于众，众不能知，人皆知我所以胜之形，而莫知吾所以制胜之形，故其战胜不复，而应形于无穷。"（《孙子兵法·虚实》）这段话给我们的启发是：我之"形"完全不让对方所知，是很难做到的。我可以用"所以胜之形"示之，将"所以制胜之形"隐之和变之，达到"战胜不复"的目的。我们在战争史上常看到这样的实例，同样一种战法或阵法，由于用法不同，用的时机或地点不同，会产生不同的作战效果。这些实例反映了上面所说的道理，即同样的"所以胜之形"，由于"所以制胜之形"不同，产生了不同的结果。这里的奥秘就在于"所以制胜之形"的隐匿与变化，而且这种变化要没有穷尽。

六、要善于在"眼"上做文章

许多专家认为，当今的经济就是一种"眼球经济"，也有人提出"注意力经济"。有报道说，TCL 总裁李东生是一位深谙"注意力经济"的高手。在几年前，他利用有争议的电影明星为 TCL 拍广告大获成功。1999 年他又利用从微软辞职的高管让人们大大注意了一番。搜狐总裁张朝阳也将"注意力经济"的概念发挥到了极致，运用各种巧妙的战略手段加入"眼球大战"争夺"眼球"。为此，张朝阳甚至把他要离开的传闻和新的人事变动都变成了

(margin notes)

战略理念：兵形像水，无常势，无常形。

战略理念：用"所以胜之形"示之，将"所以制胜之形"隐之和变之。

"注意力资源"，难怪有人称他为"网络顽主"、"穿牛仔裤的新新人类"。他们都是当代商战的战略示形的专家。他们能够将他们的企业长久在停留在人们的"眼球"上。

这些事例，让我们注意到战略示形的一个很重要的问题：我们要将战略示形的着力点放在什么地方？

东方战略主张"示形而形不可察"。这个"察"不是我方的观察，而是指对方的观察，意思是让对方看不到，摸不透。既然是观察，就要与对方的"眼睛"有关系。说到底，战略上要示的"形"，并不在于客观上的"形"是什么，而最终在于对方"眼睛"里的"形"是什么。高明的战略家，要能够在对方的"眼"上做文章，使对方的"眼"中出现自己所要示的"形"。

在中国著名史书《兵经》中，有一段专门关于"眼"的解释，很有意思。书中说道："敌必有所恃而动者，眼也。如人有眼，手足举动斯便利。是以名将必先观敌眼所在，用抉剔之法。敌以谋人为眼，则务祛之；以骁将为眼，则务除之；以亲信为眼，则能疏之；以名义为眼，则能坏之。或拔其基根，或中其要害，或败其密谋，或离其恃交，或撤其凭藉，或破其惯利，此兵家点眼法也。点之法，有阴、有阳；有急、有缓。人有眼则明，弈有眼则生。绝其生而丧其明，岂非制敌之要法哉？"

在对抗中，任何一方的行动，都首先要通过"眼"，通过"眼"所视的"形"，做出判断，定下决心，付诸行动。另外，任何一方的行动意图，也可能通过"眼"表现出来。两个高手过招，通常不是注意对方的肢体，而是注意对方的眼睛。所以，东方战略强调"点眼法"，一是要设法除掉或模糊对方的"眼"，使其无法视"形"。这方面的办法很多，上面古人的论述中已有大量论述。二是上面没有讲到的，要设法利用对方的"眼"，左右对方的"眼"，使他看到我们想要他看到的"形"。要说战略中的"神"，

战略理念：紧
紧盯住和左右
对方的眼睛。

这种在对方"眼"中"示形"的艺术更有"神"，需要更高的战略智慧。

战略格言

如果你的攻击很顺利，那你一定是中了圈套。

第 六 章

势

——善剑者，求之于势

善战者，求之于势，不责于人。

——《孙子兵法·兵势》

力量体现于"形"而蓄发于"势"。

"势",是东方战略思想中的一个重要范畴,它主要反映在战略家对周围战略环境中必然性的认识和把握上。掌握东方战略思想的精华,不能不洞悉这个字的深刻内涵。从一定意义上说,战略在很大程度上就是围绕着这个"势"字做文章。孙子说过:"善战者,求之于势,不责于人。"(《孙子兵法·兵势》)一位英国战略理论家利德尔·哈特也这样表述过:真正的目的与其说是寻求战斗,不如说是一种有利的战略形势,也许战略形势是如此有利,以至于即使是它本身不能收到决定性的效果,那么在这个形势的基础上,要打一仗就肯定可以收到这种决定的战果。

东方战略特别强调这个"势",因为我们在深刻理解它和巧妙运用它之后,能够使我们的弱小的力量变强,能够使我们的有限的力量得到更有效的运用。在东方战略家们看来,"势"已成为衡量战略运筹胜败的标志。这是因为,从战略上讲,当对抗的一方已经失势,处于一种丧失了主动权的两难选择时,这一方已经失败了,他们在事实上被对方所摧毁只是个时间的问题。

我们注意到,许多著名的商战专家都非常关注这个"势"字。

美国大陆航空公司的总裁布仑尼曼说过这样一段话:"我认识到,对我们有利的最重要的因素就是势头。我们在大陆航空公司下面点起了一把火;我们迅速地盘旋,并加速爬升到了 41000 英

尺的高空。很快，我们就无法停下来了。这是多么棒的飞行啊！"（《危机管理》，第 122 页）

我国的"红顶商人"胡雪岩也说过这样一段话："势利，势利，利与势是分不开的，有势就有利。所以现在先不要求利，要取势。""做事情要如中国一句成语说的：'与其待时，不如乘势'，许多看起来难办的大事，居然顺顺利利地办成了，就因为懂得乘势的缘故。"

可是，我们的许多战略决策者，只知道眼前的"利"，不知道长远的"势"；只知道尽快出击而去获小利，不知道蓄势待发而获大利；只知道利用自身的手段去争利，不知道如何巧妙借用更多的外部条件去争利；只知道运用力量时的"发"，不知道聚集力量时的"蓄"。这样的战略在指导过程中显得机械和呆板，缺少一种"节奏感"。因此，我们需要认真领会东方战略"蓄发之理"。

一、对"势"的理解

"势"是一个很难把握的抽象的战略概念，它究竟指的是什么？我们如何来理解它的含义？

孙子专门对"势"作了解释。他说："任势者，其战人也，如转木石。木石之性，安则静，危则动，方则止，圆则行。故善战人之势，如转圆石于千仞之山者，势也。"（《孙子兵法·兵势》）按照孙子的意思，把一块圆石放在很高的山顶上，这就是"势"。他所讲的"势"，是指力量处在一种有利于发挥作用和增大作用的位势上，这个位势与力量所处的外部条件有关。具体说，力量能否以最大的能量和从最佳的方向作用于目标，这与它在时空范围的态势有着密切的关系，与它周围各种制约条件有着密切战略理念："势"是指力量综合借助外在条件发生最佳作用时的一种外在形态。

的关系。由此而论，"势"是反映力量与它的外部要素相联系的一个范畴。"形"是力量的外在表现，是指力量存在和调动时的状态。"势"是指力量综合借助外在条件发生最佳作用时的一种外在形态。

拿破仑说过：战略是利用时间和空间的艺术。战略关注的"势"，就是把力量在特定的时空内灵活巧妙地组合起来，形成与最佳外在条件紧密联系的一种待发形态。就力量在时间的组合而言，"势"就是要把待发的力量安排在最佳的时机。东方战略强调"审时"，就是这个意思。

谈到力量在空间的组合，我们可以通过一个例子来理解"势"在这方面的含义。西汉建立之初，淮南王英布起兵反汉。当时，将领们都主张立即发兵平叛。只有一位原来楚国的令尹薛公发表了不同的意见，并且准确地预测英布可能做出的战略决策只是一种不足为虑的下策。他判断说：如果英布采取"东取吴，西取楚，并齐取鲁，传檄燕赵，固守其所"的方针，对英布来说，将是最有利的上策，那么，太行山以东将成为英布的天下；如果英布采取"东取吴，西取楚，并韩取魏，据敖仓之粟，塞成皋之口"的方针，那么对他来说将是利害参半的中策，谁胜谁负就需要进行一番较量；如果英布采取"东取吴，西取下蔡，归重于越，身归长沙"的方针，对英布则是最为不利的下策。薛公最后判断，英布出身囚徒，目光短浅，定将实行下策。后来战争的发展，完全如其所料。我们由此看出，这三种不同的战略决策，构成三种不同的力量空间组合，形成了三种不同的发"力"形态。英布没有采取上策，没有构成最佳的力量空间组合，因而没有得"势"，结果失败了。

战略理念：你拥有力量并不等于你会运用力量。将你的力量部署和作用于不同的时空位置上，会形成不同的"势"，会产生不同的战略结果。

"势"，不仅表现在力量与其周围条件联系而构成最佳的组合形态，而且表现在力量能够充分借助周围条件而成倍地增大自己的能量。这就是孙子所说的"如转圆石于千仞之山者"。首先，力量自身要形成一种最有利于借助外界条件的形态，如"圆"这个形态。其次，力量要处于有利的位势上，如"千仞之山"。然后，力量借助于有利的位势而发挥作用，形成巨大的能量，达到预期的目的，如圆石于高山上滚动而下。这种借助的过程充满了"顺应"和"惯性"的动感，力量在这种动感中得到猛增。这就是"势"。这种"势"还可以通过体育的冲浪运动形象地反映出来，也可以通过杭州的钱塘潮反映出来。

美国战略学家麦克内利对此有深刻的体会。他说：重要的是在正确的场合运用适当数量的资源，特别是当你只有有限资源的时候。然后，只需要一个小小的推动，雪崩似的成功就会到来。（《经理人的六项战略修炼——孙子兵法与竞争的学问》，第36页）他还用了中国古代学者张预的一句话：故用兵任势如峻坂走丸，用力至微而成功甚博也。

海尔集团的老总张瑞敏，是一位对东方战略有深刻领悟的企业家。他在《孙子兵法》看到"激水之疾，至于漂石者，势也"这句话之后，马上联想到，"激水之疾"是什么？就是市场反应速度；"石"是什么？是顾客。我们的市场反应速度如果像"激水之疾"那样，就能够"漂石"，就能够把顾客抓住。海尔就是这样做的，获得了巨大的成功。

孙子这句话的意思是，当水的流速非常快非常急，就能够把沉重的石头漂浮起来，这种现象就是"势"。如果说，孙子在上面讲的是"位势"，他在这里讲的是"动势"。"位势"是一种依靠时空位置而产生的"势"，"动势"则是一种依靠速度而产生的"势"。在这句话中，孙子用水比喻力量，特别强调了速度，强调了速度与"势"的联系，并进而提出了"势险节短"的重要战略

战略理念：要想使你的力量增大变强，必须巧妙地利用各种外部条件，必须学会"借势"和"用势"。

思想。

结合现代商战，我们从中可以理解这样一个战略思想：速度产生力量，速度增强力量，我们虽然只有很小的力量，但我们如果赋予它很高的速度，这个力量就会变大变强。

许多商战的专家认识到了这一点。他们指出，当今商战竞争，在传统竞争因素的重要性减少的情况下，竞争越来越成为时间竞争。重要的不再是生产规模或成本，而是创造性和灵活性。如果说过去是大的吃小的，那么将来是快的超慢的。还有的专家认为，能够比对手以更快的速度和更低的成本扩张其战略资产的公司可以获得持续的竞争优势。（《战略管理》第十版，第240页）美国电脑大王比尔·盖茨在他的一本书中专门谈道："80年代讲究品质，90年代讲究企业再造，到21世纪，整个社会趋势、整个企业趋势最重要的就是速度。最关键的就是速度要快。"国美电器公司总经理张志铭说过这样一句话："你慢了一步，可能就会把前边十步赚的钱都赔进去。"

因此，现代企业家要学会管理时间，尽可能将自己所用的时间减少，将自己行动的速度变快。从商场竞争角度看，花费的时间与获得的财富成反比，时间是一种可与金钱、生产能力、产品质量甚至创新相提并论的战略武器。

有一位名叫斯托克的西方经济战略学家，专门研究如何通过时间来获得战略优势。他说："一个公司更新产品的速度如果能比其竞争对手快上三倍，那么将拥有巨大的竞争优势。"（《未来的战略》，第332页）许多人认为，获得竞争优势的最佳方式是以最低的成本提供最高的价值。这是企业成功的传统范式。在最短的时间内，以最低的成本提供最高的价值，是企业成功的新范式。越来越多的公司靠建立竞争反应优势，取得了成功。这些时基竞争者属于新一代的公司。它们管理和竞争的方式都不同。新范式的公司具有如下特点：将时间耗费列为重要的管理和战略指标；利用反应力贴近顾客，增加顾客对自己的依赖性；快速将价值交付体系转向最有利可图的顾客，迫使竞争者转向不太有利的顾客；设定业内的创新步调；比竞争者成长得更快，利润更高。新一代的竞争者将企业组织的注意力放在灵活性和反应力上，已取得了惊人的成绩，取得了至少是同业 3 倍的增长率，利润也在竞争者平均值的两倍以上。（《公司战略透视》，第 223 页）

在当代激烈的商战竞争中，高明的企业战略家强调依靠更快的速度来摆脱模仿者，保持住自己的竞争优势。有位名叫哈梅尔的商战专家说过："战略的核心在于以快于竞争对手模仿您今天所采取的战略的速度为自己建造明天的竞争优势。"（《战略管理》第十版，第 144 页）只有当你建立起竞争对手很难（甚至几乎不可能）接近的巨大反应优势时，你才能获得真正的价值和额外的利润。

孙子说的"激水之疾，至于漂石者，势也"这句话中的"势"，我们也可以作为"潮流"来理解。你可以将自己视为一块石头，如果想让自己漂浮起来，必须借助于潮流，这就是借势。

最新出版的《蓝海战略》对"潮流"有很多解释，这说明商战专家们比较注意研究这个问题。这一战略的提出者提醒人们注意：有哪些潮流很可能影响到你所在的产业，而且是不可逆转，并按一条清晰的轨迹演变的？这些潮流将如何影响你所在的产业？在这种情况下，你怎样才能为顾客开启前所未有的效用？

蓝海战略的提出者主张：启发蓝海战略的关键灵感很少来自预测潮流本身，而是源于从商业角度洞悉这样的潮流将如何改变顾客所获得的价值，如何影响企业的商业模式。通过跨越时间看市场——将今天市场所提供的价值移到明天的市场可能提供的价值——经理们就能主动塑造未来，开创新的蓝海。他们认为，锁

战略理念：当你拥有了速度，你就不会因你力量弱小而忧虑。你的速度越大，你拥有的势能就越大，你的力量作用力就越大。

定了这种性质的潮流，我们就可以跨越时间看市场，问问自己，如果潮流按逻辑发展下去，市场将会变成什么样子？从适应未来市场的蓝海战略反向思考，你就可以找出今天必须改变的地方，以开启蓝海。（《蓝海战略》，第 86 页）

力量体现于"形"而蓄发于"势"。

"势"与前面说过的"形"有着密切的联系。"势"生于"形"，因"形"成"势"，"势"险而"形"强。"势"有时靠极不平衡的"形"来获得。

这一点，我们可以通过著名的施利芬的"旋转门"作战计划来加以说明。施利芬是第一次世界大战前德国军队的总参谋长。他在 1905 年制订了一个作战计划。这个计划的中心内容是集中很大部分兵力，在四周至六周内迅速击败法国，切断英国与欧洲大陆的联系，然后掉过头来对付俄国，争取在两三个月内赢得整个战争。"施利芬计划"规定，在东线对沙俄军队采取守势，只用 9 个师配合奥军进行防御。在西线集中 78 个师进攻法国。西线的左翼即阿尔萨斯—洛林地区只部署了 8 个师；其余的 70 个师则集中于右翼。战役发起后，左翼先与敌接触并顺势后撤，右翼则出其不意地通过中立国比利时和荷兰，越过未设防的法国北部，沿海岸线迅速推进，强渡塞纳河，经鲁昂北部折向东南，从西南和南面包抄围歼法军。整个计划像一扇旋转的门，当法军推开门的一侧时，其背后遭到门的另一侧的顺势重击。富勒在其《西洋世界军事史》一书中评论道："左翼方面是预定最先与法军主力发生接触，并把它钉住；若是不可能的话，就向后撤退以引诱敌人向莱茵河上前进。同时，右翼方面则通过比利时，从西南面绕过巴黎，然后再向东前进，一直打击在法军的背面上……为了使这一翼有足够强大兵力起见，他又决定正当此种巨大的轮转运动在进行时之际，又再从左翼方面抽调两个军来增援它。"（《西洋世界军事史》第三卷，军事科学出版社 1981 年版，第 197 页）通过这个计划可以看出，施利芬是通过极不平衡的兵力部署来求得"旋转"之"势"的，一是法俄两线极不平衡的兵力部署，二是在对法军作战的西线上左右两翼的极不平衡的兵力部署。

战略理念："势"险而"形"强。

二、度势

在一部介绍中国著名企业家的书中，笔者看到了一篇关于海尔集团老总张瑞敏的报道。报道说，张瑞敏在海尔刚刚发展并且资金并不宽裕的时候，大胆决策，向银行借出数亿元计的资金，兴建海尔园。许多人对此项战略决策不理解，认为这是冒险，对将来偿还银行贷款表示担忧。结果证明张瑞敏的决策是正确的，这一决策使海尔抓住了时机，促成了海尔的腾飞。张瑞敏为什么敢于做出这一超出常人想象的大胆决策，原因是他看到了邓小平南方谈话所预示的中国经济发展形势，看到了中国今后即将形成的巨大商机。

我们再看一个现代商战的例子。20 世纪 70 年代，几家大型美国公司认为家电产业已是成熟工业，逐步把注意力投入更有吸引力的计算机行业。但是，索尼公司是一家有战略远见的公司，他们预见到了收音机、录音机的市场之势，而没有像其他制造商那样将其视为成熟产业而过早放弃。实际上，被认为已成熟的电视机行业正处在强劲的上升势头。当高清晰度电视出现在美国的时候，当日本企业为此获得年收入达 20 亿美元丰厚利润的时候，美国那些电视机行业的先驱们只是分得了一小块蛋糕。

这两个例子告诉我们一个重要的战略概念——"度势"。

所谓"度势"，就是对"势"进行认识并做出判断，这近似于我们常说的分析和判断形势。战略上用"势"，驾驭"势"，首先必须"度势"。这个问题比较好理解，不准备展开谈，只是在综合归纳东方战略有关内容的基础上着重强调几点。第一，"度势"，要有很宽的战略视野，从经济、文化、外交、军事等多方面对"势"进行综合分析判断。这因为，"势"的成因很多，并且是综合性的，仅就一个方面和局限于单个领域，是无法对"势"做出正确判断的。第二，要善于把握趋势性的东西。"势"带有事物发展的必然性，反映出一种强劲的发展趋势。我们只有在综合大量现象的基础上，把握住带有趋势性的东西，才能正确地"度势"。第三，"度势"，要洞悉"势"之成因，细察"势"之发端，这样才能早做准备，提前运筹。如果待"势"成之后再"度"之，恐怕为时已晚，并且这种"势"谁也可以"度"，无须战略家了。

在中国战争史中，有许多高明的战略家正确"度势"的实例。例如，韩信在接受刘邦的将印之后，正确"度势"，为处在危境的汉王筹划图国大略。韩信不是局限于楚汉两军实力的分析，而是综合了各方面的因素，尤其是人心向背因素，进行了全面深入的思考。他认为项羽本人缺乏战略头脑，只有匹夫之勇，不足为惧。他不知道用人，不能把良将吸引在自己的周围。他的军队军纪极差，得不到民众的拥护。他没有把都城设在当时的政治中心关中，而设在地处偏远的自己的家乡彭城，难以调集力量控制局势。这样，项羽虽称为"霸王"，但"失天下之心，故其强易弱"。与此相比，刘邦知人善任，军纪严明，深得民心，是弱中有强。在此分析的基础上，韩信提出了战胜项羽的战略。在中国战争史中，我们还可以举出许多"度势"的实例。例如，诸葛亮的《隆中对》就是一个很好的"度势"实例。周瑜正确"度势"，分析了敌我强弱及其相关的各种要素，使吴王确立了战胜曹操军队的信心。中国战争史中的这些"度势"实例，对我们现代商战的"度势"都有着很好的启示作用。

我们必须密切关注当前世界战略环境的那些带有必然性的变化，因为我们所说的"势"就成因于这些变化之中。能够深刻洞悉这些变化的人，就能够正确地度势，成功地乘势而上。

第一，要密切关注科学技术发展趋势

科学技术的发展是推动经济形势变化的一个基本动因。有资料分析，目前科技创新呈现出以下趋势：科技创新成为世界规模的强大潮流；知识资源成为科技创新的第一要素；传统的生产要素（劳力、土地、资本）已逐渐失去主导地位，知识资源成为科技创新的战略性首要因素；前沿科技成为创新竞争的主要焦点；科技集成成为创新的常用形式；"研究—发展—生产"成为完整的创新链的必要条件；技术协调成为重大创新的必要前提；可持续发展成为创新的基本使命；公司并购成为重组创新能力的有效途径；风险资金成为支撑创新的金融支柱；创新战略成为引导国家发展的重要指针。

我们必须密切注意科学技术尤其是信息技术对战略环境所带来的深刻影响。信息技术的影响不仅是在技术和自动化方面，它已直接影响到权力结构、人的价值观念，以及人与人之间的行为准则，企业间的游戏规则。其重大意义在于它改变了时间、空间概念。

第二，要密切关注"全球化"的发展趋势

波特谈道：从第二次世界大战后，影响企业最大的力量之一是全球化竞争。我们看到运输和通信成本降低、信息与技术跨国界的情形大增；国家基础建设越来越类似，贸易与投资的障碍越来越低。结果造成国际投资和贸易大幅度成长。产业的类型越来

> 战略理念：能不能看到"势"，能不能提前看到"势"，这反映出战略家水平的高低。

> 战略理念：顺着科技发展的轨迹寻势。

越广泛，企业既要本土化也要有全球化的战略。企业的国籍，已被无国界的战略范式所取代。(《竞争论》，第318页)

目前，世界经济的1/3已经直接纳入国际市场体系。国际分工跨国经营已经成为国民经济发展的基本必要条件。很多经济学家表达过这样的观点：如果说20世纪是跨国公司主导世界，21世纪就是跨国公司主宰世界。跨国公司的产值已占世界总产值的1/3。经济全球化推动着企业由本土型加速向世界型转变，任何企业都不可能置身事外。

企业面临全球化的竞争。这需要企业必须用全球化的战略眼光去思考自己的竞争与发展，善于在当今全球化的资源配置和全球化的分工中寻找有利的战机，获得自己在本地区难以得到的利益。要善于借全球之势来营造自己所需要的东西。

第三，要密切关注人类高层次需求的发展趋势

我们注意到"体验经济"的到来。这一概念是战略地平线公司提出的。这是信息经济之后又一个新的经济时代的到来。这表明，人们在物质需求得到满足之后，将会大幅度提高自己的精神需求。有越来越多的人愿意为自己美好的体验付钱，而且愿意付大价钱。

人类高层次需求更多表现在文化产业之中。文化产业的重要性或特殊性在于，它提供的并不是一般的产品，而是精神产品，满足的是人民精神和文化上的需要。随着温饱问题的解决，进入小康，人们在获得物质需求的同时，也将更多地渴望得到更高层次的精神和文化上的满足。信息产业和文化产业的联姻，人类正在大规模地将文化遗产转换成数字化形态，正推动文化产业进入一个飞速扩张的时代。许多国外的政要、专家学者，不约而同都将其看成21世纪全球经济一体化时代的朝阳产业。他们甚至断言，21世纪的经济将由文化与产业两个部分构成，文化必将构成

战略理念：在全球化的大潮中把握住机遇。

战略理念：跟着人类需求往更高层次上走。

经济进步的新形象。

第四，要密切关注人与自然矛盾的发展趋势

科技与自然尖锐地对立，人与自然的矛盾突出。人类可利用的资源越来越少，对自然生态的破坏越来越严重。一方面，人类将通过新的科技手段寻找新资源或制造资源替代品。顺着这个轨迹，如有的专家指出的那样，人类社会将从 2100 年到 2500 年进入新的原子能时代。随着石油资源的日渐枯竭，对热核聚变能源的开发将成为紧迫任务。氢聚变可以轻而易举地为人类提供 5000 万年之久的能源。海洋表层 10 英尺的海水就含有充足的氘（氢的一种同位素）。另外，人类社会将强调可持续发展战略，采取积极的措施保护生态环境。政府将加大对企业的限制，那些以破坏自然为代价的企业将被无情地淘汰，能够消弭人与自然矛盾的企业将会受到重视。

战略理念：越与大自然贴近，你就越有生命力。

三、顺势

在一本名叫《财智人物》的书中，笔者看到了一位名叫汪海的企业家说过的一段话。他说："你要始终把握住自己，把握住社会，顺应潮流而发展，你不要逆潮流而发展。你得把自己的位置摆准。在什么情况下怎么处理问题，我是动了脑的，用了心的。你不能来硬的，该软的时候就得软，该硬的时候就得硬。假如你都是用一个模式、一种方法去操作事情，必然要被社会淘汰。"（《财智人物》，第 183 页）

著名的房地产商潘石屹也谈到了自己在这方面的体会。他说："大势起来的时候，你不介入，这是愚蠢。聪明的商人要能往上走时，就跟着走，一发现苗头不对，马上退出来。"

这些企业家在这里说到了一个很重要的关于如何"顺势"的战略理念。下面，我们就讨论一下这个问题。

冯梦龙是我国明代一位专心于汇集东方战略名典的学者。他写过许多有关东方战略家和东方战略战例方面的书。他曾经说过，"智慧没有固定的模式，以善于顺应形势者为最高"。在用"势"方面，东方战略强调"顺势"，有许多中国古代战略著作也讲"应势"，"顺"和"应"的意思基本相同，都强调"顺随"、"适应"的意思。

在《哈佛商业评论》的一册书中，有一段引用威廉·莎士比亚的话，形象地说明了"顺势"这一意思。他说："世事的起伏本来是波浪式的，人们要是高潮勇往直前，一定可以功成名就；要是不能把握时机，就要终生蹭蹬，一事无成。我们现在正在涨潮的海上漂浮，倘不能顺水行舟，我们的事业就会一败涂地。"（《危机管理》，第4页）

"顺势"的第一个思想是"避势"。"势"，反映了特定的条件下事物发展的必然性，不可抗拒。从上面所讲的意思看，一旦形成"势"，则具有一种强大的惯性，形成一种强大的动能，如果迎面而上，肯定要吃亏。这可用一辆汽车的行驶来说明：当汽车刚起步时，发动机要费很大的力，而且很容易被前面的东西所阻碍；但是，当汽车高速行驶后，具有了"势"，任何想迎面拦阻它的人都会被撞得头破血流。所以，东方战略主张，在遇到不利的强势面前，正确的选择是避之，不做无谓牺牲，不花费没有必要的代价。

在现代商战中，许多著名的商战专家对此有深刻的认识。例如，克里斯滕森就提醒我们说："经理人应该学会驾驭破坏性技术的力量，顺应潮流而不是对抗变化。"

"顺势"的第二个思想是"待势"。东方战略主张，在形势不成熟的时候，不盲动，不蛮干，要耐心地等待。中国有些老话，

战略理念：不要逆势而上。

如"不到火候不揭锅","水到渠成","瓜熟蒂落",就是反映了这个意思。东方战略家特别讲究一种处变不惊、泰然自若的素养，特别强调一种静观待变的耐性。中国古代战略史上有许多这样的例子。例如，中国春秋战国时期，鲁国大臣施伯劝鲁王不要急于送公子科回齐国即位。他认为：齐鲁是势均力敌的国家，齐强则鲁弱，齐弱则鲁强，现在齐国自己闹内乱，对鲁国有好处。鲁不必忙表态，让齐国先乱一阵，看形势再说。这就是"待势"。还有一个大家熟悉的曹刿"三鼓而竭"的故事，更为形象地说明了这个问题。

战略理念：耐心等待有利形势，该出手时再出手。

"顺势"的第三个思想是"乘势"。东方战略主张，一旦势起，立即乘势而上，抓住有利的时机，增大自身力量的效力，扩大自己的战果。笔者用一个古代战例来说明这个问题。这个战例讲的是曹操如何乘势击败袁绍。官渡之战后，袁绍势力大衰。曹操取胜之后，打算利用作战的间隙南下进攻刘表。他的谋士荀彧说：袁绍刚刚遭此惨败，部属已经人心涣散，应该乘其困乏窘迫之机，彻底击灭之。如果舍近求远，用兵江汉，那么袁绍就会死灰复燃，趁我后方空虚之机来袭，那么您的大业也就难以成功了。曹操大悟，于是挥师进军黄河，再次大败袁绍，根除了潜在的威胁。

战略理念：一旦势起，立即乘势而上，抓住有利的时机，增大自身力量的效力，扩大自己的战果。

四、借势

在一部企业案例汇编上，记载了我国江苏一位企业家创业的故事。这位企业家名叫车建新，从事家具行业。他在刚刚创业时，先在常州非常有名的新时代家具店旁边租了一间房，开办了自己的"大成家具店"。别人对他的这一举动表示怀疑，认为他把自己的小家具店开在大家具店旁边，是自寻死路。但是事实与人们预料的相反，他的生意很好，并且实现了自产自销的愿望。他说："狐假虎威"这个成语谁都知道，这叫"借势"。当时在家具行业弱小的我，之所以要把店面与全市著名的新时代家具店并排开，目的就是"借势"。

这位名叫车建新的企业家用他成功的事实告诉我们一个关于"借势"的战略理念

从战略上讲，所谓"借势"，就是充分利用和借助"势"而使自己的力量发挥到最大限度，达到自己预期的战略目的。"借势"与"度势"、"顺势"密切联系在一起，是不可分割的一个战略用"势"的整体。"度势"是为了认识和判断"势"，顺势是为了适应"势"，而这一切的最终目的都是为了"借势"。

"借势"体现在一个"借"字上。东方战略特别强调这个"借"字，它可以用较少的力量击败强大的力量。东方战略的深奥之处也表现在这个"借"字上。在现代商战中，蒙牛集团的成功就来自这个"借"字上。有专家对蒙牛集团的点评说：历史上诸葛亮用"借"势打败了曹操，如今蒙牛又续写了"借"势成功的佳话。在蒙牛的成长中处处体现着一个"借"字：创业初期，借用工厂，实施"虚拟联合"，快速开拓市场；借势于"中国乳都"、捆绑行业老大"伊利"，打响自己的名头；借用社会资本，发展自己实力；"借"，把蒙牛的迂回进攻战略展现得淋漓尽致。同时蒙牛将自身的优势资源集中于市场开发、技术开发，将原料供应、生产、运输等资本密集型业务外包，形成以品牌优势为基础的价值网络，而且始终不渝地积累自身的品牌优势，得以在市场中逐步壮大。

"借势"要借潮流之势。大量商战的事实表明，最出色的竞争者，也就是最成功的竞争者，懂得如何因势而变并始终引领潮流。（《公司战略透视》，第90页）可口可乐公司在2004年巧妙借助奥运之势，提出营销口号，提前确定形象代言人，形成市场共振，在营销战略上超出竞争对手。

"借势"要借巨人之势。四通集团的老总段永基曾经说过："在中国市场日益为外来的跨国公司占领的前提下，怎么建立我们的产业基地？只能走与巨人同行的道路。"（《与100名老板对话》第一册，第200页）一位投身于美国"BEST WEST"饭店管理系统的华人老板说："在美国这个市场上，靠我一个人的力量势单力薄，很难站住脚。背靠一棵大树，虽然缴点管理费（特许经营费），但我有了客源，有了管理系统，有了各项后勤保障，这样风险小，容易成功。"（《与100名老板对话》第三册，第351页）

许多聪明的企业家认为，借巨人之势，就是要善于借大公司之势，学会跟着大公司赚钱。一个大公司推出的新业务，必然会有许多新的他所没有注意到或无暇顾及的赢利点。高明的战略家是让大公司去付市场的开拓费用，你完全可以轻松地利用他们来赚钱。所以，密切注意大公司的行动以及所引起的市场新变化，是现代商战战略"借势"的一个重要内容。微软几乎无偿地向IBM提供最初的软件系统，但却随着IBM的销售扩大占据的软件市场的统领地位，获得了大利。

"借势"要借品牌之势。东信公司老总施继兴说："借牌立足"这四个字概括了我们东信的发展模式。即通过引进摩托罗拉技术，把先进产品做出来，借此直接进入急需市场，从而较快地形成规模产业，待资产积累到一定实力，才去着手开发拥有自主知识产权的技术和产品。实践证明，借牌立足，首先抢占市场嫁接国企的路子是正确的。（《与100名老板对话》第三册，第166页）

战略理念：借势而发力，四两拨千斤。

五、造势

　　我们接着来讲江苏企业家车建新的故事。后来，因城建需要，他的生意红火的大成家具店被列入了拆迁计划，一笔为数不小的装修费失掉了。面对这种情况，车建新非但没有泄气，反而激起更大斗志，决定不再做"借势"的"狐"，而要做"造势"的"虎"。他在郊区买下一座不景气的小商品市场，准备大干一番，这当然面临着一定的风险。但他认为，劣势能转化为优势，成功往往就在风险之中。他将这一市场取名为"红星家具城"，在门口竖起一座高大的鲁班像，打出"顾客是皇帝"的横幅。在他看来，在中国，"皇帝"要比"上帝"更容易被老百姓接受。同时，他还邀请了许多知名品牌的家具厂商来此免费展销，结果生意火暴。就这样，他的"红星家具城"在短短的时间里就成为一个远近闻名的家具营销中心，他的企业由此走上了一个更高层次的发展阶段。

　　我们看到，车建新在战略用"势"方面，并不仅仅局限于"借势"上，他还注意到了一个更深的层面，这就是"造势"。

　　"造势"，顾名思义，就是制造有利于自己的一种"势"。这要求战略统帅通过自己的主观努力，充分利用现有的条件，积极占据那些能够增强自身能量的时空位置。所以说，"造势"是战略用"势"中主观能动性的表现，与"顺势"、"借势"相比，"造势"的要求更高。这表明，东方战略不仅主张战略统帅要有冷静和耐心的"顺势"、"借势"的修养，而且还要有积极进取的"造势"艺术。

　　一个企业要想获得战略的成功，必须造势，为自己创造一个更为有利的市场环境。科利华总裁宋朝第认为，在这个信息爆炸的时代，企业不造势，毋宁死！他还认为，一个公司或是个人若要成功，就一定要影响别人。在这方面，精英的带动力是很大的。科利华需要的是公众的注意。这位科利华的总裁曾经投入数千万元推销《学习的革命》一书，获得了巨大的市场造势效应。

麦当劳的战略造势是多种多样的，并且获得了成功。这家公司用罗纳尔德·麦当劳的吉祥物提高麦当劳品牌在儿童中的知名度，利用"麦克"这个称谓强化菜单上的食品同麦当劳公司之间的联系。在儿童中制造一种幸福和兴趣的态度。现在麦当劳又在"变脸"，推出"我就喜欢"的经营理念，把消费群体定位在现代的青少年。围绕这一战略调整，麦当劳公司展开新一轮的战略造势活动，取得明显成效。

对于一个企业来说，造势就是充分利用各种条件，增强自身的影响力和吸引力。说得直白一点，企业的造势与军事上的造势有相同之处，就是获得各个方面的广泛支持。在现代商战中，这种支持更多表现在消费者的身上，但也不能够忽略其他方面（如政府、供应者和合作者）。就目前的商战造势而言，我们对后者的重视和研究远远不够。

实际上，"造势"，既是一个创造条件的问题，还是一个力量准备和部署的问题。这是战略对抗过程中的一个重要内容和重要阶段，它表现在双方力量实际对抗之前，但它又决定着双方力量对抗的结果。所以说，"造势"包含有"蓄势"的内容，用现代的战略术语说就是"战略预置"。我国有句老话叫"蓄势待发"，讲明了"蓄势"的作用和意义。《孙子兵法》上讲的"始如处女，后如脱兔"也形象地说明了"蓄势"的含义。笔者还在一本经济管理的杂志上看到这样一句话，提醒我们注意要"蓄势"，要做好必要的"战略预置"。这句话是："如果你是一条船，就要制造、

战略理念：一个企业要想获得战略的成功，必须造势，为自己创造一个更为有利的市场环境，并在造势中获得全方位的支持。

保养你的帆，当风云激荡的时刻，才能乘风破浪，勇往直前。"

在现代商战中如何"造势"？这个问题的答案突出表现在广告大师奥格威的一句话上——"需要大创意震醒那些漠不关心的消费者。"他告诉我们，战略造势要有大创意，而这种大创意来自战略家的奇思妙想。

百事可乐的战略造势也很有创意。在战略造势中，这家公司首先进行准确的品牌定位，强调与年青一代的关系，提出"新一代的选择"口号。他们用"新一代的精神"来突出百事可乐独特、创新、积极的人生的品牌个性。百事可乐提出的"渴望无限"的理念，表达了青年人要从生命中获得更多的意向，在更大范围上增加了百事可乐的感染力。在品牌定位的基础上，百事可乐进行了大规模的"加深品牌印象"的造势活动。比较典型的是他们的"5分钱"活动，即用5分钱就可买到一瓶12盎司的百事可乐。同时，他们将"5分钱"作为美国历史上第一首在全国播放的广告歌曲被译成55种语言广为流传。他们还针对20世纪50年代中期美国战后第一个生育高峰，展开了"百事时代"的广告宣传活动。这是广告界第一次将产品定位于消费者而不是产品本身。"百事时代"成为美国历史上最受欢迎的广告活动之一。还有，80年代初，百事可乐在开展的一项口味大挑战的测试中，参加者需品尝两种不记名的可乐饮料，并挑选最喜爱的口味，全球共有数百万人参加了这次测试，结果2/3的人选择了百事。最为轰动的一次活动是在1983年，百事公司以500万元邀请青少年偶像歌星迈克尔·杰克逊为百事可乐做电视广告片，并在全美进行巡回演唱推广百事可乐。50多年来，音乐成为百事成功的要素之一。百事可乐的战略造势还表现在他们的产品形象的设计上。今日的百事标识摒弃了以往平板、单调的设计，取而代之的是生动的、瞬息万变的立体图像。全新百事圆球标志象征着一种与时代并进、与世界联结的精神。

北京著名房地产商潘石屹有一个非常有创意的造势举动，就是将批判他的文章整理成一本书，公开出版，借力打力，提高自己的知名度。这是一种借助不利于自己的险势而为自己造势的高明的做法。

战略造势的创意应当着眼于"市场引导"。实际上，现代商战的战略造势在很多方面体现在先期的"市场引导"上。在许多企业家看来，"炒作"和"引导"是一个概念，现在这个时代是可以引导的，而且通过这种引导，可以形成一种良性循环。只要你想到，你就能做到。

广告宣传是经营者通过现代媒体手段进行"市场引导"的主要方式。广告是一种价值信号。通过这种信号，达成一种认知，呼唤一种情绪，营造一种氛围。从这个意义上说，企业投放广告是一种战略行为，而不是一个阶段性技术策略，主要依靠的是战略专家而不是技术专家。

苹果公司为了配合"麦金考"的上市，精心策划了一系列的广告宣传攻势，以取得先声夺人的效果。该公司在8家杂志中刊发了20页的广告，有13家杂志以"麦金考"电脑为封面，电视新闻也报道了苹果公司的特色及革命性"麦金考"新电脑，连《时代》、《幸福》、《新闻周刊》也纷纷发报道或插页广告，详细介绍有关"麦金考"电脑的性能。苹果公司以插页广告为蓝本，编印了许多推广手册，取得很好效果。

除了大规模的广告宣传之外，"市场引导"的方式还有很多，其中一种方式是"兴趣引导"。英国人出版一本儿童读物，要小读者根据书中的内容猜出一件"宝物"的埋藏地。这件宝物是一枚制作精巧的昂贵的金质野兔。于是，英国掀起了一阵寻宝热。待两年后有人找到宝物时，这本书已售出200万册。这种战略造势

战略理念：战略造势要有大创意。

的方式是在利用人们的好奇心（好奇心也可以说是一种兴趣）。据说，欧洲在开始推广土豆种植时，就是采用了一种调动人们好奇心的方法。

"市场引导"还有一种方式是"文化引导"。"格兰仕"在这方面做得很成功。它没有采用大规模的形象广告宣传，而是采用引导性文化营销方式，在全国各地的主要报纸上开设专栏，介绍微波炉的知识、菜谱、消费指南，实实在在给消费者以实惠。结果，营造了一个对自己非常有利的市场，提高了自己产品的知名度和销售量。

"市场引导"要注意分析消费者各种各样的从众心理，有专家将这种心理解释为一种扎堆的"羊群效应"。许多战略造势者，通过明星、事件等"热点"内容的宣传，抓住人们的兴奋点和兴趣点，促成"羊群效应"的出现，获得自己追求的战略造势的目的。例如，有的企业抓住"伊拉克战争"推出自己的润滑油产品，有的企业抓住"神五"上天推出自己的牛奶产品，这些都是很成功的战略造势策划。

> 战略理念：抓住人们的兴奋点和兴趣点，充分并灵活地运用现代传媒手段，就可以获得十分理想的战略造势效果。

战略格言：

做企业如博弈，善弈者谋势，不善弈者谋子。

货卖一张皮。

市面、场面哄得越大，生意就越做越好。

决定宜慢，行动宜速。

好风凭借力，送我上青天。

第
七
章

柔

——金钢百炼柔绕指

过眼烟云不须争，万卷涵养集大成，

金钢百炼柔绕指，弯弓不发似有声。

——一位中国先哲的语录

"柔",是东方战略在实际运用方面的一个核心的理念,它反映了东方战略与西方战略的根本性区别,反映了东方战略的最高追求。这一核心理念,要求战略家们将自己的力量放在尽可能多的相关因素中去考虑,通过一种整体运作,特别是通过巧妙的借助艺术,将自己的力量得到增强,并且避免与对方力量发生得不偿失的正面对撞,以最小的代价,获得最大的收益。

"柔"是"攻与防"、"取与舍"、"进与退"等对立统一战略范畴的整体把握和综合运用。它作为"不争之争"战略思想的集中体现,体现出了"寓攻于防"、"以退为进"、"先舍后取"的战略主动性。

在现代商战中,我们的许多企业的战略决策者,并不明白其中的道理,只知道"伸"而不知"屈",或者只知"屈"而不知"伸",更不知"屈"是为了"伸"。这些企业的战略上缺乏应有的弹性,正如有的杂志报道说:"中国企业界表现出'柔'性不足,'刚'性有余。"所以,我们要认真领会东方战略的"屈伸之辨"。

一、对"柔"的理解

"柔"出自老子。老子在他的《道德经》中大量提到"柔"

这个概念，并且以大量篇幅阐释他的"守柔"思想。"柔"不仅是道家的思想，也是儒家的思想。曾有人说，"儒"的意思就是"柔"。在古文经学家许慎所著《说文解字》中就是这样解释的："儒，柔也。"

单从字面上理解和一般性地形象感悟，"柔"并不复杂，但要从严格的定义上把它说清楚，尤其深究其战略上的含义，却不是一件容易的事情。老子说："善为士者，不武；善战者，不怒；善胜敌者，不与；善用人者，为之下。是谓不争之德，是谓用人之力，是谓配天古之极。"（《老子·六十八章》）"天之道，不争而善胜，不言而善应，不召而自来。"（《老子·七十三章》）按照老子的说法，"柔"强调的是"不争"，深层的含义并不是"不争"，而是"不争之争"，是"不争而善胜"。

在以后的中国古代军事理论家中间，也有人对"柔"做过研究，提出了自己的见解。例如，《兵垒·制》中有一段话，对"柔"作了较为完整和形象的表述："未有使人无智者，有使人不能用其智于我者也。未有使人无力者，有使人不能施其力于我者也。其法曰制。玄龟咽蟒，黄要伏虎，啷咀啖龙，粮犰啮鹤，岂非以小制大乎？苦酒泥玉，乌芋碎铜，驼脂屑金，鹊髓化石，岂非以柔克刚乎？古之用兵者，胜于樽俎之者，不于疆场之内；胜于帷幄，不于矢石之际，人皆知敌之为吾之所制，而毕竟不知吾之所以制。"这段话的大致意思是：我不能使别人没有智慧和力量，但我可以使别人无法将其智慧和力量施加在我的身上。一些小动物能够制伏大动物，这是以小制大。一些软的物质能够腐蚀坚硬的物质，这是以柔克刚。善用兵者，不在战场的刀光剑影中，而制胜于战场之外的轻松环境里。这段话，实际上综合了我们前面所讲的"胜"、"道"、"形"、"势"等战略思想，所得的结论，如果用通俗的话说，就是不能硬碰硬，而这就是"不争之争"，就是"柔"。

在中国古人的眼中，"柔"还代表着一种活力，人活着表现为"柔"，人死了则僵，草木活着为"柔"，死了则枯。对于这一点，老子有过论述，他说道："人之生也柔弱，其死也坚强。草木之生也柔脆，其死也枯槁。故坚强者死之徒，柔弱者生之徒。"（《老子·七十六章》）从战略上理解，"柔"的这种意思就是强调一种生机和活力，这在力量对抗的战法运用中是非常重要的。

对"柔"最形象的理解是水。中国古人常提到"水"，用"水"来说明东方战略的深奥道理。我们可以想象到，天下之物，最具"柔"性的莫过于水，能够综合形象反映东方战略"不争"思想的莫过于水。

水能制胜，而且是通过一种独特的方法制胜。这靠的是一种柔性，一种持久不衰的韧劲。水通过"不争"而达成"争"的目的。这种制胜的方法适合弱者，是一种以弱胜强的方法。正如老子所说："天下柔弱莫过于水，而攻坚强者莫之能胜，以其无以易之。弱之胜强，柔之胜刚，天下莫不知，莫能行。"（《老子·七十八章》）

水具有东方战略所主张的"道"性。水符合"道"的本体含义。《淮南子》一书对此作了明确的表述："天下之物，莫柔弱于水，然而大不可极，深不可测；修极于无穷，远沦于无涯。"（《淮南子·原道训》）水还符合"道"的道德含义。正如老子所说，"上善若水。水善利万物而不争，处众人之所恶，故几于道"。（《老子·八章》）

水有形，但不固定，无常形。水能够在有形中达成无形，这便是东方战略在示形中所追求的一个最为理想的目标。对此，孙子有过精辟的论述。他说："夫兵形像水，水之形，避高而趋下；

兵之形，避实而击虚；水因地而制流，兵因敌而制胜。故兵无常势，水无常形，能因敌变化而取胜者，谓之神。"（《孙子兵法·虚实》）

水有水势，如决千仞之积水；水有水速，能够成激水而漂石。水处静而平和，动则依势而发出雷霆万钧之力。水最为符合东方战略所强调的"顺势"、"乘势"的要求。

水能与它所处的环境保持最和谐的状态。这是中国道家主张的重要思想，也反映了中国人的民族性格。通俗地说，这是随遇而安，因情而变。从哲学上讲，这一思想要求顺应客观条件的变化，在顺应的同时把握和利用这种变化，达到自己的目的。这一思想要求人们追求主观与客观完美的统一。

古代中国被称为"河上帝国"，我们的祖先在与洪水严酷的斗争中对水的习性、力量有着深刻的认识，因而是在对流水规律的探求中认识到"力量"的理想形态。正是这样，中国人对与物质相联系的那些"刚"、"强"、"坚"、"火"等力量形态都没有太强的印象，相反，倒是从柔弱的水中找到了力量的体现。这是一种思路上的转变，也是柔性战略产生的根基，从鲧对水的"堵"到禹对水的"疏"，其实已完成了东方战略思维中依靠蛮力向依靠智力的过渡。

下面摘录几段东方战略家和东方思想家们关于"水"的描述，帮助我们更加深入地理解东方战略中"柔"的思想。

《孔子家语》记载了孔子对"水"的看法。有一天，孔子观看东流之水。他的学生子贡问道："君子所见大水必观焉，何也？"孔子回答说："以其不息，且遍与诸生而不为也，夫水似乎德；其流也，则卑下倨邑必循其理，似义；浩浩乎无屈尽之期，此似道；流行赴百仞之溪而不惧，此似勇；至量必平之，此似法；盛而不求概，此似正；绰约微达，此似察；发源必东，此似志；以出以入，万物就以化洁，此似善化也。水之德有若此，是故君子见必观焉。"

管子也谈到过"水"。他说：水者，地之血气，如筋脉之通流者也。夫水淖弱以清，而好洒人之恶，仁也。视之黑而白，精也。量之不可使概，至满而止，正也。唯无不流，至平而止，义也。人皆赴高，己独赴下，卑也。

在现代社会中也有人对"水"的特性作过这样的归纳：1. 自己活动，并能推动别人的，是水。2. 经常探求自己的方向的，是水。3. 遇到障碍物时，能发挥百倍力量的，是水。4. 以自己的清洁，洗净他人的污浊，有容清纳浊的宽大度量的，是水。5. 汪洋大海，能蒸发为水，变成雨、雪，或化为雾，又或凝结成一面如晶莹明镜的冰等，不论其变化如何，仍不失其本性的，也是水。

《成功营销》杂志 2005 年第 5 期中有一篇关于商战的文章也讲到了"水"。公元前 4 世纪，有一位新国王继位。国王励精图治，不眠不休，可是国家却日渐衰落。于是，国王请教智者。智者在河边燃起熊熊烈火。次日，烈火燃尽，智者问国王在烈火中看到了什么？国王答："看到势不可当，强大威武！"智者又指着河流问国王看到了什么？国王答："舒缓平静，滋润生命。"作者接着将话题转到了商战的问题上，说道：两者无疑在讨论治国之道。而从葆婴公司的经营策略中也演绎出了类似的"火与水"的哲学。中国孕婴市场每年 4000 亿的市场容量、122 家婴幼儿奶粉厂家、1200 多家婴儿营养品厂商以及 8000 多家玩具厂商正在如火如荼地争夺着这个巨大的市场。然而与之相比的是，葆婴公司正式经营 6 年来，并没有急于利用"火焰"彰显自己的雄厚实力，反而却像一条河流在市场中静静地流淌，所经之处渐渐呈现出一

战略理念：柔者，不争之争，如同水形。

片欣欣向荣的景象。

二、以柔克刚

笔者注意到，不管是有意识还是无意识，许多经济战略学家们对"柔性战略"很感兴趣。有一本描述企业策划人的书专门谈到了柔性竞争战略。作者认为，企业刚性战略是以企业实力为后盾的富有进取性的攻击型战略；企业柔性战略则是以智力为基础的低姿态的战略。前者是一种直接和正面的竞争，而后者是一种间接和非正面的竞争。柔性战略往往被忽视。人们通常只关注即时和直观商业利润的刚性战略。这位作者的看法很有道理。

但是，许多西方商战专家对这种战略上的"柔性"理解得并不深刻。笔者在市场上看到一本书，书名叫《战略柔性》（*Strategic Flexibility*）。笔者以为这部书肯定反映了许多深邃的战略思想，便买来一读，结果大失所望。书里尽管谈到不少战略知识，但对"柔性"没有解释。不知道此书为什么要起这个名字？

下面，我们就来讨论一下东方战略的"以柔克刚"思想，掌握"战略柔性"的真正含义。

老子指出："是以兵强则灭，木强则折。强大处下，柔弱处上。"（《老子·七十六章》）"柔弱胜刚强"（《老子·三十六章》），"天下之至柔，驰骋天下之至坚"（《老子·四十三章》）。可见，东方战略讲"柔"不是目的，而"以柔克刚"才是目的。从东方战略的角度看，"战略柔性"的真正含义是：避免与强敌直接碰撞，善于利用各方面的条件和借用其他方面甚至对方的力量，采用间接和非正面的竞争手段，以最小的投入获得最大的效益。

为什么"柔"能克"刚"？老子说："天之道，损有余而补不足。"这句话的意思是，自然规律是公正的，它会减少一些事物多余的部分而弥补另一些事物缺少的部分，以保持事物间的平衡状态。对于这一点，我们也可以用现代科学中趋向平衡规律的理论来解释。由此而论，柔者，即弱者，自然是要得到弥补的；刚者，即强者，自然要付出。结合现实来看，弱者，往往是遭到侵犯的一方，它的反抗具有正义性质；弱者，往往会得到广泛同情，得道多助；弱者，容易使对方麻痹，容易采取一些出其不意的行动，达成自己的目的。正如《黄石公三略》所说："柔能制刚，弱能制强。柔者德也，刚者贼也，弱者人之所助，强者怨之所攻。柔有所设，刚有所施，弱有所用，强有所加。兼此四者而制其宜。"

○柔中有刚，刚中有柔

掌握"以柔克刚"的战略思想，我们必须首先认识"柔"与"刚"之间的对立统一关系，认识"柔中有刚"或"刚中有柔"的辩证法。

中国古人认为，战略运用所包括的无非就是"刚"和"柔"这两个方面。正如《易经》所说："立地之道，曰刚曰柔。"并且，在东方战略看来，这两个方面的关系是辩证的，是对立统一的，"柔中有刚"，"柔可克刚"，"柔"和"刚"都包含对方的因素，都会向各自对立的方向转化。《列子·黄帝》中说："欲刚，必以柔守之；欲强，必以弱保之。积于柔必刚，积于弱必强。观其所积，以知祸福之向。强胜不若己，至于若己者刚；柔胜出于己者，其力不可量。"

关于这一战略思想，中国古人用"柔武"两个字加以说明。《逸周书·柔武解》谈道："善战不斗，故曰柔武。"《逸周书·补注》还谈道："吾取天下，以柔得之，此柔武之道也。"在常人的想象中，"柔"有着"软"、"弱"的含义，而"武"与暴力联系，有着"刚"、"强"的含义，很难用"柔"来修饰"武"。但是，细细琢磨"柔武"这两个字，便会觉得奥妙无穷，别有一番趣味，并且还带有一丝浪漫的诗意。在中国古人的眼中，血淋淋的"武"字，变成了姑娘纤细手中的绣花针。

在战略上，我们要想"以柔克刚"，就必须做到"能柔能刚"，"刚柔相济"。在力量的运用上，只有"柔"没有"刚"不行，这样的力量软弱无力，不成其为力量；只有"刚"没有"柔"也不行，这样的力量没有弹性，易脆易折。中国古人说得好：能柔能刚，其国弥光，能弱能强，其国弥彰。纯柔纯弱，其国必削。纯刚纯强，其国必亡。

谈到"柔中有刚"，笔者记得毛泽东在评价邓小平时讲过的这样一句话："绵里藏针。"这个比喻形象深刻，耐人寻味。

○示弱守柔，志弱事强

在一份杂志上，笔者看到海尔老总张瑞敏说过这样的一段话："做企业你要永远处在弱势，如果你能把自己放在一个弱者的位置，你就有目标，就可以永远前进。"张瑞敏在这里谈到了一个"示弱守柔"的问题——这是东方战略"以柔克刚"思想中的一个重要内容。

老子说过，"弱者，道之用"。老子把"弱"提到了一个"道"的高度来认识。这说明"弱"有着非常深奥的战略学问。我们探究战略之道，需要对这个"弱"字进行深入的剖析，尤其要对如何"示弱"这个"道之用"上下工夫研究。

在《淮南子》一书中，有一段话对"示弱"作了这样的解释："故得道者，志弱而事强，心虚而应当。所谓志弱而事强者，

战略理念：兵强则灭，木强则折。强大处下，柔弱处上。柔能制刚，弱能制强。

柔毳安静，藏于不敢，行于不能；恬然无虑，动不失时；与万物回周旋转，不为先唱，感而应之。是故贵者必以贱为号，而高者必以下为基。托小以包大，在中以制外；行柔而刚，用弱而强；转化推移。得一之道，而以少正多。所谓其事强者，遭变应卒，排患㩉难；力无不胜，敌对不凌；应化揆时，莫能害之。是故欲刚者，必以柔守之；欲强者，必以弱保之；积于柔则刚，积于弱则强；观其所积，以知祸福之乡。故兵强则灭，木强则折，革固则裂，齿坚于舌而先之敝。"(《淮南子·原道训》)

这段话讲到了三层意思：一是要"志弱"，"藏于不敢"，"行于不能"，"不为先唱"，低调行事，不显露，不张扬；二是要"事强"，"遭变应卒"，"力无不胜"，要能够控制强者，要最终成为强者，"志弱"只是手段，而"事强"才是目的；三是要明白"积于弱则强"的道理，高者必以下为基，欲刚者必以柔守之，欲强者必以弱保之，真正的强大者，恐怕他要先从弱小者做起，他要十分明白"示弱守柔"的道理。

所以，东方战略强调：以柔克刚，就是要善于把自己置于一个弱者的位置上，这样就可以提高自身的忧患意识，同时也可以避开竞争对手的注意，以利于自己积聚力量，等待有利的时机，实现自己的战略目标。

《孙子兵法》中有一段话说："始如处女，敌人开户。""处女"说的是一个安静地坐在那里的姑娘。这个"始如处女"的比喻，就是讲如何"示弱守柔"。我们试想一下，有谁会从一个静坐的姑娘身上感到威胁？有谁想到要与一个静坐的姑娘进行拼命的抗争？

这还让笔者联想起古希腊大哲学家苏格拉底的一个故事。一天，有一个人问他：天有多高？他回答说：只有三尺高。这个人当时百思不得其解。后来，他回家后认真思索后，明白了苏格拉底是在告诉他一个重要的处世哲理。这就是：人要低头，要谦和，要示弱。

在"志弱"与"事强"的关系上，东方战略提示我们一定要注意把握好这样一个问题：在力量的结构和表现形式上，"刚"和"柔"两方面都不可缺少，但亦有不同。力量要蓄其"刚"而示其"柔"，以"刚"为本而以"柔"为表，这样才能示人以柔而制其刚，示人以弱而制其强。

有位名叫叶莺的企业家曾经深有体会地说："做第一不是最安全的，做第一是最危险的，同时也是压力最大的。"这个问题，笔者也听到有的企业家从另外一个角度谈道："只有一流你才能保存，二流三流都会被淘汰出局。"我们把这些看法综合起来，认识就比较全面了。我们要争第一，要成为一流，不能动摇，这是一个追求目标的问题；但我们有时候不当第一，藏于不敢，行于不能，不为先唱，这是一个商战策略问题。前者是"事强"，而后者是"志弱"。

战略理念：我们要争第一，但有时候不当第一。

○ "以柔克刚"中"柔道"之理

美国商战专家加里·哈默在他的一本书中谈道："在商业中，现代柔道要比拳击更有用处。现代柔道的第一个原则就是利用对手的重量和力量以成为自己的优势：避开对手攻击的力量，使他失去平衡，然后让冲力和引力发挥其最大的作用。"（《未来的战略》，第191页）加里·哈默在此悟到了"以柔克刚"中的"柔道"之理，并且指出这种"柔道"之理在现代商战中更有用处。

这种"柔道"之理，不是来自西方战略，而是来自东方战略。我们需要从东方战略的原理中，深刻理解其中的"柔道"之理。

"柔道"之理首先强调一个"避"字，就像加里·哈默所说的"避开对手攻击的力量"，绝不与竞争对手进行硬碰硬的对抗。

这使笔者想起一位很大企业的老总与笔者交谈时的对话。当时，我们在交谈东方战略的"柔"字。他说，我们企业面临着许多竞争对手的攻击，这些竞争对手有大的，也有小的，有用阳招的，也有用阴招的。面对这种情况，这位老总说他要用"柔"的方法来对付。他要将他的市场运作变为一个"水囊"，当你进攻的时候，我有时候要避让，甚至让出一部分市场，但我要在另外的地方出击，保证我的利益最大化；当你进攻势头减弱时，我顺势再把你顶出去。这个"水囊"的比喻很形象也很贴切，这就是"柔"，这就是"以柔克刚"中的"柔道"之理。

"柔道"在战略机理上表现出这样一种特性：对方打击的力量越大，它给你的造成的优势就越大；对方打击的力量越大，它遭到反击的力量就越大，这就是加里·哈默所说的"利用对手的重量和力量以成为自己的优势"。这里面综合体现了东方战略所具有的"解力"、"蓄力"、"借力"思想。这个道理很深奥，也包含有很多意思，很难用一两句话解释清楚，我们可以用"弹簧"作比喻：当对方发力击来的时候，己方不是硬抗，而是像"弹簧"一样，先把对方的力量化解掉，把自己的力量积蓄起来，然后在时机成熟时突然发力，猛击对方。攻击一方用力越大，他向防御一方输出的能量就越大，他所遭到的反击就越强烈。这就是"柔道"之理中的所谓"弹簧效应"。

"柔道"在战略机理上表现出另外一个特性，要从不平衡的超常态势上来理解。所谓"柔道"，就是在与对方力量的接触面上，以我之"弱"迎击对方之"强"，以我之"强"打击对方之"弱"，在双方力量的接触面上形成对我有利的不平衡的超常态势。这种不平衡的超常态势要形成这样的作用结果：对方对我弱处打击力度越大，它的弱处遭受我反击的力度也就越大。在这个问题上，德国总参谋长施利芬的"旋转门"战略策划就是一个典型的例子。他将德军的80%力量集中在主要战略方向上，又将主要战略方向上80%的力量集中在主要战役方向。他只用20%的力量迎击对方的主力。当对方主力发起进攻时，他这一侧弱小的兵力后撤，而同时另一侧强大的兵力出击，就像是推动了一扇"旋转门"。对方推动门的一侧的力量越大，他在门的另一侧遭到的反推动力就越大。这就像一位太极高手，他会用虚掌引力，会用实掌发力，然后依靠身体的旋转将强大的对手击倒。

通过"柔道"以上的两个特性，我们应当认识到："以柔克刚"，绝不是消极的，而是积极的；绝不是被动的，而是主动的。在"柔"的对抗形式中，蕴涵着更大的反击能量，这种能量或许是后发的，或许是来自另一个方向，并且这种能量在很大程度上是对方给予的。这让笔者联想起一个故事。一位私营企业的老总非常善于学习，善于动脑子琢磨那些"一字真言"。他通过学习琢磨出一个"忍"字，后来他又琢磨出一个"融"字。他在听完笔者的课之后，他对笔者说，他琢磨出了第三个字，这就是"柔"字。这个字要比前面两个字要好。好在哪里呢？这个"柔"字在商战竞争中有一种进取性，主动性，它将"忍让"、"融和"与"赢取"巧妙地结合在一起。

"柔"的表象是一种"柔软"，给人一种舒适的感觉，而"以柔克刚"就是强调用一种对方感觉舒适的方式，战胜对手，赢得胜利。这也是"柔道"之中深藏的一个制胜理念。笔者想起一个很有意思的寓言。这则寓言是明朝作家刘元卿写的，说有一种名叫"猱"的小动物，爪子非常锋利，专门吃老虎。它吃老虎的方法很独特。老虎的头痒，猱就爬上去给它挠，老虎很舒服。猱不停地挠，最后在老虎的头上挖了个洞，吃掉了老虎的脑髓。

笔者注意到，在现代商战的战略教程中有一种"终结性行动"的提法。这种提法就反映了"以柔克刚"中的"柔道"之理。这一行动所追求的是避免代价昂贵的面对面挑战，避免采取那些挑衅性的降价或加大广告花费等手段，避免那种企图在差别化上硬性压倒竞争对手的做法。这一行动的中心思想是强调与竞争对手进行周旋，抓住那些没有被占领或者竞争不够激烈的市场领域，改变竞争规则，并使其对自己的行动有利。"终结性行动"的具体做法包括：在直接竞争对手介入不深或者没有介入的地域市场采取措施建立强大的市场地位；使推出的产品有着不同的属性和更好地满足特定购买者的需要，从而创造一个新的细分市场；或者加快步伐快速进入下一代的技术和产品。成功的"终结性行动"可以使一家公司在一个新地区获取巨大的首先行动者的优势，迫使竞争对手追赶自己。（《战略管理》第十版，第 180 页）

三、避实击虚

在一本关于商战的书中，笔者记得秦池酒厂的总经理这样谈道："我们对山东的白酒市场进行了分析，山东的白酒多且竞争激烈，秦池酒当时的实力太弱，从战术的选择上，应避开山东这个竞争激烈的地方，后来我们把目光盯在了东北市场。"（《与 100 名老板对话》第一册，第 189 页）

在这本书中，笔者还记得贝因美公司的老总谢宏说过：近年来，我们贝因美在与跨国公司竞争中采取"避实击虚"的战略，就是避开用硬广告营销，用科普宣传等为主要手段建立一整套行之有效的"营销系统"来进行产品促销。（《与 100 名老板对话》第三册，第 214 页）

这两位老总谈到了一条重要的东方战略理念——"避实击虚"。

"实"和"虚"，是中国古人揭示和表述战略思想的一对常用范畴。"实"，通常表示强大、坚固、有备、有形等属性和形态；"虚"，通常表示弱小、软弱、无备、无形等属性和形态。东方战略指导和运用的艺术，突出体现在把握"实"与"虚"的认识、选择以及两者的转化上，而所追求的目标和所遵循的原则就是"避实"而"击虚"。

战略为什么强调"避实击虚"？道理并不复杂，正如管子所说，"凡用兵者，攻坚则韧，乘瑕则神。攻坚则瑕者坚，乘瑕则坚者瑕"（《管子·制分》）。这句话的大意是：凡是作战，打强点就会受阻碍，打弱点就会建奇功。如果打在对方的强点上，弱小的对方也会变得强大起来；如果打在对方的弱点上，强大的对方也会变得弱小。

至于如何"避实击虚"，中国古人有许多论述。例如，孙子说："利而诱之，乱而取之，实而备之，强而避之。"他还说，"避其锐气，击其惰归"。孙子还用"水之形"来说明："夫兵形象水，水之形，避高而趋下；兵之形，避实而击虚。"

在我国历史上，有关"避实击虚"的战争实例很多，如孙膑的"围魏救赵"就是一个典型的例子。当魏国主力攻打赵国时，孙膑建议齐国军队不去赵国与魏国主力正面作战，而是乘机围攻魏国兵力薄弱的城池，这样不但解了赵国之围，还迫使魏国军队疲于奔命，遭受失败。还有，在中国革命战争时期，毛泽东采取"诱敌深入"的战略方针，避实而击虚，以劣势兵力成功地粉碎了敌人的多次"围剿"。毛泽东提出了"敌进我退，敌退我追，敌驻我扰，敌疲我打"的"十六字诀"，充分体现了"避实击虚"的东方战略思想。

在现代商战中，也有很多"避实击虚"的实例。位于德国某市附近的文德林根的里歇公司是一家生产电子仪器的小型企业。这个公司经过20多年的苦心经营，获得了成功。其成功的战略指导是"避实击虚"，具体表现为五个方面：一是善于在大企业未涉足的领域中求生存；二是花大力气招聘和使用第一流的科技人员；三是努力降低成本和严格进行价格核算；四是要使研制的新产品有足够的生产期限；五是力争找到稳定的大企业作为自己比较固定的合作伙伴。

在现代商战中，"避实击虚"的战略思想多表现在一些企业的游击战法之中。在一部名为《公司战》的书中说：如同古典的游击战一样，采用巧妙战略的人在面对人数上占优的敌人时必须准备放弃阵地。这既不是软弱，也不是胆小，而是按常识办事。他们认识到，"拼到最后一个人"并不光荣。他们遵循古训："打了就跑的人，明天可以继续战斗。"（《公司战》，第173页）

在一部有名的战略管理教程中，商战专家们专门论述了现代商战中的"游击行动"。专家们指出：这种"游击行动"特别适合小的挑战公司，因为它们既没有足够的资源，也没有足够的市场透明度来对行业的领导者发起完全的攻击。这一行动的基本原则是"打一枪换一个地方"，有选择性地获取销售和市场份额，不管是在什么地方也不管是在什么时候，只要能够出其不意地攻击竞争对手。

这部教程还详细列举了现代商战"游击行动"的一些战法。我们从中可以看出，这些战法与"避实击虚"的东方战略理念非常相近甚至完全一致。这些战法是：1. 追寻那些对主要竞争对手并不很重要的顾客。2. 追寻那些对竞争对手品牌忠诚度最弱的顾客。3. 在竞争对手鞭长莫及且资源分布很稀薄的地区集中你的资源和精力。4. 对竞争对手进行小型、分散、随机的攻击。5. 出其不意地采取一些临时但是集中的促销活动抓住那些如果不采取促销活动就会选择竞争对手的顾客。（《战略管理》第十版，第181页）

论述到最后，笔者想起了一则有趣的寓言故事。一位军舰的舰长在夜间航行时看见前面有灯光。他以为前面遇到了另外一只航船，于是就以自己舰长的身份命令前面的船只改变航向。但是，到了跟前，他却急忙命令自己的军舰迅速改变航向。为什么会这样？因为他突然发现迎面而来的不是航船，而是灯塔！

战略理念：遇到强硬的东西，千万不要硬撞。

○如何在激烈的竞争中探明虚实

精通商战韬略的人都会知道，在现代企业战略学中，有一个叫做"SWOT"的概念（Strengths, Weakness, Opportunity and Threats)，即"强、弱、机遇和风险"。有一位名叫约翰·阿利的美国著名学者，在来华讲授经济学时，将"SWOT"与《孙子兵法》联系在了一起。他指出：《孙子兵法》的虚实之分及其倡导的"以实击虚"的效果，与现代SWOT分析方法的效果如出一辙。SWOT分析法是营销中流行的策略性方法，这种方法能够分析出公司强弱的领域，能够分析出市场的机会与风险，它可以说是《孙子兵法》的再版。这位学者还专门撰写了一篇文章，题目是《孙子七字谋略——营销经理如何应用孙子兵法》。他在文中写道："《孙子兵法》虽然古老，却可能成为未来的蓝图。"

这个事例告诉我们一个如何分析自己和竞争对手的虚实的方法，也同时告诉我们古老的东方战略包含着这种方法。下面，我们就来简要讨论一下这个问题。

在现代商战中，要想"击虚"，就要知道对手的"虚"在何处。有一部名为《战略管理》的商战教科书，强调企业的战略决策者要关注那些竞争对手市场份额很弱或者竞争力量不强的地理区域，要特别关注竞争对手忽视或者竞争对手不能很好服务的顾客群体，因为这些地方和顾客群体都是竞争对手的虚弱之处。这部教科书的作者认为，如果能够及时抓住那些竞争对手在其产品质量、特色或者产品性能等方面的虚弱之处，就能够将那些对产品性能很敏感的客户游说过来，转向自己的品牌。他们认为，对于那些其客户服务低于平均水平的竞争对手，对于那些其广告及品牌认知度很弱的竞争对手，对于那些其产业链中有明显缺口的竞争对手，均可以采取特别的营销攻势，并能够收到明显的效果。这部教科书的作者特别指出：一般说来，利用竞争对手的缺点，采取进攻性行动，相对于挑战竞争对手的强势来说，更有取得成功的希望，特别是在这种情况下：竞争对手的弱势是一些重要的脆弱之处以及竞争对手没有充分的防范，常被"攻其不备"。(《战略管理》第十版，第179页)

有一家名为"灿坤"的美国公司，有20位设计师，其中4位是企划设计师。这家公司的主要职能就是寻找市场的"虚"处。几年前，这家公司发现美国人身材偏胖，主要原因是他们爱吃富含油脂的汉堡肉。于是，这家公司决定开发一种能够处理油脂的煎烤机，并为其申请了专利。这种产品投放市场之后，很快接到了5000万台订单，取得了巨大的收益。在这家公司的设计师们看来，在现代商战中所谓的"虚"，很多方面反映在市场欠缺的产品定位上。

美国商战的战略专家麦克内利对商场竞争中的"虚"有自己独到的认识。他认为，这种"虚"会在组织边界上产生。在这些边界区域，双方的责任范围也许并不明确，协调存在困难，可能会出现缺口，因而"虚"就会产生。这些边界可能发生在竞争对手的价值链上，比如在研发部门和制造部门之间、在制造部门和分销部门之间或在营销和研发部门之间。这些边界也可能是地理上的，比如在销售区域和制造场所之间。另外，这些边界也有可能出现在竞争对手和其商业伙伴之间，还有可能是精神或思想意识上的，比如竞争对手对其市场边界和其他市场的相邻之处的界定。这位专家特别强调说："利用这些边界就可以找到竞争对手易

被攻击的致命的虚弱之处。"（《经理人的六项战略修炼——孙子兵法与竞争的学问》第 35 页）

我们也可以将现代商战中的"虚"理解为企业竞争领域中的"空隙"。这里面包含有"边界"的意思，但比"边界"有着更深的含义。准确地说，"空隙"是一种他人忽略的、有着更少威胁的、更加适合自身发展的空间。在一篇报道中，笔者看到北京一位电气集团老总说过的一段话：作为企业领导人找空隙是非常重要的，要给企业找到最宽的夹缝，要使企业在这种夹缝中求得生存。

战略理念：利用竞争对手的虚弱之处，采取进攻性行动，相对于挑战竞争对手的强势来说，更有取得成功的希望。

○善于在对方的"实"中找"虚"

前不久，笔者在一本杂志上看到了一个商战战例。有一家印度生产油漆的公司向立邦漆发起挑战，这是一个典型的以小搏大的挑战，但这家印度公司成功了。原因在哪里？这家印度公司分析出立邦漆在印度市场上最受欢迎的五种油漆，然后集中力量专做这五种油漆，使它们的价格低于立邦漆。他们将这五种油漆投向市场，并称"如果你买这五种漆的一种，没有理由买立邦漆，因为它们的质量一模一样，而且我们的价格便宜"。"如果你买这五种漆以外的漆，那么请你继续买立邦漆。"这样，他们在向立邦漆挑战的时候，还为立邦漆留出了市场空间。此时的立邦漆无法进行反击，除了对手的进攻保留余地之外，其主要原因是立邦漆依靠多样化形成自己的优势，它不可能放下其他品种专门经营这五种油漆。

这个战例说明了什么？它告诉我们：在现代商战中，高明的战略家善于在对手的"实"处找"虚"，或者说在对手的"长处"中寻找"短处"，因为这种"虚"是对手无法避开和弥补的"虚"。当你攻击对手这一"虚"处时，对手会处在一种"投鼠忌器"的无法还手的被动境地。

　　美国西南航空公司在一些强大航空公司的"虚"处找到了自己的生存和发展的空间——短途的经济型的航空客运服务。他们的目标客户群是那些关注安全、时间和价格而不太关注其他服务的乘客。他们使用二流机场，拆除头等舱，简化中间程序，减少乘务员，不提供用餐等，尽可能地减少了不必要的成本，使其机票价格非常便宜（还不到其他航空公司的1/2）。他们通过这些做法占据了属于自己的那部分特定的市场，并且使其他航空公司无法放弃自己原有的优势而采取反击行动。

　　通过以上的战例和分析，我们可以更进一步认识"虚"的战略含义。我们不能简单地将"虚"理解为一种"弱"，而要将其与竞争环境和竞争对手的整体情况联系在一起考虑，要将其与最终竞争的结果联系在一起考虑。对此，我们要注意把握好两点：其一，"虚"在不同情况下有不同表现，如东方战略所说，侵敌地之虚，乘敌阵之虚，破敌力之虚，见敌时空之虚，窥敌谋之虚，以变而制虚，等等。其二，"虚"是指敌要害之处，可制"虚"而动其"全身"，使其不得不按我的意愿就范，或使其顾及"全身"而不得不放弃与我对抗。在这方面，孙子有过精辟的论述。他说："进而不可御者，冲其虚也；退而不可追者，速而不可及也。故我欲战，敌虽高垒深沟，不得不与我战者，攻其所必救也；我不欲战，虽画地而守之，敌不得与我战者，乘其所之也。"（《孙子兵法·虚实》）美国战略学家麦克内利也谈道："最好的'击虚'之处，不仅应该是竞争对手极其容易受到攻击之处，而且还应该是攻击一旦成功，就会对对手造成重大损害之处。"（《经理人的六项战略修炼——孙子兵法与竞争的学问》，第36页）

　　在这方面，国美电器的老板就十分明白如何抓住竞争者的要害。他认为，"只要把握住终端（零售），就可以控制上游（货源）的供应商。因为我能卖。等到了厂家生产的必须通过我来卖出去的时候，我就有资格跟他谈条件。国美是什么？是把厂家生产的产品转化为货币的机器！只要消费者认可，愿意到我这儿来买电器，谁不认可都没关系。反过来，所有方面都认可，就是消费者不到店里来，那是最可怕的"。

　　我们讨论的这个问题，实际上是一个"实"与"虚"、"强"与"弱"的关系问题，是一个"实中有虚"、"强中有弱"的问题。我们下面还可以从另一个角度来理解这个问题。我们常常会听到一些企业家说，他面临的对手如何如何强大，简直是无懈可击，根本没有办法战胜它。我的回答是：再强大的敌人也有他的"虚"处，也有他的弱点，关键是你能否发现它。在《成功营销》2005 年第 5 期，笔者看到了一篇描述格兰仕空调的文章。这篇文章很有意思，能够很好地解释这个问题，其中谈道：格兰仕在空调遭遇的竞争对手的确不同于过去的对手，这些对手大都是久经沙场、能征善战的"大家伙"、"老江湖"，十分狡猾，但再狡猾的"狐狸"也有自己的短板与弱点，格兰仕就是要扮演空调业的"刺猬"，专找"狐狸"们的软肋刺。格兰仕坚持用最"笨"的战略做空调，走别人不敢走的路，做别人不敢做的事，想别人不敢想的招，打破常规，知法犯法（知道方法不按常规方法做），采用一些超常规的打法。因此，格兰仕也就经常遭到了人们的各种质疑，好心人常为格兰仕捏把汗，但格兰仕还是胸有成竹，心中有数。

战略理念：高明的战略家善于在对手的"实"处找"虚"，或者说在对手的"长处"中寻找"短处"。

四、以迂为直

　　美国一家名叫西伯瑞特的公司生产了一种高级按摩器。这种按摩器价格昂贵，在美国的市场上很难见到，但奇怪的是，这种产品在国外市场上知名度很高，销路也很好。为什么会这样？这实际上是公司总裁达佛采取的一种巧妙的迂回战略，其开始战略方向不是在美国市场，而是在海外市场。他说："我们知道美国最终将成为我们最大的市场，我们不想一开始就在这里做产品的测试，如果我们会犯任何错误，我们希望能在别的地方发生，所以我们决定不在美国推销，而先在海外销售，并从这些业务中将产品的不足之处找出来，等我们真的准备好了，再进入美国这个最佳的市场。"（《战略性经营》，第 296 页）

我们再来看一个与其相似的中国古代战争实例。公元前 260 年，秦赵两国相争。秦王并不急于同敌军决战，而是依照范雎的建议，先攻韩国之上党，使赵国失去依持。与此同时，秦国又假意言和，使诸侯不再援赵。秦国还巧妙地使用了反间计，使赵王撤大将廉颇而任用赵括。最终，秦军大败赵军于长平。

这两个实例都反映了东方战略一个重要的思想——"以迂为直"。所谓"直"，是指直线、直达、直接、正面等意思；所谓"迂"，是指曲线、绕过、间接、非正面等意思。另外，"迂"还有"随"的意思。这个"随"字，就是孙子所说的"践墨随敌"，"乘其所之"。

这一思想是东方战略"柔"字的具体表现，它有着一种这样的要求：与敌进行对抗，不要进行硬碰硬的对抗，而要进行一种巧妙的"以迂为直"的对抗，如同水一样，遇到坚实的地方，不是直撞，而是绕了过去，流向前方。这一战略思想与前面所讲的"避实击虚"是紧密相连的，要想在双方力量接触上"避实击虚"，就要在力量运用方向和方式上"以迂为直"。

"以迂为直"，要求人们更多地通过间接手段而不是直接手段达成目的。因此，外国人也将其称为"间接战略"。英国战略理论家利德尔·哈特曾经总结了大量成功的战略运筹的战例。他惊异地发现，这些战例大多使用间接战略手段，只有极少数使用直接战略手段。他认为，在战略上，最漫长的迂回道路常常是达到目的的最短途径。他还说："间接路线的方法，还可以有更加广泛的应用范围。在生活的所有一切领域内，这种间接法可算是一条定律，也是哲学上的一个真理。"（《战略论·前言》）对此，一位现代战略理论家爱德华·路特维克从中认识到一条普遍的规律。他说：战略牵涉到有思想的人类之间的实际的或可能的武装冲突，因此，它受一种"把对立面集中到一起"的"反常逻辑"的支配。换言之，看上去是最好的、更有效用的或最有效率的，往往实际上并非如此。（《外军资料》2001年5月16日，第23页）

"以迂为直"的战略要求大量表现在现代商战之中。美国商战专家麦克内利在谈到这一战略思想时深有感触地说：太多的西方式的想法和逻辑推理造成了两点之间直线距离最短这类的观点。然而，从战略上讲，达到你商业目标的最短距离或许是一种更为迂回的路线（《经理人的六项战略修炼——孙子兵法与竞争的学问》，第99页）。笔者常常与一些营销专家们谈到自己的一个体会：最成功的营销宣传是用别人的嘴巴来说的，让别人宣传你的产品比你自己宣传更有说服力。这实际上就是商战营销中的"以迂为直"。

○战略回避

在现代商战中，以迂为直，明显表现为一种巧妙的战略回避。商战专家们指出，如果想要取代地位巩固的领先者，挑战者就必须采取迂回的战术，占领独立的局部市场。例如，佩珀公司就选择了"以迂为直"的战略，回避了大型销售饮料的领域，将自己定位在一个范围较窄的调料生产领域，同时在这个领域加大营销

力度，形成了自己小规模的竞争优势。（《公司战略透视》，第46页）

这种战略上的回避，有时表现为某种妥协或联合。一位专家在分析机顶盒产品时说：他们接受的新战略法则是，当你的敌人足够强大，你没有足够的能力在它面前取得竞争优势甚至仅是平等地位时，你唯一明智的选择是成为它的合作伙伴。这位专家在分析一些企业的战略时认为，这些企业可以通过和微软的合作，达成策略联盟，从而在技术上有所依托，减低来自国际企业的竞争风险，也许还可以得到一些未来国际市场的份额。

○剑走偏锋

谈到"以迂为直"，我们可以用"剑走偏锋"这个成语来理解。笔者常听到久经商战的老将谈到他们这样的体会：侧面进攻，击其虚弱最有效，这就叫"剑走偏锋"。笔者还看到一本关于商战的书这样写道："英特尔公司面对挑战的哲学思想是：剑走偏锋——不断寻找新的生存契机。"

> 战略理念：最漫长的迂回道路常常是达到目的的最短途径。

以迂为直，剑走偏锋，就是强调避开竞争的热点和焦点，在一种不被别人所重视的领域或时机，实现自己的战略意图。就像一位北京电气集团老总所说的那样：这里面包含着一个深刻辩证的道理，热中有冷，冷中有热，我们现在做的恰是冷中的热，别人放弃的也许正是我们的机会。

○寻找理想的战略迂回点

沃尔沃汽车公司有一则成功的市场营销的例子。他们确信女性比男性对行车安全更敏感。因此，尽管沃尔沃汽车是男性驾驶的车型，公司营销部门还是经常在女性阅读的杂志上做广告，希望女性基于安全考虑而影响她们的丈夫购买这种车。这就是"以迂为直"战略的运用。沃尔沃找到了正确的战略迂回点，从迂回的方向获得了更大的正面的效果。

这个实例告诉我们，在现代商战中有一个重要的战略迂回点，这就是那些对直接购买者有着巨大影响力的间接影响者。有时候，征服这些影响者，可以得到更大的营销战果。现在我们常说的"蓝海战略"就强调了一个这样的观点：应将"买方"这个概念做出区分，因为在现实中，买方是由不同环节组成的一条链，每个环节都直接或间接地影响购买决定。购买者为产品或服务付账，但却不一定是实际的使用者。有时候，买方链中还包括施加影响者。

"蓝海战略"为我们分析了一个战例。路透（Reuters）和德励（Telerate）两大系统长期统治着整个国际在线金融信息产业。这两大系统为中间商和投资群体提供实时新闻和价格信息，他们注意的重心是购买者即企业的 IT 经理，并根据这些人的喜好提供能够使其工作更加方便的标准化系统。在这个领域中后来崛起的彭博公司（Bloomberg），却采取了"以迂为直"的战略，不是把注意力放在 IT 经理身上，而是放在交易员和分析师身上。彭博公司专门为这些人设计一套系统，除了让他们操作方便之外，还为他们提供了一系列有针对性的休闲服务。这样，彭博公司把关注点从购买者转到了影响者身上，从而创造了一条新的价值曲线。金融信息产业的这些交易员和分析师在公司中运用了自己的权力，迫使 IT 经理们大量购买彭博的终端。"蓝海战略"还同时提到：比如佳能复印机制造商，他们通过把关注点从企业采购员转移到使用者身上而改变了复印机产业的目标顾客，从而开创了小型桌面复印机产业。（《蓝海战略》，第 73 页）

有时候，有价值的战略迂回点，隐藏人们不太注意的"无形领域"，如人们的情感领域。就像"蓝海战略"所强调的那样：

要跨越针对买方的功能与情感导向，从这两者接合点上寻求突破。世界第三大水泥生产商墨西哥水泥公司，在这个方面做得很成功，它将自己的产业导向由功能型向情感型转变，于 1998 年推出了"今日祖产计划"。这家公司借助墨西哥的"坦达"方式，将墨西哥人传统用于节日的花销集中于水泥购买上，通过人们群体集资的方式而迅速让其中一个家庭拥有住房。墨西哥水泥公司与它的竞争者们完全不同，它通过"以迂为直"的战略把水泥变为人们节庆的礼品，它向购买者出售的不是一袋袋水泥，而是一个个未来拥有住房的美好梦想。这家公司从一种情感的战略迂回点上，创造了一个新的运营模式，开创了一个巨大的市场。（《蓝海战略》，第 85 页）

理想的战略迂回点，绝不会与对方正面强大的对抗点相重合。惠普公司曾经推出了自己的 9000 系列产品，向 IBM 公司的 AS - 400 产品发起直接的攻击，结果与对方正面强大的对抗点重合，遭到 IBM 公司的强烈反击，进攻失败。有专家分析说：在这个实例中，惠普公司犯了一个战略性错误，他们没有花时间去了解对手产品的实力、对手管理团队的思想，甚至没有考虑对手可能做出的反应，盲目与最大的竞争对手进行正面较量，并且是非常公开的较量。他们不仅进攻失利，而且导致了 IBM 公司的警觉并产生优先处置威胁的紧迫感，从而使自己长期处在一个不利战略态势之中。在许多商战专家们看来，惠普公司应当采取巧妙的"以迂为直"战略。实际上，在这次直接攻击之前，惠普已经同向 IBM 公司提供应用软件的 15 家最大的合作商中的 11 家建立了业务联系。惠普如果不是直接进攻，而是采取"以迂为直"的战略，通过这些合作商发动间接的进攻，结果会大不一样。

理想的战略迂回点，通常表现在一种"避实击虚"的战略空间的选择上。笔者记得一位名叫唐·苏德奎斯特的商战专家说过：

"我们的战略就是在攻入重要的大城市市场之前，首先进入一些较小的市场，因为在我们拥有了较小市场的顾客基础之后，我们也就获得了信心。如果你开始获得较小市场的顾客的接受和认同之后，消息就会不胫而走，周围的顾客就会开始到你的商店来购物，即使他们走的路途很远。"

战略理念：以迂为直，寻找理想的战略迂回点，从迂回的方向获得更大的正面的效果。

○从更大范围寻找战略途径

有人曾经这样描述过 20 世纪 80 年代初美国企业发生的情况：当美国的许多公司受到了全世界许多竞争者和更加机智的企业家的打击时，以企业为根本的美国突然间在疯狂地奋斗，想要赶上去。各公司不是制订精良的战略计划，而是在拼命争取改进产品质量，重建机构，裁减人员和重新设计。迈克尔·波特描述了这种竞争恶性循环的场面："在过去的十年中，管理者一直承担着日益增加的压力，去实现可见的、可衡量的业绩提高，经营有效性中的项目产生了保证性的进展，尽管优厚的利润可能仍是空幻的。商务书刊和咨询顾问泛滥于市场，提供的信息都是关于其他公司在干什么，强化了最佳业绩心态，陷入了经营有效性的竞赛之中，很多管理者简直就不知道需要有一个战略。"（《未来的战略》，第26 页）

针对这种现象，美国商战专家加里·哈默也评论道："让我们承认这个现状。全世界的公司正在达到渐进主义的极限。从成本中再挤出一便士，再提前几个时期将产品推向市场，对顾客需求的反应再快一点，将质量再推向更高一个等级，再夺取另一处的市场份额——这就是当今管理人员的困扰。"（《未来的战略》，第34 页）

这种急功近利的竞争形成了企业竞争的怪圈，并产生令人失望的结果。正如默瑟管理咨询公司的德怀特·格茨所说："单纯提高效率的方式没有产生什么明显的竞争优势。"为了追求经营有效，出现竞争趋同现象。竞争仅仅建立在经营有效性上，竞争对手在相互毁灭，由此导致的摩擦战只有限制性的竞争才能得以制止。公司受经营压力的驱动，又缺乏战略眼光，别无他法，只有相继将竞争对手全部收购。剩下的竞争者是那些活得长久的公司而不是具有真正优势的公司。(《公司战略透视》，第58页)

为什么会出现这种竞争的困境？其根本原因就是，这些企业没有真正掌握东方战略"以迂为直"的道理，许多企业家不善于从更大的范围中运作自己的企业，于是导致上面所说的竞争怪圈：只注重自身挖潜而不注重商机把握，只注重通过自身改造创造价值而不注重通过竞争大势寻求价值。

东方战略要求我们在现代商战中"以迂为直"，从更大范围寻找战略途径。对此，中国商界有一句形象的说法："吃着碗里的，搅着锅里的，看着田里的。"

从经济规律的角度看，从更大范围选择战略途径有很多方法，譬如说，重新构想一种产品或服务，在产品和服务上注入新的情趣或向非经济领域做出新的拓展，从中寻找新的价值生成渠道。再譬如说，重新界定市场空间范围，包括向外扩大适用性边界，向个特化扩展，减少供需的空间距离等。还有，我们也可以重新划分产业界线，包括重新调整产业，压缩供应链，模糊产业界线以推动聚合。在这方面，蓝海战略提出了一些很好的方法。

从更大范围选择战略途径，实际上是要求我们立足于现有的基础之上，寻求经营的"多样化"，从异质领域里寻找新的发展空间。据现有的商战教程所说，一种方法是"横向多样化"，就是以现有产品市场为中心，向水平方向扩展，也称"水平多样化"或"专业多样化"。"横向多样化"由于是在原有市场、产品基础上的变革，因而产品内聚力强，开发、生产、销售技术关联度大，管理变化不大，比较适合于原有产品信誉高、市场广且发展潜力还很大的企业。另一种方法是"多向多样化"。这里指虽然与现有产品、市场领域有些关系，但是主要通过开发完全异质的产品、市场的方式，寻求经营的"多样化"。这里面包括"技术关系多样化"、"市场营销关系多样化"、"资源多样化"，等等。还有一种方法是"复合多样化"。这是从与企业现有经营领域没有明显关系的产品、市场中寻求成长机会的战略，其所需要的技术、经营方法、销售渠道必须重新获得。这里面包括"资金关系多样化"，这是指一般关系的资金往来单位随着融资或增资的发展，上升为协作单位；"人才关系多样化"，这是指当发现企业内具有专利或特殊技术人才时，就利用这种专利或技术向新的事业发展；"联合多样化"，这是指为了从现在的事业领域中撤退或者发展为大型的事业，采用企业联合的方式进行多样化经营。

战略理念：以迂为直，善于从更大范围寻找战略途径，要吃着碗里的，搅着锅里的，看着田里的。

○选择范围大小取决于你的战略想象力

在一部关于商战的书中，美国商战专家加里·哈默举了一个例子：几年前，谁曾想过把孩子们看做是一个 35 毫米胶卷的潜在市场？你曾想过把 500 美元的尼康相机交给一个 8 岁的小孩玩耍？也许不会。然而，当今的父亲都毫不在乎地把一个自由使用的相机交给孩子，让他们在海滩上、在生日联欢会上或家庭度假时玩上一整天。一次成像的相机使人们能很方便和很普遍地得到相片。1995 年，一次成像的相机市场达到 500 万个，零售额接近 1 亿美元。这个例子给我们什么提示呢？它告诉我们：现实中存在着许多理想的战略途径，孕育着未来的巨大市场，关键是你能否想到它。你的战略想象力有多大，你的战略途径选择的范围就有多大。

战略的想象力是没有限制的，可以无限的延伸。正如海尔公司的张瑞敏所说："只有淡季的思想，没有淡季的市场。"张瑞敏的这个看法来自海尔发生的一件事情上。每年的6—8月，是洗衣机销售的淡季。每到这段时间，很多厂家就把商场里的促销员撤回去了。张瑞敏却很纳闷：难道天气越热出汗越多老百姓越不洗衣裳？调查发现，不是老百姓不洗衣，而是夏天5公斤的洗衣机不实用，既浪费水又浪费电。于是，海尔设计了一种1.5公斤的"小神童"洗衣机，先在消费水平高并且爱挑剔的上海人中试销，大获成功。

　　具备战略的想象力，一定要排除原有思维定式，从一个新的思维角度去观察问题。许多牙膏生产商都在苦苦思索如何让顾客多买一些自己的产品，他们在产品质量上下工夫，在包装上下工夫，在营销策略上下工夫。可有一位牙膏生产商别出心裁，与其他人的做法完全不同，他是在牙膏口上下工夫。他将牙膏口的直径扩大，使消费者的消费量增大，从而提高了销售量。这说明，征服消费者不仅是降低价格，还有其他的方法，关键是你能否想到和做到。

　　我们再看一个实例。一位名叫斯柳沃茨基的美国商战专家，善于从一个全新的角度思考问题，帮助许多企业从更大的范围寻找到理想的战略途径。他曾经帮助美国西尔斯零售公司在更大的范围里发现了"价值迁移"，使这家公司找到了一种有利的战略途径，得以摆脱长期令人痛苦的效益下降趋势。这位商战专家发现，从20世纪80年代开始，零售业的价值已经发生迁移，已经从西尔斯和蒙哥马利——沃德公司这些现在从事零售业的过时的企业迁移到新的、更有竞争力的商店中去了，诸如那些能更好满足顾客需要的特色商店，其中包括大型超级市场和廉价商店。他建议西尔斯公司实现这种迁移，并为其制定了一套切实可行的迁移方案。斯柳沃斯基为什么会有这种发现？这就是他具备了一种能够从独特角度透视问题症结的战略眼光，具备了一种与传统思维定式不同的战略想象力。正如西尔斯公司老板丁内斯对这位商战专家的评价那样，"我对他最喜欢的是，他能以一个顾客的眼光来看待这个问题"。

为了使公司决策层的视野开阔并具有战略想象力，惠普公司的董事长刘易斯·普拉特常常把顾客和供应商召集在一起，同该公司许多企业单位的总经理们一起举行战略会议。在每次会议上，惠普不是简单地讨论一些经营问题，而是从更大范围讨论"企业生态系统"问题。在这个大范围里，惠普发现并解决了许多难题。芬兰的诺基亚集团公司曾经邀请了 250 名雇员参加对其电信业的一次战略评审会议。这次评审会议促使公司经理们从更大范围寻找不同技术的会合处，以及这些技术对公司所产生的影响。结果，仅过了一年，诺基亚的电信业务突飞猛进，增长率达 70%。

具备战略的想象力，需要超越自身，从自身体系和传统区域之外，确定战略视点，提出战略对策。在这方面，受过东方战略熏陶的东方企业家做得更为出色。美国商战专家加里·哈默对此深有体会。他说："当我们试图解释在世界市场上成功与失败的原因时，我们越发怀疑西方与远东公司的老总们是按照两种十分不同的战略概念进行管理。""结果出现了两种相反的战略模式。一种为西方管理所普遍认可，即中心是保持战略的适应性。另一种的中心是让资源产生杠杆作用。""两种模式都清楚地意识到利用有限资源在一个充满敌意的环境中进行竞争这一问题。但不同的是，前者强调挖掘可持续的内在优势，后者强调必须促进企业学习如何通过创建新优势而超过竞争对手。""两种模式都认识到协调企业各种活动可以降低风险。但不同的是，前者试图通过建立一个协调的现金收入与支出业务组合降低金融风险。后者努力通过确保有一个协调很好并且范围很大的优势组合，减少竞争风险。"

战略理念：只有淡季的思想，没有淡季的市场，你的战略想象力有多大，你的战略途径选择的范围就有多大。

○新的价值理念会使你获得更大的施展空间

可口可乐公司的总裁郭思达在刚上任的时候，他问部属："世界上 44 亿人口每人每天消耗的液体饮料是多少？"答案是 64 盎司。他又问："每人每天消耗的可口可乐是多少？"答案是不到 2 盎司。他最后问："在人们的肚子里，我们的市场份额是多少？"在这种追问下，可口可乐公司的员工意识到，他们的敌人并不是百事可乐，而是咖啡、牛奶、茶，他们的敌人实际是"水"。在这个问话中，郭思达运用了新的价值理念，将可口可乐的市场重新定位了，为可口可乐开创了一个超出人们想象的巨大市场空间。在这个巨大的市场空间中，可口可乐公司不再是一条被困在小池塘里的大鱼，而是一条游弋在大海里的小鱼。可口可乐公司的员工不再感到自己是一个受到威胁的成熟市场的领导者，而转变为一个最大市场价值的创造者。

通过这个例子，我们能够认识到：要想"以迂为直"，从更大范围里寻找到理想的战略途径，应当形成新的价值理念，用一种新的价值战略眼光去定位自己的产品和市场。通过大量商战实例，我们可以发现，能够着眼于更大范围进行竞争的战略家，他的价值生成理念以及它所指导企业发展的方式和途径是与众不同的；他并不单纯通过降低成本而创造利润，而通过不断开辟新的领域和捕捉新的机遇来创造利润；他强调的不仅是分割市场，更主要是扩大市场，创造市场。对此，迈克尔·波特说："竞争性战略就是要做到与众不同。它意味着要仔细地选择一组不同的经营活动来表达一种独特的价值理念。"（《未来的战略》，第 6 页）美国商战专家哈默把这些企业战略家称为"革命者"。他说："革命者不仅从根本上改变产业内的价值增值结构，还要模糊产业空间的界线。放松管制、无所不在的信息以及新顾客需求给了革命者超越

产业界限的机遇。"（《未来的战略》，第 54 页）

宜家公司运用新的价值理念，重新设计了自己的价值结构，为自己开创了巨大的施展空间。许多商战专家都有同感：宜家公司的价值结构不仅仅表现在其价值链的一个点上，它是一个服务、物品及设计的星座的中心。在这个中心平台上，供应商与消费者的价值不是分离的，而是共同的。公司提供给顾客与供应商共同工作的安排，使得供应商和顾客以一种新的方式来考虑价值——对顾客的价值同样是对供应商的价值（时间、劳动、信息和运输），对供应商的价值同样是对顾客的价值（宜家的业务和技术服务）。（参见《未来的战略》，第 274 页）

"蓝海战略"特别强调，要"重构买方价值元素"，为自己开创新的发展空间。这一战略指出："要向买方提供全新体验，同时降低企业自身的成本。这其中最重要的就是剔除和创造两个动作，它们使企业超越以现有竞争元素为基础追求价值最大化的境界。它们促使企业改变竞争元素本身，从而使现有的竞争规则变得无关紧要。"（《蓝海战略》，第 35 页）

战略理念：改变原有的价值理念，不要使自己成为一条被困在小池塘里的大鱼，而要变为一条游弋在大海里的小鱼。

五、以屈求伸

在一篇关于海尔的报道中，谈到了张瑞敏说过的一句话："做企业你永远处在弱势，如果你能把自己放在一个弱者的位置，你就有目标可以永远前进。"这句话典型地反映了东方战略"守弱守柔"的思想。以柔克刚，就要善于把自己置于一个弱者的位置，这样，可以提高自身的忧患意识，同时，也可以避开竞争对手的注意，以利于自己积聚力量，等待时机。用东方战略术语说，这叫"弱中寓强"。

　　我们再来看一个关于戴尔的例子。戴尔公司曾经一度退出笔记本电脑市场，这一举动令当时的许多人感到吃惊。戴尔认为，在今天看来前景不太好的东西明天很可能就是抢手货。他用军事术语解释了自己的意图："战术上的撤退为的是重新部署力量，以便进行决战。"没过多久，戴尔突然推出了装配有长效电池的新型笔记本电脑，并依靠这种独特的优势击败了对手。这也是一种"守弱守柔"，是一种"以柔克刚"战略思想的具体运用。用东方战略术语说，这叫"以退为进"。

　　这两个例子都说明了东方战略"以柔克刚"思想中的一个重要观点——"以屈求伸"。正确认识"以屈求伸"，我们需要深入探讨"屈伸之利"、"屈伸之辨"。正如孙子所说，屈伸之利，不可不察也。

　　东方战略一向认为，你掌握的力量，你运用力量的艺术，并不是越"刚"越好，而是"有柔有刚"、"能屈能伸"最好。在一本书中，说到了一则"铸剑"的寓言故事。铸剑用的"碳"问"剑"，你为什么既能够"绕指柔"，又能够"削金断铁"？"剑"说：好的剑并不是越硬越好，俗话说"至刚则易摧"。好剑来自好钢，而不直接来自那些天然的硬度很高的生铁。然后还要经历锤炼，才能变成像我这样能屈能伸的模样。

　　"以屈求伸"的战略思想，强调要用一种与目标相反的做法或选择一条与达到目标相反的方向去实现目标，这里面充满着非常深刻的辩证法原理。中国古人对此有过大量的论述。根据《资治通鉴》的记载，吕尚曾向周文王说：猛禽在出击的时候，往往将身子缩起来，将翅膀合起来；猛兽将要搏斗的时候，往往俯伏身体；圣人将要行动的时候，常表现出一种愚蠢迟钝的样子。老子对此也有过一段论述："将欲歙之，必固张之；将欲弱之，必固强之；将欲废之，必固兴之；将欲夺之，必固与之。"（《老子·三十六章》）这种相反的举动，恰恰可以最容易得到你想得到的东西。正如老子所说："曲则全，枉则直，洼则盈，敝则新，少则得，多则惑"（《老子·二十二章》），"大直若屈，大巧若拙"（《老子·四十五章》）。这就是老子一贯强调的"反者道之动"的思想（《老子·四十章》）。想要得到些东西，就要从其反面开始；想要保持什么东西，就要在其中容纳一些与它相反的东西。

在具体的战略运用中，"以屈求伸"强调要通过"示形"、"度势"和因地、因情的变化，隐蔽自己的真实意图，为自己积蓄力量和造势创造有利的条件，并且造成敌方的错觉，麻痹敌方的斗志，松懈敌方的力量，最终达成"避实击虚"、"以柔克刚"的战略目的。换句话说，就是要避开敌方的锋芒，减弱或消除对方对抗的力度，在对方无备和无力的情况下顺利达成预定的目标。这一战略思想包含有两个十分重要的原则：一是不露声色地蓄力；二是出其不意地发力。

○欲取先予

我们在理解"以屈求伸"战略思想时，一定要把握住它里面的那种"以被动求主动"、"以后退求前进"、"以付出求获得"的积极的辩证思想。这种辩证思想在我们现代商战中得到大量的体现。笔者常常听到一些企业家说，"吃亏就是一种获得。你为别人付出了，总会有人发现的，总会有其他人来回报你。"在一篇报道中，香港富华国际集团董事长陈丽华深有体会地说："能舍就能得，你要不能舍，就不能得。舍得，舍得，这两个字是不能分开的。"

在现代商战中，"以屈求伸"最典型的表现就是"欲取先予"。笔者曾记得一个"101生发剂"的故事。故事的主人公先送给生产"101生发剂"厂家两部公交车，然后得到厂家的信任和好感，获得了充足的供货，打开了日本的市场。笔者还看到了一则报道，说一位名叫车建新的江苏常州企业家，经营了一个面积非常大的红星家具城，他采取了"欲先取之，先必予之"策略，无偿为常州的家具厂家提供营销场地。这位企业家说："表面上看，无偿提供场地我吃亏了，其实，我是无偿利用了他们的高档产品和信誉来衬托红星家具城的不凡。"

微软现在的成功，离不开它创业时在"欲取先予"战略方面的巧妙运用。微软为了掌握今后市场的主导性即未来操作的标准化，一定首先得到 IBM 的认可和合作。这时的微软面对着两个强大的竞争对手。怎么办？微软采取了"欲取先予"的办法——在保证其产品较高质量的基础上大幅度让利。微软当时的 MS－DOS 系统只有 60 美元，而其他两家分别是 450 美元和 175 美元。这样，微软成为 IBM 的合作者，向未来市场主导者跨出了关键性的一步。

战略理念：要想得到什么，最好的办法是先付出。

○后发制人

有一篇文章的题目起得很有意思，叫"早起的鸟儿不一定有虫吃"。这篇文章对三星集团的"追随者"战略进行了深入的分析和评论，给我们许多战略启示。其中指出：三星集团并不主张抢先开拓市场，而总是跟在别人的后面捡便宜；不是抢着做老大，而是先做老二和老三，待时机成熟了，再迅速超过老大。所以，三星利用了别人的技术、别人的市场和别人的经验，获得了远远超出别人的战果。

在这方面，许多企业的老总也有自己的体会。广东华凌集团的一位老总说过："正因为我们起步比别人晚，所以有机会观察别人，在选择道路上恰当地吸取前车之鉴。"国外商战专家克里斯滕森也认为："第一个吃螃蟹的人并不见得就是优势，而跟随在技术潮流倡导者后面的公司往往有更大的效益。"

这些商战的实例和言论，反映了东方战略"后发制人"的思想。在东方战略中，"以迂以直"是与"后发制人"联系在一起，后者是前者的目的，也是前者的条件。孙子说过，"军争之难者，以迂为直，以患为利，故迂其途，而诱之以利，后人发，先人至，以知迂直之计者也"。（《孙子兵法·军争》）

关于"后发制人"的思想，中国古人是这样表述的，"先唱者，穷之路也；后动者，达之原也。何以其然也？……先者难为知，而后者易为攻也。先者上高，则后者攀之；先者趴下，则后者蹶之；先者颓陷，则后者以谋；先者败绩，则后者违之。由此观之，先者，则后者之弓矢质的也"。（《淮南子·兵略训》）这段话并不难理解，其中心意思是：先者"穷"，后者"达"，先者"难"，后者"易"，为什么？先者为后者探路，先者为后者铺路，先者为后者提供了教训和经验，先者趴下的背部总是会成为后者继续登高的台阶。

在现代商战中，根据东方战略"后发制人"的思想，我们需要把握好一个市场进入的时机问题，需要在"过早进入"的经济成本的"过晚进入"的机会成本之间做出一个正确的选择。专家们认为，通常情况下最佳的进入时机是"早期进入，但是不打头炮"。因为第一家进入新生市场的企业往往要付出很大的探索代价，而当取得了一定经验后，这些经验极可能会成为追随者共同拥有的经验知识。我们上面讲到的三星集团，就深刻地认识到了这一点。

有的商战教程对"首先行动者"的劣势专门作了分析，认为在下列情况下就会出现首先行动者的劣势：1. 开拓性的领导地位比跟进地位的成本和代价要大得多，而且领导者几乎没有获得什么经验曲线效应；2. 技术变革非常迅速，以至于早期的投资很快就会过时；3. 由于顾客对开拓者的忠诚度很弱，后来者很容易就可以打开市场；4. 在市场竞争的早期市场开拓者好不容易学来的技能和诀窍很容易被后来者复制甚至超过。（《战略管理》第十版，第185页）

在现代商战竞争双方激烈的对抗中，东方战略"后发制人"的思想还表现在：避其锋芒，察见其形，先暴露敌人的弱点，先削弱敌人的力量，在动态中捕捉和创造战机，待条件成熟后再果断决战。

如何能够做到"后发制人"呢？我国古人有过比较详细的论述："视其所为，因与之化。观其邪正，以制其命。饵之以所欲，以罢其足。彼若有间，急填其隙。极其变而束之，尽其节而仆之。敌若反静，为之出奇。彼不吾应，独尽其调，若动而应，有见所为，彼持后节，与之推移。"（《淮南子·兵略训》）这段话比较难懂，大致的意思是这样的：观察敌方的行为，顺应其变化而变化。观察敌方决策和行动的正确和错误，以控制其要害。用他所贪求的东西作为诱饵，使他疲于奔命。敌方出现空隙，要尽快地乘虚而入。让他把各种花招都使出来，然后设法加以束缚；让他把各个环节都暴露出来，然后设法加以打击。敌方若反过来对我采取以静待变的方法，我就出奇兵袭击他。敌方若不做出反应，我就想办法调动他。敌方若采取行动回应，我能发现他的行为企图，就要抢先行动，使他处于被动地位，这样和他周旋，以寻找战机。在这里面，如何调动敌人，如何按照自己的意愿调动敌人，是战略艺术着重体现的地方。

"后发制人"，不能轻举妄动，一定要待时审势。对于弱者来讲，要确立持久制胜的思想，保存和积蓄自己的实力，分化和消耗对方的实力，抓住有利时机和有利的态势，一举击败对手。弱者需要经受住时间的考验，要经受住任何情况的诱惑和冲击，不在对方的弱点彻底暴露之后，不在有利条件完全出现之前，绝不动手。一旦决定出击，后发而动，要特别强调一招制敌。中国历史上的曹刿是一位灵活运用"后发制人"思想的军事家。他在指挥作战时，待敌衰竭而后进攻，待敌溃乱而后追击，从而获得胜利。这就是中国历史著名的"三鼓而竭"的故事。

"后发制人"中强调持久等待，绝不是消极地等待，而是要在等待过程中积极创造条件，采取一些战略方面的行动，最大限度地减弱对方的优势。正如中国古人所说，故善用兵者，先弱敌而后战者也，故费不半而功自倍也。这是一条很重要的原则，虽然简单，但极容易被人们所忽视。有许多人，一见到对方气势汹汹而来，就奋起迎头而上，即使获得胜利，自己也损兵折将。如果这些人能够冷静一下，先想出一些办法削弱对方，消耗对方，然后再全力击之，便会获得事半功倍的效果。还有，对于弱者来说，在许多情况下，减弱对方的优势，释放对方的能量，不能急于求成，要善于在对方不知不觉的情况下将其力量消耗完毕。对此，我们需要理解"缓冲"和"减杀优势"这些战略术语的含义。

后发制人，并不是指什么时候或什么条件都是"后"，这要辩证分析首先行动者或者尔后行动者在特定条件下的优势和劣势。有的战略教程认为，在下例情况下，首先行动者会获得明显的优势和好处：1. 开拓精神可以在购买者心中树立形象和声誉；2. 早期对原材料、新技术和分销渠道所作的承诺可以为公司带来相对竞争对手绝对的竞争优势；3. 第一批顾客对开拓者的忠诚度会很强，而且会重复购买；4. 首先采取行动可以形成一次先买性行动，从而使得模仿很困难或几乎不可能。在这种情况下，我们不能机械地套用"后发制人"战略，要根据具体的情况，在看准的时候，在必要的时候，先发制人。如"格兰仕"选择率先低价销售的策略，其考虑是由目前行业状况造成的。他们认为，在没有

战略理念：后人发，先人至，善于利用别人先期创造的条件的人，善于利用对手先期暴露的弱点的人，总会察见其形，避其锋芒，后来居上。

产业政策保护的情况下，为了避免被别人吃掉，必须先下手为强。

六、以智克力

现代经济是理性的经济，现代竞争是理性的竞争，说到底，是一种企业统帅之间智力与智力的较量。在现代商战中，成功的企业家更多依靠的是智慧，是长远的精心策划。正如有的企业家所说，"贫富只在一念之间"。一位国外经营棒球的经理布兰奇·里基说："运气只是精心策划时代的一点残余。"（《危机管理》，第 32 页）绿屋公司总裁尹铁铮说："简单复制某种模式可以靠财力不靠脑力，但现在这种只靠模仿就能赚钱的机会几乎没有了，更多的需要动脑筋，发掘新的增长点。今天的商业环境下，选择寻找市场空白、缺额的部分不是一件简单的事情。"（《与 100 名老板对话》第二册，第 70 页）乐凯公司总裁杜昌焘说：要把过去的实物指标都变成货币指标，由数量到效益，使他们意识到自己天天在干什么，要改变过去"干了算"，现在一定要"算了干"。（《与 100 名老板对话》第二册，第 127 页）

这说明了一个什么战略问题？用东方战略的话来说，这是讲"以智克力"。正如中国古兵书《兵经》所说："较器不如较艺，较艺不如较数，较数不如较形与势，较形与势不如较将之智能。"

东方战略的"柔"，突出表现在一个"智"字上，讲求"以智克力"。这因为，在力量的对抗中，"智"是潜在的，无形的；"力"是实在的，有形的。"以智克力"，体现了"柔"，体现了"以柔克刚"。

中国人尚"智"，西方人重"力"。这形成了中西方战略思想的明显差异。美国一位名叫阿瑟·沃尔德伦的专家曾深有体会地说："中国的战略思维历来崇尚用最少的兵力（礼），通过运用计谋（计或策）最大限度地利用客观条件（势）。"（《外军资料》，军事科学院外国军事研究部编译，1999 年 8 月 27 日）孔子在回答学生子路的提问时说："暴虎冯河，死而无悔者，吾不与。必也临事而惧，好谋而成者也。"（《论语·述而》）中国历代的文学作品，都表现出对羽扇纶巾的诸葛亮、吴用的赞赏，而将张飞、李逵之类视为莽撞、急躁、勇而无谋的武夫。在中国诸如《左传》、《战国策》、《资治通鉴》等史书中，浓墨重彩地描述运筹帷幄的谋略，而对战争对抗场面的描写，只是一笔带过。比如介绍商周牧野之战的伤亡场面时，只用了"血流漂杵"四个字。西方人则在艺术上强烈地表现出对战神的敬意。去过意大利观光旅游的人都会看到，无论是绘画或雕塑，无不浸透着古罗马时代对力量和英雄的崇拜。西方的战争史书，都对战场对抗的过程、兵力部署和伤亡情况作了不厌其详的描写，而对战争策划和运筹的表述，则少得可怜。西方人注意"发力"的表象，中国人注意"驭力"的深层。西方人注意"力"的有形，中国人注意"力"的无形。这使人联想到孙子说过的那句名言："故善战者之胜也，无智名，无勇功。"

我们注意到，现代经济形态有着更多的"知识性"和"学习型"的要求，有着更多的"非物质化"的特征，智力附加值在产品价格中占的比重越来越大（"智力附加值"是指那些与产品有关的销售学，设计和计划、法律、财政金融、推销技术、科研以及为顾客服务等因素）。在这种情况下，东方战略"以智克力"的思想有着更大的现代指导意义。

在中国古文的解释中，"智"也称为"知"，包含有"知识"的意思。东方战略"以智克力"的思想，强调对"智慧"和"知识"直接的运作，这恰恰反映了我们现代知识经济的本质要求。

　　所谓"知识经济"，是着眼于知识这一无形资本的经济形态，它直接依赖于知识的产生、分配和应用。知识经济一个最重要的特征，就是以知识、智力、品牌等为主要代表的无形资产成为现代经济发展的核心资源。许多高科技企业利润、财富的源泉，主要不是来自资本、能源、设备等有形资产，而是来自知识、智力、品牌等无形资产转化的产品及服务。这就为"以智克力"的战略运用开辟了广阔的空间。

　　知识经济产生"知本家"。知识创新成为生产力的最重要来源。有些人并没有多少原始资本，完全凭新技术、新观念融资，在几年内个人财富过亿，创造了知识界的致富神话。知识在我们社会中的地位正在上升，以经济为主要舞台的新知识阶层作为一种社会力量在话语系统中的位置正在发生由边缘向中心的移动。这正是"以智克力"战略思想在现代经营主体身上的一种要求和体现。

　　在现代商战"以智克力"战略运用方面，我们一定要看到：知识本身就是一种可经营的产品。知识经济强调对知识的经营，把知识转化为商品，使产生有形的价值，让知识与财富发生直接的联系。今后企业在竞争中的成功，更多是建立在知识的获得、运用以及创新能力上。研究全球化问题的著名专家莱斯特·瑟罗在谈到世界经济时说：盖茨是当今时代的象征。他不是金矿的老板，也没有生产石油的油井或工厂和机器等。他所做的是掌握了使用知识的过程。因此他铸造了个人的命运，或者说他创建了一个富裕的"国家"。在这种经济中，秘密就在于他找到了如何使知识变成收入的方法。从经济观点讲，当知识能够变成金钱时，就显得格外重要。大量孤立的知识虽然有意义，但绝对不重要，因为它们不能构成"具有经济价值的知识"。具有经济价值的知识是那种可以在常规意义上能够变成财富、能变成可以进行消费的金

战略理念：善于经营知识，使你的知识成为产品，在市场上产生价值，变为财富。

钱的东西。(《参考消息》2003 年 2 月 16 日)这些，就是"以智克力"战略在现代商战中的着眼点和着力点。

○注重形成并运用你的战略理念

"以智克力"的"智"表现在什么地方？主要表现在战略理念上，表现在你能否正确地形成并科学地运用战略理念上。许多企业家们都认识到，战略理念(在商战中也称为"经营观念")十分重要，企业要想求得发展，需要经常不断地注入新的战略理念。在很多情况下，一个好的战略理念，就可以使一个企业起死回生。杉杉集团的郑永刚说："现在这个阶段是资本扩张最佳时期，有很多企业技术力量很强，产品也不错，就是经营者观念不行。这些企业你就可以花很小的资本就控股过来，然后用你的经营思路去灌输它，稍微改造一下，马上就变成很好的企业。"

我们下面着重讨论一下什么是"战略理念"，以及"战略理念"在现代商战中的体现和运用。

"战略理念"作为"智"的一种表现，它本身就是一种知识。信息是知识，理念是更高级的知识。换个角度说，所谓"知识"，实际上就是一种经验化、理念化的信息，由知识产生的能力(我们也可称之为"智力")来源于经验和理念，也借助于经验和理念从而得到应用。

通俗地说，"战略理念"亦可称为"概念"。有一位《亚洲周刊》的副总编说："我和海尔过去没有接触，就是这么一两天接触，我感到海尔这个企业有希望，为什么？因这个企业有概念。"这段话谈到了"概念"。我们理解的这种"概念"，就是企业内部高层形成一种理念——这是企业的一种整体构想，是企业导向的一种意念，是企业的灵魂。

在恰当的时候提出(或者说"炒作")一种独特的概念，能够使企业迅速获得意想不到的收获。从一定意义上说，战略就是玩概念的。有一篇关于房地产商的报道中说，潘石屹是北京房地产界最早玩概念的人，他推出的"SOHO"概念曾经遭到恶批。但是，潘石屹却借力打力，大搞"危机公关"，把这些批评意见收编成一本装裱精美的书出版，书名就叫《投诉潘石屹，批判现代城》。同时，他还在业界破天荒提出"无理由退房"的概念。这一下，"SOHO"反而变得炙手可热。一般的项目如果有人批评，开发商对于批评的内容躲避还来不及，但潘石屹反其道而行之，大加张扬，热炒概念，竟收到意想不到的轰动效果。

如何向你的对手或向市场传递"概念"，这是现代企业战略家必须高度关注的一个问题。例如，许多企业提出了一些形象的商品概念，更为准确地反映了商品内涵，得到了市场的青睐。小天鹅公司提出的"不湿手的套桶洗衣机"的概念，就获得了消费者的普遍认同。所以，有的营销专家说，如今推销产品不如推销企业，推销企业不如推销概念。（《策划人》，第304页）

就如何推销概念这个问题，有的商战教程专门做过研究，其中指出：第一，要在消费者的心目中确立起新的概念。营销越是向深层次发展，那些所售的商品越不过是一种载体，人们的购买动机就越会游离商品本身，而是与商品以外的东西联系起来。基于这样的理解，营销是在向消费者陈述理由，而当这种理由被消费者接受了，消费者心目中就开始确立起新的概念，随之也就产生了购买动机。人们喝可口可乐，不是冲着它的营养（因为它的绝大部分是水，一桶浓缩原汁可以冲上万瓶饮料），而是冲着它的代表着经济发达的美国。第二，与消费者感情沟通。经营者传递的信息能否被消费者接受，其中一个重要的工作是突破感情障碍。如果经营者只把市场交易当做冷冰冰的事实，最多只能有一时的成功。第三，提高策划的文化品位。能使消费者在购买商品时体验到购买以外的更丰富的内容，从精神上获得美好的感受，从而冲淡购买过程中的商业气息，使商业活动变得高雅起来。第四，尽量隐蔽商业动机。如果常常使消费者带有风险意识，保持着警惕，这对营销极为不利。

笔者在此特别说明一点，在目前的战略咨询界，过多重视的是一些眼前的可操作性强的战略诊断，而忽视那些宏观和长远的理念性的战略诊断。前者更多关注的是一些战术的细节和模式，而后者更多关注的是企业高层战略理念的提出和运用。前者偏重于具体，而后者偏重于抽象。形象地说，前者是一种"西医式的诊断"，后者是一种"中医式的诊断"。就战略而言，笔者认为后者要比前者重要得多。

战略理念：没有战略理念的企业，如同没有思想的人。

七、以无生有

意丹奴是一家在我国最早经营名牌休闲服装的知名企业。这家企业的创始人、公司总经理洪伟善于运用一种"虚拟经营"的方式，将自己的生意搞得红红火火。他说，他当初并不知道"虚拟经营"这个词。在1994年之前，他已经在服装行业浸泡了8年，经常要到最早开放的广州、深圳等地进货。在进货的时候，他注意到一件事情，虽然服装生产开始过剩，但有品牌的休闲服装需求非常旺盛，一些走私进来的品牌服装，如彪马、阿迪达斯等，都是消费者追逐的对象。广州佐丹奴非常火爆。这让他感觉到服装卖的不仅仅是产品，还有其他"说不清楚的东西"。

这种"说不清楚的东西"是什么？什么叫做"虚拟经营"？这就是我们今天要讨论的一个问题。所谓"说不清楚的东西"，并不是我们常见的有形的产品或市场，而是在其背后的一种潜在的、无形的东西（这个问题我们放在下一篇文章专门展开探讨）；所谓"虚拟经营"，也就是一种通过"无形"操纵"有形"的现代经营方式。用我们东方战略的话说，就是"以无生有"——而这正是东方战略"以柔克刚"思想的另外一种表现。

在现代商战中，用"无形"来操纵"有形"，就是强调借助现代信息技术的网络形式，形成一种"无形"的社会资源的整合能力，为自己企业的发展提供强大的支撑。正如意丹奴的老总洪伟所说："虚拟经营"模式企业最核心的竞争力是社会资源的整合能力。而整合能力需要企业能够快速掌握市场的信息和迅速的反应能力。意丹奴充分借助网络来加快资金的运转速度。他们在电脑前根据销售情况指导配送中心及时地送货，保证能够做到比竞争对手更快。

东方战略主张的"以无生有"，是积极运用"无形"力量，将竞争由有形转入无形之中，在一种竞争者们不知不觉的状态下，达成自己的战略目的。企业发动的媒体宣传和心理攻势，可视为一种运用"无形"力量的经营运作。在战略上讲，这就是"造势"、"借势"。企业通过"造势"、"借势"形成更大的虚拟价值，而这种虚拟价值来源于购买者的期望值和认可度。在这种战略运作中，企业要认真研究价值信号和通过何种方式来传播这种信号，以产生预期的购买者的心理反应。这就是一种对"无"的运作，而这种运作是否成功，将直接决定市场有形的战果。

东方战略主张的"以无生有"，不只是讲企业无形的"造势"和"借势"，而且还强调通过某些优质的无形资产去盘活那些不良的有形资产。在这方面，海尔集团有着出色的表现。大家知道，在市场经济条件下，企业兼并是一种风险很大的资本运作。可是，海尔集团经过多年摸索，已经形成了自己一套"以无生有"的兼并战略。这一战略是：充分利用自身优势，以海尔管理、文化模式整合亏损企业，以无形资产盘活有形资产。海尔的这一战略在历次实际的兼并过程，大获成功，屡试不爽。

许多成功的企业家强调用一种"无形"的方式实施企业的整体运作。这里所说的"无形"是指企业的无形资源，如企业的虚拟资产、网络关系、信誉度、经营体制、员工士气、企业文化等。有位著名的企业家曾经谈道：他不以产品和资本作为输出手段，而强调理念、管理体系、人才培训等软件的输出。这种方式，启动市场快、投资小、技术含量高，能够突出品牌输出组合。他认为，天下财富有"有形"的，有"无形"的，他看重的是能从"有形"财富中产出数倍效应的"无形"财富，能转化为生产力的"无形"财富——这正是知识经济的本质特征。

对于这个问题，上海恒源祥公司总经理刘瑞旗有自己独到的看法。他说："从表面上看，我没有投入，其实我的投入是很大的，因为我投入的是无形资产，我组建管理模式、创立品牌、搞科技项目，表面上看它们都没有经济效益，但我拥有了它就可以调度和控制有形资产。这些无形资产并不是无故产生的，无形资产本身也是一个经营、投入、发展的过程。做得成功的话，把无形资产组合在一起能产生更多的功效，当无形的能覆盖住有形的，那么有形的就全部在你的控制下了。中国企业最缺少的是综合实力。你的理念、网络、新产品、管理手段、人员结构组合在一起的综合水平才是决定因素。当综合水平发挥最佳的时候，经济效益才是最高的。"

我们应当看到，在现代商战的激烈竞争中，这种"无形"资源更加重要。有专家指出，工业时代（牛顿时代）企业管理的目标是改变物质、优化物质。信息时代（量子时代）的企业管理，则仅以激发人的创造力和潜藏在内心的欲望、感觉为目标。这是经济领域"无形"因素凸显的重要原因之一。

笔者在此特别强调一下战略的功能。通过"无形"来操作和调动"有形"是战略的一种特有的功能，因为这种"无形"只有战略思维才能捕捉得到。这也是人类智慧驾驭客观事物的一种体现，是人类主观能动性的一种反映。在现代知识经济和虚拟经济的时代，战略的这种功能有着非常明显的独特作用。布鲁斯认为，"战略的成功通常取决于竞争者的文化、理念、态度和行为特征，以及它们对彼此的了解程度"。(《公司战略透视》，第6页)

战略理念：通过"无形"来操作和调动"有形"，是战略的一种特有的功能。

○从无形资产中发现有形价值

在上文中，我们留下了一个话题。意丹奴服装公司的总经理洪伟说：他感觉到服装卖的不仅仅是产品，还有其他"说不清楚的东西"。那么，这个"说不清楚的东西"究竟是什么？笔者认为，这种东西并不是我们常见的有形的产品或市场，而是在其背后的一种潜在的、无形的东西。用我们的企业经营的行话来说，就是一种包含并有可能带来巨大有形价值的那些无形资产。

在现代经济领域，这些无形资产指的是企业某种现实或潜在的能力。正如德国经济学家李斯特所说：一个国家或者企业如果具有财富的生产力，它的日子就会越来越好，财富的生产力比起财富不知要好多少倍。用我们中国老百姓的话来说，这就是"渔"与"鱼"的关系，拥有"渔"这种无形的财富生产力，要比直接拥有"鱼"这种有形的财富，要好上许多倍。对于一个企业来说，比财富更重要的是创造财富的能力，而这种能力恰恰体现在企业战略运作的无形之中，其中包括有许多无形的要素。

在现代经济领域中，这些无形资产还包括各种各样的理念。理念是企业的灵魂。它是企业在长期运作过程中形成的并为员工们所认同和接受的价值观念、精神境界和理想追求的发育、完善和成熟的标志。它无形无象，但却控制着一切。很难想象，一个没有正确性的价值观念、良好的精神境界和崇高的理想追求的企业，能充满生气、活力并超群出众。企业家必须要掌握内部队伍和外部市场，靠什么？用科利华总裁宋朝第的话来说，这就是新鲜的理论，宗教般的感召力，以及艺术。

许多企业家们都认识到，在现代知识经济的条件下，有形产品的价值越来越低，而无形产品的价值越来越高。高明的企业战略家善于通过"无形"来操纵"有形"。从掌握资源的角度来看，有的企业家甚至认为，有时候掌握大量的有形资源会成为一种负担，而掌握一种知名度和美誉度才是最关键的。这就是说，在现代经济运作的条件下，有时候直接占有大量的有形资产并不是很重要，重要的是能否更有效地支配这些资产，重要的是能否掌握控制和产生更多有形资产的那种背后的无形资产。认识到这一点，对于我们深刻领会东方战略的"以无生有"思想十分重要。

所以，有眼光的企业战略家，十分注意无形资产的价值，积极地通过无形资产来调动、组合、实现有形资产，积极通过无形资产实现有形价值。这突出表现在现代商战中所谓的"资产经营"上。资产经营属于投资银行等中介机构的业务，旨在通过多种股票和债券的有效组合，规避风险，获得最大效益。在投资银行的业务中，资产经营还包括与企业的购买、兼并、合并等有关的业务。实际上，资产经营就是一种强调无形运作的"空手道"，是一种由"钱"到"钱"虚拟的数字游戏，是一种利用"无形"的方式得到"有形"资源的战略途径。这里面有很高的战略技巧，需要我们从东方战略"以无生有"的思想中去领悟。

在现代商战中，许多高明的企业战略家的关注点，不是在商品自身的有形价值上，而是在商品自身之外服务方面的无形价值上。例如，日本任天堂游戏机，不靠硬件赚钱，而靠后面的游戏软件赚钱。有些商店，以很便宜的价钱促销，吸引媒体，是为了得到为数可观的免费广告，得到一种无形的媒体宣传价值。有些汽车制造商，将汽车的价格压得很低，他们不靠汽车本身赚钱，而是靠汽车的售后服务和零配件来赚钱。所有这些告诉我们，要依据东方战略"以无生有"思想，实现价值生成观念的转变，不要总是盯住眼前那些"有形"的东西，而更要注意那些后面的"无形"的东西，大量的赚钱机会恰恰就在那些后面的"无形"的东西之中。

为了进一步领悟东方战略"以无生有"的思想，我们有必要深入认识现代知识经济的一些本质特征。现代知识经济强调对知识资源的配置，强调无形资产的价值。工业经济以自然资源为命脉，知识经济则不再简单地依赖土地、石油等已经短缺的自然资源的配置，而其主要特征是在资源配置上以智力资源、无形资产作为第一生产要素，通过知识、智力对自然资源进行科学、合理的配置。企业资产会越来越"无形化"，而"无形化"的实质是：企业的经营优势不再仅仅是有形的物质的资本和金融资本，而更多地取决于那些无形的知识资本。

为了进一步领悟东方战略"以无生有"的思想，我们需要对现代"财富"的含义有一个新的认识。在知识经济时代，财富是什么？笔者认为，它的真正价值，更多的不是体现在有形上，而是体现在其中无形的知识含量上。大量统计数据表明，现代商品中隐含的知识价值增高，例如，一小片中央处理器的芯片比一块同样重量的黄金还要贵！另外，现代财富的真正价值，更多的不是体现在有形上，而更多地体现在无形的精神满足上。一位从事家具的企业家说过："顾客消费的不仅仅是奢华，而是一种财富所带来的健康、舒适、效率和领先潮流的满足感。"（《财智人物》，第 196 页）。在现代条件下，我们应当注意到，消费者购买一些高档次的产品，更多的不是为了追求那些有形的使用价值，而是为

战略理念：没有"无形"内涵的"有形"产品，是没有真正价值的，不会赢得广大和长久的市场。

了追求一些其背后隐含着的能够为他们带来精神满足的无形的使用价值。笔者有这样的看法：现在为消费者提供的大量产品中，没有"无形"内涵的"有形"产品，是没有真正价值的，不会赢得广大和长久的市场。

○通过无形的文化获得有形的财富

在一份有影响的杂志上，报道了一位名叫李莹的汽车经销商的故事。这位著名的宝马公司的中国代理商，为自己的汽车代理公司起了一个非常有文化意味的名字——"盈之宝"，并将自己的汽车展厅布置成一个舒适的社交场所。报道者是这样描绘这个展厅的："展厅的四周是通透的落地玻璃窗，庭院里有潺潺的小桥流水，销售代表的桌子上摆放着芬芳的百合花，展厅里回荡着舒缓的交响乐……走进在亚运村附近的 BMW 盈之宝展厅，马上就能感受到这里与众不同的文化品位。""在他们看来，李莹并不是个推销产品的商人，而是个气质高雅的女主人，在自己的'家'中款待客人。"这位非常有现代意识的经销商，已经将自己和自己经销的产品融入自己的生活之中，完全用一种文化的心态来看待自己与自己经销产品的这种内在体验式的结合。她说："我愿意把宝马作为自己一生经营的品牌，把宝马的舞台作为展现我个性与品位的舞台。"

高明的企业战略家，非常重视经济与文化结合，努力将自己的经营塑造成文化的经营，也就是说他给予顾客的不是一种简单的功利性的买卖，而是一种文化享受。这非常符合现代体验经济的特点，同时也是东方战略"以无生有"思想的具体表现。东方战略的这一思想告诉我们：注重挖掘"无形"文化，将会给你的企业带来巨大的"有形"回报。通过经济与文化的结合，将会使你的产品获得更大的附加值，将会使你的企业保持一种长久的内在发展动力。

我们常说的"品牌战略"，实际上就是一种典型的着眼于文化的"以无生有"的战略。正如"男士令"公司的总裁邹韦所说：我们应当先有一个观念，再来寻找一个品牌的载体，而不是等到产品已经卖出很多了再来考虑取一个好听的牌子。产品只有先包装好，投放出去才会立见成效。"男士令"是用品牌知识这种无形资产去操作有形资产。我们用品牌去发展、用技术去扶持、用规范的管理去指导加盟企业。

还有许多企业战略家，善于借助文化现象，来达成自己的营销目的。例如，英国人出版了一部名叫《化装舞会》的儿童读物，要小读者根据书中的内容猜出一件宝物的埋藏地。这件宝物是一枚制作精巧且价值昂贵的金质野兔。于是，英国掀起了一阵寻宝热。两年以后，果然有人找到这件宝物。这时，《化装舞会》的书已经售出 200 万册，出版商获得了巨大的利润。

在现代经济领域中，文化因素的突出，是社会需求对经济加大牵引的反映，这是一种社会进步的反映。在当今时代，经营者把更多的注意力转向了文化，他们不去盲目地发展生产，不去盲目地追求利润的最大化，而是从社会各领域协调发展、人与自然协调发展等深层次的方面思考自己的企业竞争。在笔者看来，这绝不是一个纯粹的经济问题或生产技术问题，而是一个战略问题。企业作为社会经济发展的主体，在激烈的市场竞争中，必须不断强化自身的文化力，通过制定独具特色的企业文化战略，形成与众不同的企业文化风格，建立起一种独特的并顺应社会文化发展潮流的竞争优势。

在这种情况下，我们的企业战略家，一定要具备更远大的战略眼光，要从全局考虑问题的，要从更大范围筹划企业的发展。这除了包括经济因素之外，还包括经济之外的因素，如文化因素。

战略理念：注重挖掘"无形"的文化，将会给你的企业带来巨大的"有形"回报。通过经济与文化的结合，将会使你的产品获得更大的附加值，将会使你的企业保持一种长久的内在发展动力。

尤其在当前世界经济发展与文化发展呈现出一体化的发展趋势下，现代企业战略强调超经济领域的企业运作，强调企业发展与文化更加紧密地结合起来，通过这种结合，增强企业内部的凝聚力，提高企业对外竞争的影响力。

东方战略"以无生有"的思想，能够帮助企业家进行这种高难度的战略运作，能够帮助经营者在经营中注入文化理念，使经营与社会更为紧密地融合为一体，避免经营进入一种"纯粹经营"。

八、无为而治

《哈佛商业评论》有这样一段描述：长期以来，大陆航空公司的管理者针对员工的行为，专门制定出非常详细的规定。许多年以后，这些规定已经堆积成一本约9英寸厚的书，被人们称为"一千个不要"。后来，管理者们发现，员工们根本无法记住书中的所有内容，但他们每个人却能记住一条规定：最好让客户自己去照料自己。于是，这家公司在1995年年初把"一千个不要"拿到停车场上，浇上汽油烧掉了。这家公司的管理者认识到：规定越细越没有价值，越容易产生误解和矛盾，并且，规定不可能穷尽一切，一旦遇到规定之外的东西，往往会导致机械和呆板的行为。现代企业管理一定要有自觉的位置，要让员工自主和正确地规范自己的行为。这种做法和想法，正是东方战略强调的"无为而治"。

关于"无为而治"的含义，中国古代思想家们有过比较明确的解释。老子说过，无为而治，是以圣人处无为之事，行不言之教。"无为而治"在表现形式上突出一个"无"字，主张所作所为藏而不露，隐"为"在"不为"之中，以获得"胜于无形"之效果。"无为而治"，绝不是无所作为，而是有所作为。它所要求的不是一般意义上的有所作为，而是在更大范围上得心应手地处理好多方面情况的有所作为。无为，实际是无所不为，在任一时间、任一空间都表现出自己的存在，发挥出自己的作用。实际上，"无为而治"较一般的做法而言，在有所作为方面，有着更长远的目的性和实践这一目的的坚决性。

就现代商战而言，东方战略的"无为而治"，强调追求一种"禅"的管理境界。在2000年4月30日的《北京青年报》上，笔者看到了一位企业管理专家的文章。这位专家认为，管理追求的最高境界是"禅"（这种认识十分接近我们所讲的东方战略的含义）。在他看来，管理可分为四个层次：第一层次是"无意识管理"——在无理论指导下的凭感觉进行的管理。感觉对了可能便成功，感觉错了便失败了。第二层次是上升到了一定的"哲学"水平——在长期的实践中积累总结出的理念。如民间流传的"和气生财"及哲人道出的"中国人患不均而非患多寡"等经营之道。第三层次是上升到"数学"问题——量化管理。第四层次即最高层次，便是"禅"中所提倡的"无为而治"。从这四个层次的角度进行比较的话，中国传统的管理停留在第一层次的较多，而在第二层次即哲学理念及第四层次即"禅"的方面比西方不差甚至还优于西方（很多西方学者就是从中国传统文化中借鉴了很多知识），但在第三个层次即数学的量化管理方面显然是落后了。传统的中国文化更多地讲究一种平衡中庸，而忽略或不屑于精细、准确和量化。

在笔者看来，东方管理方式的确存在着缺乏精细化的问题，但这要分层次去认识。高层的战略管理，除了关键性的细节之外，不能面面俱到，不能过于精细，否则就会不自觉地割断某种联系，破坏事物的整体性。精细化的工作很重要，但要交给辅助性战略管理人员和微观管理人员去做，而不是统帅自身去做。

我们可以通过西医与中医的比较来深刻理解东方战略的"无为而治"。西医强调药到病除，强调对病灶治疗的精确性和时效性；中医强调气血调整，强调综合治疗，依靠自身机体抵抗能力的恢复去消除病灶。西方管理更为重视微观、个体的修正，而东方管理更为重视宏观、整体的调理。我们从中可以更进一步认识到：东方战略的"无为而治"，着眼于一种良性循环的整体机制的建立或恢复。一些企业家深刻体会到，一个处于良性循环的整体机制，可以将错误自动纠正过来，而一个处于恶性循环的整体机制，可以将正确变成错误。

东方战略"无为而治"思想，非常强调企业整体上的自主管理和机制管理，非常强调依靠某种内在东西对企业进行约束。正如海尔集团总裁张瑞敏所说：作为一个企业的领导者，你的任务不是去发现人才，今天看看培养一下张三，明天考虑一下李四，如果这样你就本末倒置了。你的职责应该是建立一个可以出人才的机制，这就是造船。这个人才机制自身就能够源源不断地产生出人才，对一个大型企业来说，这种机制的建立要比老板具有敏锐的发掘能力更为重要。

东方战略"无为而治"的思想，非常强调组织机体中各单元的自组织和自适应能力。用现代企业经营的生态学观点来说，就是把企业各经营单元变成一个有活力的"细胞"。德国有一个名叫"阿尔迪"的零售公司，敢于向国际零售大王沃尔玛挑战，并获得了成功。这家公司有一个独特的做法是分权管理，甚至在财务和收支结算上也不例外。实践证明，在分权管理下，错误和问题可以更好地得到控制。这种分权管理的方式建立在上下级之间充分信任的基础上。这家公司的理念是：与其变成大象，不如做只蚂蚁。这因为，在许多情况下，小的组织单位比大的更加灵活，具

战略理念：无为，实际是无所不为，在任一时间、任一空间都表现出自己的存在，发挥出自己的作用。

有更强的适应能力。

○注重人性化的管理

中国古代哲学家庄子也曾对"无为"作过解释。大致的意思是："无为"并不是什么事也不做而保持沉静，而是让每一样东西都按其本性去做。"无为而治"，不视为而为之，而是按照事物本质去做，不强求，不硬撞，因循自然，顺势而为，一切显得从容自如，举重若轻。我们可以通过司马谈《论六家要旨》中一段话理解这个意思。他在评汉朝统治之术时说道："其为术也，因阴阳之大顺，采儒墨之善，撮名法之要，与时迁移，应物变化，立俗施事，无所不宜，指约而易操，事少而功多。"

通过这段话，我们可以理解到，东方战略的"无为而治"，不是不治，而是根据事物的本性顺其自然地去治。体现在现代企业管理上，这也是指我们经常强调的人性化管理，即根据人的自然本性去实施科学的管理。正如《孙子兵法》中所说："人情之理，不可不察也。"

美国"为您服务"公司董事长比尔·波拉德看到了现代企业管理在观察"人情之理"方面存在着一个很大的误区。他指出：现代管理过于看重管理系统化的科学性，而不太看重管理中的价值和激励方面的因素。企业管理者十分关注"应该做什么"和"怎么样去做"，而不去关注"为什么要做"。但是一切工作，都源于你"为什么要做"的问题，这是一个价值观的问题。他认为管理绝不是一个中性的问题，这里面涉及人的价值观念，有对错之分。现代管理绝不能忽视人性的分析以及由此产生的价值观念的影响作用。

美国心理学家威廉·詹姆斯在人性分析方面有独到的见解。他说："人性的第一原则是渴望得到赞赏。"大量调查结果发现，能够激励人的因素包括：工作有成就；工作成绩得到认可；工作本身有挑战性；责任感；个人得到发展；成长和提升。在真正的人性激励因素中，金钱的作用并不是唯一的和最重要的。

由此，过程战略学派主张采取"愿景"式领导方式。他们认为，"愿景领导创造了戏剧，它将工作变成了演出"。"对于跟随者来说，领导活动提出的愿景不是外部强加的目标，而是他们自己的某种东西。""领导人的力量来自他们能够满足人们心理需要的能力。"这种"愿景"式的领导方式，就是"无为而治"的方式。这种方式强调通过一种内在的自愿动力，将管理的消极对立的因素转变为积极统一的因素。

在现代企业管理学说中，有"橄榄树"、"无花果树"与"荆棘"三种类型的领导。前两者是符合人性化管理的"无为而治"的高级型领导，后者则是一种简单型的领导。"橄榄树"象征着和平，"无花果树"象征着沉静。这两种类型的领导者，不是叱咤风云的人物，不是以火爆的方式而是以"和平"和"沉静"的方式从事着明茨博格所说的"真正的管理"——"默无声息的管理"（quiet management）。要说未来是领导过剩的时代，应该是"荆棘"型领导过剩的时代。

汉迪是一位研究人性化管理的著名专家。他认为：组织机构是社会有机体，而不是机械结构，是由层层叠叠的人际关系网组成的。我们每个人同我们的组织机构形成一种契约，而这张契约的性质取决于我们的感觉、需要和希望。不管哪种情况，这种契约的性质对每个人都有微妙的差别。正是这种变化多端的人际关系使各组织机构变得如此多样化。

我们在管理上做到"无为而治"，应当像汉迪所说的那样，用一种生态学的眼光而不是机械学的眼光去看待企业组织结构。或者说，企业在我们的眼中，不是机械的简单组合，而是一个有着复杂人际网络关系的有机组合。我们不仅要从员工个体上思考人性化管理，而且还要从企业整体上思考人性化管理。

这就涉及一个"责权规定"和"制度约束"的问题。有专家分析指出，责权分明，制度严格，是工业时代的管理模式，而信息时代则不同，这个时代是以人的创造力、人的生活质量为中心的。信息时代管理的核心就是"不管"。如果说工业化时代管理的核心是如何对人进行控制，想办法让人变成机器，那么信息时代的信息产业管理的核心是信息控制，绝不是去管人，约束人，而是让人变得更有价值，更有创造的欲望。因此，用一种艺术的感觉来管理公司就变得无比重要。艺术是没有道理的东西，注重的是一种感觉，突然性、创造性和个性。如果管理太规范了，艺术就出不来了。

战略理念："无为"并不是什么事也不做而保持沉静，而是让每一样东西都按其本性去做，不强求，不硬碰，因循自然，顺势而为，一切显得从容自如，举重若轻。

东方战略"无为而治"的思想认为：没有制度就是最好的制度。正如一些企业家所说，制度是针对那些不守制度的人或行为而制定的，对遵守制度者，制度毫无意义；制度也有一定的"度"，制度本来就是因为对"度"没有把握而制定的；制度的目标是无制度，所以制度也并非死的，要动态地掌握。

就现代企业管理的整体而言，东方战略的"无为而治"体现在对企业内部的一种"有机性"的战略控制上，体现在一种调动企业员工自组织能力的内在的软约束力上。东方战略"无为而治"的侧重点，不是放在企业制度的严格性上，而是放在释放企业组织活力的艺术性上。

战略格言：

赚钱的最佳途径是不谈钱。

不要盯着别人的钱包去赚钱，至少不要让对方感觉是这样。

善于借势。

善于把别人的力量借过来为己所用。

结交与你的经济命脉息息相关的人物。

经商最忌直，要以迂为直，绕道进取。

他山之石可以攻玉，熟稔借用之道会让你无本发财。

不要做视听封闭的经营者，漠视信息永远与财富无缘。

扔掉小鱼以图大鱼，让利诱客。

弯腰能进财，和气可生金。

千万别向你不熟悉的行业伸手。

机遇偏爱有准备的头脑，善用商机者胜。

观人成败，以逸待劳，自可稳操胜券。

在利益攸关面前，绝不可轻信于人。

你不一定面面俱优，但你必须学会以优制胜。

切勿贸然前进，打头阵的未必能赚到钱。

你必须等待，一直到你找到了对方的劣势再进攻。

明智的战略家是不会轻易发起进攻的，除非胜利已是囊中之物。

如果一个愚蠢的方法有效，那它就不是愚蠢的方法。

不要太显眼，因为那样会引人攻击（这就是航母被称为"炸弹磁铁"的原因）。

别和比你勇敢的家伙待在一个掩体里。

装成无关紧要的人，因为敌人的弹药可能不够了（所以他会先打重要的要人）。

好走的路总会被布上雷。

飞来的子弹有优先通过权（挡它的道你就倒大霉啦）。

不到万不得已，不要轻易卷入冲突。因为卷入冲突，就等于把自己暴露在了对方的攻击射程内。

在商不言商，创造产业的文化氛围，让消费者跟着你转。

第
八
章

知

——善剑者，知彼知己，知天知地

知彼知己，百战不殆。

—— 孙子

《孙子兵法》说道，"知彼知己，百战不殆"，"知战之地，知战之日，则千里可以会战"。"知"，是中国战略又一个十分重要的范畴，它将我们带入力量运用的战略决策领域之中，这个领域同时也是战略主体行为研究的领域。"知"决定了战略统帅的判断和决心，因而也就决定了对抗中"力"的施向，决定了"力"是否能够达到"胜"的结果。就商战而言，对于这个"知"字，我们可以通过亿万富翁巴菲特说过的一句话来理解——"我从不把钱押在我不了解的生意上"。

　　"知"，是中国"以智克力"战略思想的重要组成部分，体现在战略统帅思维活动之中并贯穿于力量对抗战略指导的全过程，它与哲学认识论、人类思维科学以及力量对抗中"信息"的作用都有着十分密切的联系。在这个问题上，笔者想强调两点：第一，战略领域的一切事物和规律都是可知的；第二，所谓的"知"，就是消除战略决策中的不确定性。

　　我们的许多战略决策者，知道"知"，但不知道"如何知"，不知道"知什么"，常常被动地去"感知"，而不是主动地去"探知"。许多战略决策者缺少一种超前预测的先知性。所以，我们应当认真领会东方战略的"先知之利"。要想做到，必先知道。

一、"知"与信息

我们站在信息时代的角度去理解《孙子兵法》所说的"知"，能够更加深刻地洞悉"知"的战略内涵。所谓"知"，实际上就是掌握大量的信息，掌握别人不知道的信息。当你具有"信息差"或者说"信息优势"的时候，你的财富就会滚滚而来。有的公司没有投资一分钱，只是通过操纵几个公司之间的交易，便得到很大的利润，这靠什么，靠的是信息。有的公司能够将收购的公司卖了好价钱，而被收购的公司却没有这样做，原因是什么，是信息不对称。有的公司能够及时了解市场需求，迅速调整产品和营销策略，从而获得成功，这也是依靠信息渠道的顺畅。东方战略"知"的思想对我们最大的现代启示就是：想方设法地掌握更多的更有用的信息，并且，从现代战略角度上看，我们所说的"知"，所说的"信息"，绝不仅仅是一个获得消息或情报的概念，而要将其作为一种重要的战略竞争资源来认识和对待。

在现代商战中，围绕着"知"与"不知"，围绕着信息获取与辨识，形成了一种新型的对抗形式——信息战。军事领域目前存在着激烈的信息战，商战领域也存在着激烈的信息战，并且目前军事革命所讨论的信息战对商战领域的信息战有重要的启示作用。有许多商战专家根据军事领域的信息战理念，进行对比性、借鉴性的研究。

对此，美国著名的商战专家麦克内利说：市场信息对于公司已经变得如此重要，以至于一些业界导师用"信息战"来描述同一价值链中的企业相互争夺顾客信息的激烈状况。谁拥有顾客信息谁就有竞争优势，因为企业可以利用这些信息与顾客保持更加紧密的联系，减少中间环节并迅速做出决策。在信息时代，"知识就是力量"这句古话对我们来说比以往更加真实。（《经理人的六项修炼——孙子兵法与竞争的学问》，第52页）

在商场上的信息战中，我们只是掌握自己所"知"还不够，我们还要做到如何让你的竞争对手"不知"，在战略学专业中，这涉及"战略示形"范畴，用军事领域的信息战术语来说，这叫做"信息不对称"。我们与竞争对手之间，只有在这种"信息不对称"的情况下，我们才具有信息的优势，竞争的优势，才能够战胜对手。正如麦克内利所说：了解自己、经营领域和竞争对手还不够。等式的另一端是确保竞争对手不能了解你。这就是计谋的由来。（《经理人的六项修炼——孙子兵法与竞争的学问》，第53页）

战略理念：想方设法地掌握更多的更有用的信息。并且要将这些信息作为一种重要的战略竞争资源来认识和对待。

二、"知"什么

从战略上看，需要"知"的内容很多，但也不是面面俱到，越细越好。就现代商战而言，我们应当着重了解以下几个方面。

（一）要清楚地了解你的竞争对手

在现代激烈的商战中，你一定要清楚地了解你的竞争对手，要知道他是谁，他准备和正在做什么，他对你的真正威胁在哪里？你如何有针对性地应对这些威胁？这就是《孙子兵法》中说到"知彼知己"中的"知彼"，这是我们战略运筹必须给予高度重视的一个问题，也是我们能否达到战略目标的一个带有根本性的问题。

有一部商战的战略教程，对这个问题有深刻的阐述，其中说道："如果一家公司不注意竞争对手的所作所为，那么它就如同瞎子赶路。如果一家公司不去监测其竞争对手的各种行动，不去理解他们的战略，不去预测他们下一步最可能采取的行动，那么，他就不可能战胜竞争对手。竞争对手采用的战略以及竞争对手下一步最可能采取的行动对一家公司如何做出行动有着直接的关系——它是否需要阻挡竞争对手采取的行动，或者竞争对手的行动是否提供了一次新的进攻机会。"（《战略管理》第十版，第101页）我国一位从事飞机制造的企业家也谈道："市场经济中的竞争对手如同战场上的双方一样，彼此谁都研究谁，就是要了解竞争对手的所有情况，清楚对手的优势和劣势，了解的情况越多、越细越好，所谓知彼不知足矣，多多益善。"

○谁会是你的竞争对手

要清楚地了解你的竞争对手，首先要知道你的竞争对手是谁。在商战中，谁会是你的竞争对手？许多商战的教程有过比较详细的分析，归纳起来大致有三种类型：一是市场直接争夺者；二是产品、制造技术和营销方式的模仿者；三是通过一些灵活巧妙方法"迂回"或"间接"占有你的资源的"巧借者"和"分羹者"。

我们应当看到，商战中的对手与战争中的对手不同。战争中的对手，是由政治决定的，是相对固定的，不易变化。商战中的对手是由经济利益决定的，从不同的经济利益出发，对手不同，且不断变化。例如，有两个著名的可乐饮料公司是水火不容的竞争对手，但在对付某个化学制剂供应商企图排斥自己竞争者的行动时，它们却成了同盟者，而这个化学制剂商则由原来的合作者变成了它们的对手。大量事例表明，在调整对抗关系和改变力量对比方面，商战领域比军事领域有更大的回旋余地。商战领域有着自己特定的竞争对手的认定标准，它不应像战争中那样有分明对垒，它更加注重在利益区分的特定的条件下的具体认定。有的竞争对手，可能在整个竞争过程中同你杀得天昏地暗，但他的某一举动或某一产品对你有利，或者他与你一起受到了某一种共同的威胁，那么他就有可能在这个特定区域里成为你的合作者，尽管这种合作有可能是短暂的或有相当大的局限性。在商战中，这种改变是经常的，双方并没有像战争双方那样感到什么道德上的不适感。

我们还应当看到，商场上的竞争对手并不局限在直接的、面对面的现实范围之内。长期以来，企业界在传统上所认定的"竞争对手"就是那些生产同类或类似产品的公司。这种认定不能够全面了解现代商战中你所面临的形形色色的竞争对手。正如著名商战专家波特所说："这种框架常会使公司较不重视利润上来自其他方面的竞争性压力，诸如他们自己的供应商（可能是向他们收费太高）；客户（经常是想少付一点钱，享受更多的服务）；替代性产品；潜在的加入者；政府；员工等。"所以说，现代商战中的竞争对手并不仅仅是面对面的直接较量者。我们应当从更大范围上全面了解和认识你的竞争对手。我们不仅要了解正面激烈争夺的对抗性竞争者，还要了解侧面和背后某些领域争夺的非对抗性竞争者；不仅要了解已知的竞争者，还要了解潜在的竞争者；不仅要了解竞争者当前的战略优势，还要了解竞争者潜在的资源，包括他长远的考虑和无形的持久、创造力。

这种大范围全面认识竞争对手的战略要求，还取决于现代企业多元化经营的市场特征。这因为，随着企业多元化经营，竞争对手来自的方向越来越难以确定。这些竞争对手不仅来自传统的范围，而且有可能来自新的领域。例如，埃克森、壳牌或阿拉尔这样一些石油康采恩把加油站建成便利商店，这就会与零售商的利益相冲突。在阿拉尔的加油站里，如今，食品、唱片和音响设备的销售额已达到其销售额的60%。

但是，在此笔者要特别说明，大范围地认识竞争对手，并不等于在现实中要与更多的竞争对手较量。在"知"的范围内，我们了解竞争对手越全面越好，而在"争"的范围内，我们面对的竞争对手则越少越好。关于后者，我们作为另外一个战略实际对抗的问题进行讨论。

在现代商战中，如何正确判断出你可能的竞争对手？这需要时常问自己三个问题：第一，你周围有哪些公司中不满意当前的竞争地位？第二，谁最可能是潜在进入者？第三，有替代竞争者吗？要知道，你的最有可能的挑战者，是那些不满足于自己当前地位的公司，是那些为达到自己新的目标而尝试重新定位的公司，是那些位居在你忽视或薄弱的区域、渠道旁边伺机而动的公司，是那些拥有让你的顾客大量流失的替代产品的公司。

战略理念：要清楚地知道你的真正对手是谁，要用动态的眼光并从更大范围观察你的商战对手。

○如何分析你的对手

当了解你的竞争对手是谁之后，接下来的问题就是如何分析你的对手。我们先来看看美国史万森公司是如何分析它的对手的。这是一家经营食品的公司，它在经过认真的市场调查之后，发现竞争对手产品的热量高，不符合人们的健康要求，并且其产品调料中的盐分偏高，消费者对此极为敏感。这家公司还发现，随着微波炉的出现，旧的冷冻食品的容器已经不适用。针对这些情况，于是，史万森公司决定开发高级冷冻食品，以低热量、低盐分为特色，在花样和包装上特别注重迎合微波炉的使用要求。此举大获成功。

从这个实例可以看出，分析你的竞争对手的着眼点，应该放在对手的弱点和失误方面。只有找到对手的"软肋"，你才能战胜对手；只有利用对手的弱点和失误，你才能以较小的代价轻易地战胜对手。也就是说，要想战胜你的竞争对手，必须在掌握其弱点的时候再发动攻击。这样才能做到避实而击虚。这就是《孙子兵法》所说的"不可胜在己，可胜在敌"。

在这个问题上，我们应当记住美国商战专家麦克内利在批评一些盲动企业家时所给予的提醒：他们在对新的竞争对手优势、劣势、能力等一无所知的情况下与之较量；与他们自以为"熟悉"的老对手开战，但实际上却不熟悉。这些企业不是在寻找和试探过对手的劣势后，再向其进攻；而是张皇失措、匆匆忙忙与一个接一个的竞争对手碰撞；有时能够打击到对手的弱势，但更多的时候却是与对手的强势发生面对面的竞争。（《经理人的六项修炼——孙子兵法与竞争的学问》，第 43 页）

也许有人会问，你的对手很强大，很聪明，他会有弱点和失误吗？大量的战略实践表明，再高明的战略统帅也有犯错误的时候，关键是你能否发现它，抓住它。有商战专家分析出一种现象：任何时候，如果一个产品——市场区隔中有两三家以上的活跃竞争者，那一定是有人在犯错误。市场领导者可能疏于竞争，为较高成本的竞争者撑起了保护伞，从而牺牲了自己的利润。或者，竞争者可能已陷进了现金黑洞仍不退出市场。（《公司战略透视》，第 279 页）

如何发现你的竞争对手的弱点？这需要你本身的战略素质，也同时需要你的战略分析机制是否健全。竞争对手的弱点表现在多方面，通常情况下，这些弱点表现在公司的文化、决策机制、决策者的性格或心理缺陷、内部矛盾、执行力等方面。高明的战略分析家，可以从一个很小的现象发现竞争对手的"病症"，从而"对症下药"，找出战胜对手的良策。

再进一步说，我们分析对手，要深入洞察对手的战略意图和他的战略框架。这不仅要对你的对手的战略流程比较熟悉，还要了解你的对手的战略思维的习惯，尤其是对方决策者的特点和心理特征——这就是东方战略所强调的"知其心"。通过大量商战实例，我们可以看到，公司决策者所制定的战略通常会深深地打上他们个人抱负、商业哲学和伦理信条的烙印。因此，我们深入地了解对方决策者的个人抱负、商业哲学和伦理信条，是非常有必要的。另外，深入了解对方决策者的风险意识，也是非常有必要的。企业决策者风险的态度，往往在很大程度上影响到他所采取的战略。有专家分析说，风险规避者往往偏好保守的战略，而风险承担者则更倾向于制定那种机会主义的战略，以求通过这种战略冒险的行动得到更大的长期回报。风险承担者喜好革新而不是模仿，喜好大胆的战略进攻而不是维持现状的防御行动。

许多商战专家提示说，竞争对手的任何战略企图，迟早都会露出蛛丝马迹，而这些蛛丝马迹可以从一些行业信号反映出来。这些行业信号通常是：突发的技术变革；买主变化；变化的销售渠道；改变的投入成本或质量；竞争者姿态的改变。我们在分析这些行业信号时，必须对竞争对手一些超常的举动有非常清醒的认识。

在一则外国寓言中有这样的一句话："那些住在玻璃房子里的参与人是不会扔石头的。"（《未来的战略》，第 95 页）就我们所讨论的问题，这句话告诉我们一个什么道理？这则寓言告诉我们：要想充分了解你的对手，就要设法让他变得透明。在激烈的商战竞争中，对你威胁最大的竞争对手往往躲藏在暗处，识别这种对手的最好方法是让他透明。至于如何让他透明，有许多办法，这要靠你自己根据对手的实际情况去灵活选择。

战略理念：识别对手的最好方法是让他透明。

（二）人贵有自知之明

有人评价埃尼公司的总裁贝尔纳贝时说："他能从 3 万英尺的

高度来看这家公司。同时，他对埃尼公司经营情况的了解还是百科全书式的，几乎无所不知。"（《危机管理》，第191页）这位总裁做到了《孙子兵法》所说的"知彼知己"中的"知己"。知己，也就是了解你自己。从表面上看，了解自己要比了解对手容易得多，其实不然，了解自己比了解对手难得多。所以中国古人说："人贵有自知之明。"

　　了解你自己的内容有很多，按照现有公司战略教程的说法，主要包括：公司现行战略的运作效果如何；公司面临的机遇和威胁有哪些；公司所在的行业是否有吸引力，取得超过年均水平的盈利前景如何，等等。

　　了解你自己，要知道自己公司处在什么样的发展阶段。公司在不同发展阶段中呈现不同特点。譬如说，孕育期时，可塑性强，投入大，对今后发展影响大；生存期时，人员结构不合理，产品质量不稳定，发展速度不稳定，管理工作不规范，缺乏自己的形象；调整发展期时，实力增强，形成了自己的主导产品，由单厂企业向多厂企业发展，创造力强，发展速度快，波动小，企业的专业化水平提高，管理逐步走上了正轨；成熟期时，发展速度减慢，产品逐步向多样化发展，树立起了良好的企业形象，创新精神减退；衰退期时，"大企业病"日益严重，工艺落后，产品老化，企业生产萎缩，效益降低，负债增加，财务状况恶化。

　　了解你自己，要了解自己的资源特点和竞争优势，明确自己公司的定位。在这方面，商战专家们提醒说，一个公司的战略应该以公司的资源强势和公司所擅长的方面为基础（公司的胜任能力和竞争能力）。如果公司所制定的战略其成功的基础正好是公司所缺乏的，这种战略就会处于危险的境地。

　　我们先来看一个失败的商战实例。英库里测量公司是一家生产工业恒温器的公司。该公司决定将自己的经营范围扩大到家庭市场，结果失败了，原因之一就是它不了解自己的资源特点和竞争优势在哪里。英库里公司拥有在工业恒温器上获得成功的所有要素：强大的研究开发能力、严格承受力上的专门知识、有序的生产以及工业工程师技术熟练的销售力量。当公司进入家庭市场时，它原有的优势不能够成为该市场成功的关键，构不成增加价值的主要部分，尤其缺乏在家庭恒温器上进行竞争的必要资源。另外，这家公司没有设计、产品外观或包装的专门知识，缺乏批量生产能力，它不知道如何把产品分配到批发营销商及订购商那里。

我们再来看一个成功的商战实例。卡洛斯接管日产公司后对该公司经营不善的情况进行了剖析，他认为有五个主要的原因：1. 缺乏清晰的利润定位；2. 对客户关注不足；3. 跨功能和跨领域运作不足；4. 缺乏紧迫感；5. 没有共同的构思或长期的计划。同时，他也看到了日产公司有着自己天然的优势，有着一个很坚实的复兴基础，包括：1. 遍布全球的分支机构，在92个国家进行运营。2. 有着世界上最为先进的汽车制造系统。3. 日产在英国桑德兰的工厂连续3年被经济情报局评为欧洲最有效率的工厂。而且日产在美国的工厂也被2000年的HARBOUR报告评为美国最具生产力的工厂。4. 在发动机和传输系统等关键性技术领域保持着领先地位。5. 日产在1999年3月和雷诺汽车公司建立的联盟给自己带来了强有力的支持，在地理区域、产品和技术上带来互补。卡洛斯在正确"知己"的基础上，提出了日产公司新的战略发展规划，使日产公司在很短的时间里扭亏为盈，充满了新的竞争活力。

通过卡洛斯的例子，我们还能够看到问题的另外一个方面，这就是你自己有时很难认识你自己，正如日本人自己很难认识自己企业的真正问题症结一样。所以，我们在"知己"的时候，不妨跳到圈子外面回过头来看一看，不妨站在一个旁人的角度看一

战略理念：要用你自己的思想来认识你自己，是一件非常困难的事情，有时候需要换个角度来思考。

看，甚至不妨直接邀请一个与自己有着较大思维或文化差异的人（就像卡洛斯）来参与战略运作。

（三）知可以战与不可以战

《孙子兵法》有这样一段话："故知胜有五：知可以战与不可以与战者胜，识众寡之用者胜，上下同欲者胜，以虞待不虞者胜，将能而君不御者胜。此五者，知胜之道也。"（《孙子兵法·谋攻》）

孙子告诉我们，战略上强调的"知"，并不是双方的什么情况都要知道，关键是知道"可以战与不可以战"，而这方面的结论则是建立在你与竞争对手之间的对比性分析的基础之上。

我们进一步分析，可以看出，孙子在此所讲的五个方面的"知胜之道"，都是围绕着对抗双方力量对比而谈的：一是要知道力量对抗的结果；二是要知道力量的多少；三是要知道力量中的精神因素；四是要知道力量的准备程度；五是要知道驾驭力量的君王与将帅的关系。关于第五个方面要多说几句。中国战略非常重视这种君王与将帅的关系，强调要充分发挥将帅的才智，最大限度地减少对前线将帅的掣肘。就"知"而言，中国许多成功的战略决策，是从这种关系的分析中得出来的。如西汉时薛公回答刘邦时对淮南王英布的分析，曹操的谋士荀彧对袁绍将帅的分析，等等。这因为，知"力"要知"将"，力量是由将帅操纵的。

在现代商战中，获得与竞争对手的对比性分析信息，需要通过价值链分析的方法。价值链分析最重要的应用是揭示具体公司与竞争对手相比的相对成本地位。为消除成本劣势而采取的战略行动必须准确地定位于价值链之中，看究竟是在什么地方产生了成本差异。

战略理念：知可以战与不可以战者胜。

○知其深层的动因和背景

作为一名精通商战的战略家，仅仅进行对比性分析还不够，还需要进一步知道双方对抗背后深层的动因和利益，只有这样，我们才能抓住对抗本质性的联系，把握住对抗的全局，预知对抗的结果。中国古代战略著作《鬼谷子·谋篇》说过："凡谋有道，必得其所因，以求其情。得其所因，则其情可求；见情而谋，则事无不济。"

不同企业的运作方式，有其背后的深层的背景。一个国家的传统文化，决定了这个国家企业的运作方式。这些传统文化就是我们需要了解的企业运作方式的深层的背景。不了解这一点，我们有时候不知道一个企业为什么要这样做而不那样做。或者，我们用自身的文化去了解另一个国家的企业行为，会永远找不到符合逻辑的答案。例如，有的资料分析说，台湾人做生意多是些中小企业，各立山头，日本靠几大商社，它们像巨型章鱼一样，爪子伸到各行各业，掌握了国内商业的命脉。韩国靠国家力量，组织几个大公司，起到了日本大商社的作用，在世界市场上增强了竞争力。

我们再来看一下有些专家对企业背景的文化问题的更加深层的分析。在一本书中这样说过，根据诺内卡模型，有理由断定国家文化将显著地影响管理者在判断管理实践时使用的价值前提和规范标准（《战略柔性》，第315页）。基于赫夫斯特德勒和其他的著作，大家一致强烈认同，作为一种文化，法国人比德国人表现得更易接受权力距离。权力距离指的是社会认可的权力差异的程度。权力差异的高度认可反映出一种社会的信念：应该有一种明确规定的秩序，每个人在其中都有一个适当的位置。法国的管理者把组织看做一个规范的不同权力层级的金字塔。管理等级代表精英社会集团，或者核心组织，一旦加入适当的派别，就属于它，并且，"永远"身在其中。信奉强烈的集权管理是法国"遗产"的一部分。它可以从路易十四国王统治法兰西帝国的方式反映出来；它也反映在引发法国大革命的雅各宾派的意识形态中；它还反映于拿破仑一世的政府统治中；也反映在法国人管理其殖民地帝国的方式中。相比而言，德国的正式组织比法国更少依赖等级权威的使用，很少人期望管理者应当激励和控制工人。管理被认为是每个德国人工作的一部分。管理者与工人的差别被缩小了。（《战略柔性》，第 318 页）

战略理念：不仅知道怎么样，更要知道为什么。

○知其关键

在战争历史上，有些人虽然打胜了许多战斗，但却最终输在一次关键战斗上。有些人虽然打输了许多战斗，但却最终赢在一次关键的战斗上。这种关键性的战斗就是事关全局性的战斗，这就是毛泽东所说的"对全局有决定意义的一着"，"一着不慎，满盘皆输"。

看不到"对全局有决定意义的一着"的，不是战略家；把注意力大量放在"对全局没有决定意义的一着"的，也不是战略家。正如毛泽东所说："任何一级的首长，应当把自己注意的重心，放在那些对于他所指挥的全局说来最重要最有决定意义的问题或动作上，而不应当放在其他的问题或动作上。"（《中国革命战争的战略问题》）战略家不需要面面俱到，不能够事必躬亲。他的注意力的重心必须也只能够放在全局性的战略关节点上。

在认识和把握对全局有决定意义的东西时，毛泽东的矛盾分析方法是一种非常有效的方法。毛泽东说："不能把过程中所有的矛盾平均看待，必须把它们区别为主要的和次要的两类，着重于抓住主要的矛盾。"（《矛盾论》）毛泽东还说："在复杂的事物的发展过程中，有许多的矛盾存在，其中必有一种是主要的矛盾，由于它的存在和发展，规定或影响着其他矛盾的存在和发展。"（《矛盾论》）这种主要矛盾和矛盾的主要方面，就是我们着眼的战略关节点所在。

就商战而言，抓住关键性战略环节，就是盯住形成价值的关键环节，或者说，要着眼增加价值的主要部分。例如，在一个商战案例上，有一家名叫"Newell"的公司，将公司与廉价零售商的关系视为实现其目标的关键环节。这因为，公司发展的动力，主要来自他们所利用的与零售商联系的普遍资源。这种资源形成它的生产特点：有效高额的生产，优质服务，包括国内顾客的覆盖面，及时送货及程序性的商品销售规划，等等。再如，一些追求高附加值的公司，它所关注的关键战略环节则是一些高新科技、专业性服务等领域。

现代商战中，聪明的企业战略家已经不只是在自身寻找那些"对全局有决定意义的东西"，而是把它放在一个更大供销产业链中寻找。例如，许多公司产生了一个创造价值的新观念：公司获得的价值主要不是来自自己的雇员或消费者，而来自顾客，即从动员顾客创造的价值中得到利润。有专家指出：如果创造价值的关键是动员顾客共同生产提供物，那么，竞争优势的唯一真正来源是设计整个价值创造系统并使其工作的能力。宜家公司创造更多的价值是因为它动员了顾客和供应商更多的活动。它重组参与者之间的活动，使得参与者和活动更好地匹配。

战略理念：战略家不需要面面俱到，不能够事必躬亲。他的注意力的重心必须也只能够放在全局性的战略关节点上。

○知"人情之理"

《孙子兵法》强调，"人情之理，不可不察也"。知人情之理，要知道当地人文特征，知道周围的人脉关系，知道将帅的脾性，知道君王的喜好，等等。许多著名的将帅，许多著名的企业家，他们同时又都是一些精通于"人情之道"的专家。他们清楚地知道，许多事物的整体，除了一些有形的物理性的联系之外，还存在着大量的无形的人类情感性的联系。

《蓝海战略》一书的作者注意到了这一点。他们提出：一些产业主要在价格和功能上竞争，这种吸引力大致来源于计算效用，是理性的；而另一些产业中的竞争则主要针对感觉，它们的吸引力是感性的。在商战中，我们要知道这些情感因素。可口可乐的新配方虽然不错，但忽视了老顾客的情感因素，结果事与愿违。有时候，问卷式的市场调查有很大的局限性，这种方式不能完全反映人们的情感因素。

战略理念：人情之理，不可不察。

三、如何"知"

在我们知道了"知"的含义、必要性和内容之后，现在要回答的问题是，如何才能达到"知"，或者说达到"知"需要掌握什么方法。这是一个战略思维的问题，它是战略统帅基本素质的重要体现，它直接关系着战略对抗的成败。正如埃尼公司总裁贝尔纳贝所说："战略性思维是一个领导必须具有的最关键的技巧之一，你必须全方位地看待每一个问题。你必须知道你自己的长处和弱点，还有你的机构、你的敌对方和你的支持者的长处和弱点。"（《危机管理》，第196页）

战略思维，就是战略决策者思考战略问题时的过程和方式，是战略决策者主观世界的一种活动。与其他思维形式相比，战略思维有着自己一些基本的特征。

第一，关注全局和长远。毛泽东说过，战略是照顾全局各方面和各阶段的东西。关注整体和全局，是战略思维显著的基本特征，也是战略与战役战术相区别的基本标志之一。战略思维的全局性和长远性，突出表现在它对力量综合性运用上，并形成战略所具有的计划和有序性。战略思维所要求的是：能够把力量各种要素和各种制约条件加以整理，按照轻重缓急、先后次序进行排列，然后提出最有效的行动方案。形象地说，通过战略思维，能够娴熟地弹动力量各种要素组成的"键盘"，奏出克敌制胜的"组曲"。**从这个意义上说，战略思维是一种"宏观性"全局思维，是一种"前瞻性"的预测思维。**这种思维具有一种高屋建瓴、千军万马、叱咤风云的感觉。有些专家用下棋来描述战略思维的这种特征。他们说，高明的棋手讲究的是布局，发挥阵势构成的互动优势、结构优势，拙劣的棋手才注重某一个棋子的作用。

第二，深刻地把握本质。理解和运用战略的关键，是通过深层次的思考，在掌握事物本质和规律的基础上，获得宏观和长远的结论，回答"朝哪个方向做"、"总体上怎样做"以及"有哪些基本的原则和途径"，等等。战略思维所触及的不应是表面的具体的东西，而应是一种深层的本质的东西。认识这种东西，正如毛泽东所说，"眼睛看不见，只能用心思去想一想才能懂得"。战略是一种高度理性的产物，需要用一种内在思维的悟性来把握，它所表现的简洁性，是其理性抽象的反映。**从这个意义上说，战略思维是一种"内悟式"的抽象思维。**这种思维，依靠战略决策者渊博的哲学和专业知识，同时也依靠战略决策者的天赋。形成这种思维，除了理论学习和实践积累之年，还需要有一种独特的体验性的自我修炼。

第三，战略思维既要尊重科学，又要反映艺术。从属概念上来看，战略既是科学又是艺术。说它是科学，是指它反映和揭示了竞争的客观规律，揭示了事物"真"的一面；说它是艺术，是指它需要人们在特定的时空条件下灵活地掌握，表现出人与自然、主观与客观的高度统一，具有事物"美"的一面。战略是科学和艺术的高度结合的产物。战略是理论，它总结并反映了竞争的规律和特点，并形成比较完整的学科体系，提出了具有普遍指导意义的原则；战略同时又是经验，单纯依靠书本和逻辑推理，是无法掌握和运用战略的，必须建立在坚实的实践经验基础之上，或者说，在没有长期和大量的经验积累基础之上，在没有形成经验性的感觉之前，不可能有战略的真知灼见。战略的这种特性，要求战略思维既要尊重科学，又要反映艺术。应当说，战略思维是科学和艺术的高度统一。**从这个意义上说，战略思维既是一种"严密"的逻辑思维，又是一种"超常"的形象思维。**这种思维，要求战略决策者既要有科学的态度，又要有丰富的想象力。

需要特别指出，战略所运用的力量是由人构成的活力，战略所指导的对抗是一种人与人之间的活力对抗，战略遵循的规律是人与人之间活力对抗的规律，不能用自然对抗的规律来解释。战略领域充满了大量的不确定性和互动的因果关系。因此，统帅之间的战略思维的较量，是一种高手之间的智力对抗，它更能够体现出一个伟大人物的智慧力量，体现出一个伟大人物的战略艺术魅力。在这种活力对抗中，东方战略要求战略家紧紧盯住自己的对手，"践墨随敌"，"因敌而变"。例如，我国历史上的"孙庞斗智"，就是这种东方战略思想的典型实例。

（一）战略思维要求之一：静

美国兰德公司有一家客户，是从事纸箱生产的企业。这家企业的一位业务经理突然接到用户的电话，抱怨纸箱质量太差。他迅速赶到现场，但遭到对方难以忍受的责备。在这种情况下，这位经理努力使自己保持冷静，心中默数到10，并做了个深呼吸，然后将这件事作了分解：第一，这位客户深感挫折及愤怒，会把情绪一股脑发出来；第二，他需要尽快获得好纸箱，以便交送那

（旁注）战略理念：战略是一种高度理性的产物，需要用一种内在思维的悟性来把握，它所表现的简洁性，是其理性抽象的反映。

些紧急订货；第三，他的金钱和信誉正遭受损失，需要保证避免这些损失；第四，这些纸箱出了差错，其原因必须迅速找出来；第五，不管这件事原因如何，必须改正，达到客户满意；第六，如果纸箱原因在自己工厂，这是某重大问题的开始。这位经理排出优先顺序，先补运纸箱，向客户做出保证并缓和气氛，然后查找原因。结果，问题出在客户的纸箱搬运机械上。此后，双方保持了长期的良好的生意往来。

这个故事告诉我们：对待一些复杂的情况，战略统帅的思维一定要保持高度的冷静。

一位采访过张瑞敏的记者谈道："我对他的另一个感觉是：冷静，这一点延伸到他处理任何事情，任何时候都出奇地冷静，甚至是冷静得可怕，不管是成功还是失败的时候。张瑞敏的成功伴随着这种冷静，做任何一件事他都经过冷静的分析。在对每件事做出判断的时候，感情已经起不到任何作用。这是张瑞敏的个性，也是海尔的个性，张瑞敏最成功的就是把冷静融入企业的个性当中，使海尔十几年的发展一直是平稳而快速。我们不能说海尔的发展速度是最快的，但起码海尔能保证：由于它是冷静对待自己，对待机遇和困难，因此海尔没有过大的失误。在市场经济尚不很成熟的今天，成与败的机会是并存的。胆识固然重要，但能否冷静判断走到身边的每一个机会，是企业家最基础的能力。"

东方战略特别强调战略思维这种"静"的要求。正如孙子所说，"将军之事，静以幽，正以治"。（《孙子兵法·九地》）战略统帅在重大战略决策之前，一定要心平意静，不慌不乱，不急不躁，任凭波涛汹涌，胜似闲庭信步。在中国的历史故事中，曾经描述过这样一些战略家，他们在大敌当前，举棋对弈，非常镇静，表现出了一种临危不惧、临危不乱的大将风度。只有这样，才能保持思维正常运转，保持思路的清晰，才能够知彼知己，产生正确的战略决策。

中国战略特别强调一种"静"的意境。对此，中国古人有大量论述。老子说："致虚极，守静笃。""夫物芸芸，各复归其根。归根曰静，静曰复命，复命曰常，知常曰明。"（《老子·十六章》）在中国战略家们看来，达到"静"的意境，就可以"胜躁"、"能安"、"能虑"、"能得"，顺利达成战略目的。对此，老子说，"静胜躁，寒胜热。清静为天下正"（《老子·四十五章》）。管子也说：处虚守静。心静气理，道乃可止。修心静意，道乃可得。《大学》中有这样一段话："知止而后有定，定而后能静，静而后能安，安而后能虑，虑而后能得"。这种"静"，要求战略家保持一种思维的常态，不为所动，不为所扰。这实际上与前面说的"柔"有联系，可以说是"柔"在战略思维中的一种表现。保持这种思维的常态，需要非常高的战略修养。

"静"，需要战略指导者掌握情绪重心，掌握心理平衡。果断正确的指挥，建立在平衡心理基础之上，军事指挥员应根据战场和部队的情况，把握住自己的情绪重心。胜不骄，败不馁，激不怒，诱不贪，弱不卑，使头脑始终处于思维的最佳状态，并随着战场情况的变化而变化，避免因情绪波动造成指挥失误。

这种超乎寻常的心理平衡，反映了中国战略所要求的"儒将"意境。这种意境很难用语言准确表达出来，我们可从陶潜的一首诗中多少体悟出一些，即："结庐在人境，而无车马喧。问君何能尔，心远地自偏。采菊东篱下，悠然见南山。山气日夕佳，飞鸟相与还。此中有真意，欲辩已忘言。"

在现代商战中，战略家的冷静，特别表现在他在成功时从不狂热，而是保持清醒的头脑。有人问和田一夫，八佰伴破产的最大教训是什么？他说，成功是事业发展的最大危机。

在现代商战中,战略家的冷静是一种理智的冷静,从不掺杂过度的个人感情,这因为商场是无情的。上海大千美食林的总经理黄海伯在回忆他父亲经商失败的经历时说:"我父亲也是军人出身,黄埔十一期,能力强、威信高,但失败在没能掌握市场规律,没认识到商场的无情及供需关系的改变。"

在现代商战中,尤其是在遇到棘手的问题时,战略家要善于把复杂的问题简单处理,把热点问题进行冷处理。

在现代商战中,战略家的这种冷静表现出一种处事的低调。有一本书反映明天公司的总裁王克说:事以密成,哀兵必胜这两个法宝是王克的性格魅力所在。他是一个低调的人,低调的人往往在寂寞中走得更远。事实上这是他经由人生历练而凝结成的处世哲学。处世哲学与管理原则两者水乳交融,共同造就他的管理风格。

我们应当记住商战战略教科书对 CEO 提出的忠告:战略统帅必须具有百折不挠的韧性。无论环境怎样变化,他们都应保持冷静、灵活的头脑,并能够根据"世易时移"而迅速采取不同的策略。这是最重要的一点。

> 战略理念:由静生思,战略统帅在重大战略决策之前,一定要心平意静,不慌不乱,不急不躁,任凭波涛汹涌,胜似闲庭信步。

(二) 战略思维要求之二:察

许多商战专家都认为战略规划中最重要的是"问问为什么"。他们认为,追根溯源,可以使战略思维摆脱对过去的无意识重复,可以带来新的视野和创意。丰田公司生产副总裁大野泰一写了一本关于丰田公司生产体制的书。书中写道:你能五次重复问"为什么"吗?这件事说起来容易,做起来却很困难。假定一台机器停止了工作,你应当询问并且回答:1. "为什么机器停止了工作?""因为它超负荷运转,保险丝烧断了。"2. "为什么会出现超负荷现象?""是因为轴承的润滑油不足。"3. "为什么轴承的润滑油会不足？""因为润滑油油泵无法充分泵油。"4."为什么油泵不能充分泵油？""油泵的曲轴坏了，它运行时嘎嘎作响。"5."为什么油泵的曲轴会坏了？""因为没有给它装过滤网进行保护，让金属碎片漏进去了。"

这五次或者更多次的询问就是战略思维所要求的"察"，它能够使你洞察事物的本质，帮助你绕开所有的无关紧要的解释去寻找最重要的问题根源。下面，我们依据东方战略的一些理念，来简要讨论一下这个问题。

所谓的"察"，就是"观察"、"调查"、"侦察"的意思。战略上要达到"知"，必须对周围的事物，对与战略决策有关联的各种现象和要素，进行认真细致的"察"。就战略而言，这种"察"绝不是一般性的观察，而是要用具有见微知著的战略眼光去观察，要能够透过现象抓住本质，透过偶然发现必然（偶然性在远离平衡态的情况下，有时起大的作用，甚至是决定性作用）。

战略是一种驾驭全局的艺术，需要观察东西是大量的和极其繁杂的。所以，战略上要求的"察"，不是看到的越多越好，也不是看到了就算是完成了，而是要有一个战略上加工整理的过程，使被"察"到的东西简明清晰。这就要求战略思维掌握一种简捷原则，尽量排除各种纷扰，割断无关的联系，使问题变得简单、明快，这样才能准确迅速地把握住规律。也就是说，战略要尽量避免把一些本来简单的问题搞复杂。正如中国古人冯梦龙所说："世上本来没有那么多复杂难解的事情，都是庸人自寻烦恼。惟有心胸开阔、遇事通达才能内心清净。"（《智囊补》，第78页）

毛泽东提出的"由表及里，由此及彼"，就是非常好的战略观察方法。在中国战略中谈到的"以现占隐"、"以己度敌"、"反观而求"、"平衡推导"、"观往验来"、"察迹映物"、"投石问路"、"顺藤摸瓜"、"量池测水"、"按脉诊病"以及"用间"等，也是一些根据不同情况总结出来的可供战略借鉴的具体观察方法。

这样，通过"察"，战略指导者就可以"见人所不见"，"知人所不知"，得到"独见独知"，成为"神明者"。如《淮南子·兵略训》所说，"良将之所以必胜者，恒有不原之智，不道之道，难以众同也"。"夫将者，必独见独知。独见者，见人所不见也；独知者，知人所不知也。见人所不见，谓之明；知人所不知，谓之神。神明者，先胜者也。先胜者，守不可攻，战不可胜，攻不可守，虚实是也。"

在现代商战中，有人"察"得深，有人则"察"得浅。西方公司战略的权威布鲁斯喜欢引用杰伊·佛瑞斯特的一句话："大部分人都只能理解第一阶效应，只有少数人会很好地考虑第二阶和第三阶效应。然而不幸的是，实际上企业真正有趣的事情，都存在于第四阶效应或者更高层次的效应。"（《公司战略透视》序言，第 2 页）这里所说的"第四阶效应"或者更高层次的效应就是指接近或者达到了本质的那一部分。

战略要"察"的东西，应是"第四阶效应"中的东西，它不是一般的东西，而是决定事物发展方向的规律。规律是内在的、共性的、反复出现的，它是通过大量现象综合反映出来。记得我国老一辈领导人薄一波说过："规律是看不见、摸不着的，只能通过实践，通过周密的调查，通过计算，掌握充分的材料，研究它的内在联系，经过从感性认识到理性认识的飞跃，才能能动地制订出反映客观规律的计划。"（薄一波著《若干重大决策与事件的回顾》，中共中央党校出版社1991年版，第835页）

规律就是事物发展的必然趋势。我们注意到美国现实主义理论代表摩根索说过的一句话。他认为，国际战略家们要做的工作是，"在每种政治局势下，相互矛盾的趋势都在发挥作用……因而学者所能做的最好努力，是追踪某一特定的国际局势中内在的不同趋势和倾向。他能够指出哪种条件可能使某一趋势胜过另一趋势，并最终估价出不同的局势和趋势实际占优势的可能性"。（摩根索著《国家间的政治——寻求权力与和平的斗争》，中国人民公安大学出版社1990年版，第29页）

在战略认知"察"的方面，我们还需要掌握东方战略强调的其他两个重要方法：一个是"校"，即通过比较可以获得正确的认识。第二个是"探"。

为了能够观察事物，需要调动它们起"澜"，这叫做战略试探。事物在远离平衡态时，最有波动，最易观察，最有机会。孟子说："观水有术，必观其澜。"现代著名史学家蒙文通先生从中得到启发，认为"观史亦然，须从波澜壮阔处着眼"。蒙先生说，浩浩长江，波涛万里，须把握住它的几个大转折处，就能把长江说个大概。

战略理念：战略观察绝不是一般性的观察，而是要用见微知著的战略眼光去透视，透过现象抓住本质，透过偶然发现必然。

（三）战略思维要求之三：全

有一家大型国际商贸公司，是兰德公司的客户。这家公司因仓储及搬运地点问题，在决策上遇到了困难。于是，公司成立一个由决策主管所组成的任务小组，在欧洲召开会议。这些主管分别来自五个不同的国家。他们来自不同的组织阶层，各有不同的专长及不同的母语。他们之中有许多人从未一起共事过，甚至从未见过面。然而，他们每一个人都熟悉兰德的决策理念，并且都会英语。两天后，他们完成了有关的决策问题。该公司国际营运副总裁说："他们知道，应从何处开始，应该问些什么问题，以及要做些什么事等。他们是以团队方式，来完成这项工作的。我从没有参加过一个涵盖如此广泛的会议，而其浪费于想要了解'别人说这样的话是什么意思'上的时间，又是如此之少。"

这个团队决策的过程，实际上就是一个战略认知上求"全"的过程。这个"全"字，是我们战略思维的一个非常重要的要求，它要解决的就是那些战略上的"涵盖如此广泛"的问题。

战略决策者在掌握情况时一定要全面，了解与战略相关的各方面的要素，观察这些要素内部和相互间的联系。只有这样，战略决策者的视野才能开阔，才能关照到战略的各个阶段和各个方面，才能够产生与众不同的战略构想和战略方案。

在战略实践中，这个"全"的界线很难把握。我们不妨从另一角度来解决这个问题，这就是求"缺"。减少了战略上"知"的缺失，也就等于在向"全"的方向靠近。所以，战略决策者不仅要明白自己应该知道些什么，还要清楚自己哪些应该知道的东西还没有知道。中国古人把这种要求称为"求阙"。曾国藩晚年的书房就命名为"求阙斋"。

战略上求"全"并不是面面俱到，而是择其要，寻其真。这个"全"只是局限在与战略相关的范围内。在实际中，绝对的"全"是没有的。人们往往会追求完美，而这种追求不符合事物的辩证法，它常常将人们引向歧途。所以，我们所要做的是相对的"全"，是没有遗漏重要方面的"全"。当你真正感到"全"的时候，事情反而危险了，这时就要在里面加上一点"缺"。

我们这里所说的"全"，不仅有全面的意思，而且还有全局的意思。全面和全局是紧密联系在一起的。只有全面掌握情况，才能上升到全局的高度；只有站在全局的高度，才能全面地掌握情况。这两者相比，全局是战略的本质要求，全面是条件，全局是目的。这里所讲的"全"，有着更为抽象的要求，它不是情况数量堆积和排列，而是"由大到小"、"由本到末"、"由一到万"的"执其大端"的"全"。

要想"全"，仅靠一个人的智慧是不够的。高明的战略家，善于发挥集体的才智，依靠集体的智慧达到战略上要求的全知。中国人重"名"，战略统帅，要有"名分"，这包括他的出身、地位、名望。在中国战略历史上，有名望的战略统帅并不完全都是出色的战略认知专家，这种缺憾由他的谋士群体的智慧来弥补。中国的战略认知和决策通常是建立在群体谋划基础上的，这是东方战略的一大特色。

要想"全"，需要用系统方法。新的关于系统论的观点告诉我们：异质对系统的功能和动态有十分重要的影响。因此，系统的控制不一定来自内部，它们可能部分地，甚至完全地来自系统以外。只有把一个系统放在它的周围关系之内，才能认识它。应更多关心的是过程，而不是端点，过程比端点更为重要。了解一个系统实际上如何行为，什么过程实际上确定了它的结构和轨迹，比论证它的端点是什么更有意义。非平衡范式并不排斥平衡，而是把平衡或"点稳定状态"只作为一种特殊的情况。战略上运用系统方法求"全"的过程中，很重要的一点是如何把认知对象构成一个整体，或者说用一种整体感去全面观察自己的认识对象。

"全"的边界是无限的。我们的想象力也应是无限的，不仅要把领域之内的问题想到，也要把领域之外的一些问题想到。有人将此称为"创意性过程研究"。"创意性过程研究"的本质，就是将那些看起来似乎无关的各项因素，分析类比，由远移近，并由此产生出强有力的创意性的理念。

战略理念：战略上的错误常常表现在思维上的重大遗漏上。

（四）战略思维要求之四：悟

在一本杂志上，笔者看到这样一段话："从亚马逊网上书店可以搜索到47本名为战略管理的书籍，其中大多数都是大部头，里面满是各种图表、名单和各种对策，并且向读者承诺，读过此书你就会掌握公司战略的基本知识。但是，粗粗浏览以后，就会发现他们几乎包含着相同的模型、相同的权威。其内容鲜有变化，也几乎没有任何的自我质疑。这些教材式书籍一般售价50美元左右。关于这些书有一点是毋庸置疑的，如果我们可以用50美元买到公司战略的秘密，那么，我们就不必支付给高级经理人那么高的薪酬了。如果对于公司战略的基本知识真的形成了如此一致的认同，那么，战略决策就不会如此难以制定了。"（《战略是什么》，第2页）

这段话是什么意思？它实际在告诉我们：战略的真知，来自你自己的感悟和灵活的运用，而不是来自书本上的几种固定的模式。

战略的灵魂是"活"，它要求人们根据不同的客观情况做出最恰当的决策。在现实的商业竞争中，企业家们遇到的情况不可能是一样的，做出的战略决策也不可能雷同。并且，每一个具体的经营领域有着自己特殊的规则。在现实激烈的商业竞争中，企业家不可能也来不及完全照搬战略教程上的条条框框。他们需要的是灵活变通的战略指导的理念。他们不是熟记战略教科书上的条条框框，而是依据战略理念在具体的竞争实战中自己去感悟，自己去总结。这就是东方战略所强调的"悟"。

所谓"悟"，是指产生的直觉、潜意识的悟性和灵感。东方战略特别强调"悟"，这因为战略是要把握那些深层的本质的东西，这些东西在很多方面无法用逻辑推理和量化分析完全认识它们，只能靠人们头脑中的一些超常的思维方法去洞察。作为一名真正的战略家，一定要有一种战略悟性，一定要有一种战略感觉。

理解"悟"，需要理解中国古人所讲的"玄道"。"玄道"就是体认、领会，专门认识些只可意会、不可言传的客体。在《抱朴子内篇·畅玄》中对"玄道"有过一段这样的解释："夫玄道者，得之乎内，守之者外，用之者神，忘之者器，此思玄道之要言也。得之者贵，不待黄 之威。体之者富，不须难得之货。高不可登，深不可测。乘流光，策飞景，凌六虚，贯涵溶。出乎无上，入乎无下。经乎汗漫之门，游乎窈眇之野。逍遥恍惚之中，徜徉仿佛之表。咽九华于云端，咀六气于丹霞。徘徊茫昧，翱翔希微，履略蜿虹，践跚旋玑，此得之者也。"

可见，"悟"是一种超常的思维方法。这种方法不是书本上可以学到的，它必须以丰富的经验为基础，但它又不是停留在一般的感觉经验上，而是超越了一般感觉经验，突破了惯常的思维限制。"悟"靠灵感而非逻辑，重直觉而轻论证。它超越感性经验而作抽象的把握，颇有些神秘，也颇有些模糊，然而战略决策者只要能做到使自己的直觉观察达到炉火纯青的地步，他就可能准确预测和正确决策。对此，拿破仑有同样体验。他说：一个通过别人的眼睛来看事物的人，永远不能合理地指挥一支军队。战争中的成功要靠慧眼，并在战斗中寻找决定性的时机。在奥斯特利茨会战中，我要是提前6个小时发起进攻，我就会失败。意志、性格和胆量，使得我所以成为我。可见，自我的直觉和时空的把握是拿破仑指挥的精髓。

理解中国战略思维的"悟"，需要同中国传统思维的"心"联系在一起。中国传统文化的内学，强调收放于"心"，认为"心"中所有，必有所悟。俗话说"眉头一皱，计上心来"。岳飞说过，阵而后战，兵法之常；运用之妙，存乎一心。就"心"而言，中国古人将"心"分为"本体之心"和"认识之心"。陆九渊所说的"心"，正是"本体之心"与"认识之心"的统一体。他所说的"心之体甚大"，是指"本体之心"，此"心"虚而无形，无所不在，至灵至妙，其用不穷，若能尽我之心，便与天同。本一是客观的，是超自然的，是用"心"可感觉到的，这是"心

战略理念："悟"是一种超常的思维方法，不是在书本上可以学到的，它必须以丰富的经验为基础，但它又不是停留在一般的感觉经验上，而是超越了一般感觉经验，突破了惯常的思维限制。

即宇宙"。

我们应当记住大哲学家亚里士多德的一句话："灵魂总是通过形象思考的。"

战略格言：

远离那些觊觎你财富的小人。

算计不好一世穷。

吃西北风也要到门口去吃。

奇思妙想会让你觉得满地生金。

就势取利，预见生财。

贫富只在一念之间。

在写广告时所用的句子不要超过 12 个字。

重要的事总是简单的。

公司所有的重大计划皆予以命名。

让每个人都能轻易联想到一组共同的目标。

绝不对首次出现的人事问题下判断。

不经过一夜思考绝不开除员工。

一年最多制定 3—5 个公司目标。

整数会招致讨价还价，通常会被还个整数价。带零头数更强硬与稳固，而较少讨价还价的意味。

所有的期待中要有 20% 的悲观数字在内。完成一项计划的时间要高估 20%。所期待的结果要低估 20%。

只要有 60% 的把握就可以决策。

要做事就不要怕万一，怕万一就不要做。

你不是一个超人。

唯一比敌方炮火还精确的是友军的炮火。

第九章

专

——把力量凝聚在剑锋之上

兵静则固，专一则威，争决则勇，心疑则北，力分则弱。

——《淮南子·兵略训》

专一成就唯一。

—— 一位企业家的话

力量，要在时空中分布，要在不同的条件下存在，其表现出来的基本形态是"分"与"合"（或者说"聚"与"散"）。战略在组合或运用力量过程中的各种变化，无非就是这两种基本形态的转换。所以，东方战略有这种说法：兵以分合为变。

如果能正确把握好这两种形态的变化，就能够把握好特定情况下双方力量对抗的形态，形成实际对抗过程中的我优敌劣的力量对比。这对于战略运筹尤其是在总体力量上处于劣势一方的战略运筹来说，实在是太重要了。所以，力量的"分"与"合"是战略的重要问题。力量的"分合"观，是东方战略思想的重要内容。我们常讲的"集中兵力"，就是把握力量"分"、"合"形态的一条基本的战略运用原则。中国古人将这一原则视为"专"。

"专"，讲的是"专注"、"专一"。我们要特别注意中国古人所说的"一"字。这个"一"字，形象地说明了"专"的含义，反映了用兵之道，揭示了战略在把握力量形态方面的一种具有普遍指导意义的理念。这个"一"字包含有非常深的哲理，需要用心去悟。一旦搞明白这个"一"字，便可用兵如神，收发自如。周武王问姜太公："用兵之道是什么？"姜太公说："凡兵之道莫过乎一，一者能独往独来。黄帝曰：'一者阶于道，几于神。'用之在于机，显之在于势，成之在于君。"

在东方战略中，围绕着"专"而形成的"我专敌分"的思想，是着眼于力量对比和力量转化的战略思想。这一战略思想与众不同的是，将双方力量放在一起辩证思考，从双方力量对抗过程中相对应的辩证关系中改变双方力量的对比和达成双方力量的强弱转化。这一点，可以从孙子下面的一段话中得到说明。他说："故形人而我无形，则我专而敌分。我专为一，敌分为十，是以十攻其一也，则我众敌寡。"（《孙子兵法·虚实》）

我们许多战略决策者，在自己"合"的方面做得不错，但在对敌"分"的方面做得不够；或者在对敌"分"的方面做得不错，而在对己"合"的方面做得不够。这些人并不清楚自己"备人"与别人"备己"之间的辩证关系，不会拒绝或者不敢拒绝，经常处在一种多元诱惑的困扰之中。因此，我们需要认真领会东方战略的"专"，认真领会东方战略的"分合之变"。

一、"专"属于战略组合范畴

力量的"分"与"合"，讲的是战略组合。所以说，"专"属于战略组合范畴。所谓"战略组合"，实际上是将分散的要素构成一个有机的整体。正如一位西方商战专家所说，"一个足球队不仅仅是一群娴熟球手的组合；一道菜肴不仅仅是一系列菜式的组合"。（《战略柔性》，第344页）

组合是使各要素之间发生联系并产生互动，通过这种互动产生正向的价值效益。战略上要注意观察和排列这种联系，解读并放大这些不同要素在组合时所产生或能够产生的价值信号，并将其提炼出来进行战略上的运用。

同样的资源，由于组合不同，产生的效益也不同。同样是碳原子，组合方式不同，则有金刚石与石墨的区别。从这个意义上说，战略家所追求的目的之一，就是进行有效合理的战略组合，使现有的资源和结构产生更大的能量。战略的艺术体现在组合，组合人才，组合资源，组合各种常人所不见的各种要素。在组合中产生效益，产生奇迹。组合的能力和方式反映出战略家之间水平的差异。

进行科学的战略组合，是保持竞争优势的关键。美国商战专家波特认为：在许多活动间进行战略性组合，不仅是竞争优势的关键，也是持续这项优势的根本之道。竞争对手要模仿一套环环相扣的活动，远比模仿某一特定销售做法、跟上一项制造技术，或复制产品特色要难得多。（《竞争论》，第55页）

有两位经济战略专家名叫柯利斯和蒙哥马利。他们在一篇《创造公司优势》的文章中对战略组合的问题有比较深刻的解释。他们说："在我们长达6年的对50家公司的研究中，有很多家公司的管理人员在努力奋斗来创立可行的公司战略。一些公司在建立它们的核心能力，其他公司在建立它们的公司组合，还有另一些公司在建立学习组织。每种情况下，行政人员都把精力集中在公司战略的单位组成部分上：资源、业务、组织，但它们忽视了把这些组成部分变为一个整体的洞察力。这种洞察力是公司优势的本质——是公司通过构造和协调其多种业务活动来创造价值的途径。"（《未来的战略》，第195页）他们还说："一个著名公司战略不是单个建筑石块的随机结合，而是一个相互依赖部分的精心构建的系统，它不仅是一个强有力的想法，它还积极地指导行政人员在公司开发资源上的决策，指导公司要竞争的业务，指导使一切得以实现的组织。"（《未来的战略》，第195页）

战略组合是一门艺术。在这方面中国与西方有很大的不同。东方战略强调一种感觉的、模糊的、有主观能动发挥空间的组合艺术；而西方强调实证的可操作性的组合艺术。以烹调为例，中国的艺术在于大师的临时掌握，重在火候；而西方的麦当劳是一种量化的机械性操作。同样的配料，在中国大师的手中，产生了个性。这种组合是一种更高层次的组合。是一种艺术加上科学的组合。相比之下，东方战略的艺术性更多一些。

在战略组合过程中，我们要注意把握现代经济模式中的大与小的关系，小依附于大，大包含有小，大不是铁板一块，而是小的个性组合。

在战略组合过程中，我们要确立这样一个观点：经济规模不等于规模经济。企业集团并非简单的联合，不是生产要素的随机与简单叠加，而是必须实现企业内部的优势互补，形成集团内的专业分工。其优势在于对集团内闲置的管理资源进行有效利用，通过内部贸易开发新市场，通过多样化来规避风险，通过母子公司间的交叉持股和贷款担保保证内部资本的安全，以及研究成果和其他信息资源的共享和利用。

战略组合，对战略家们提出了很高的自身素质要求，因为融合需要技术通才、系统思维以及将复杂技术转换最优化的能力。许多商战专家认为，与亚洲国家相比，美国公司融合能力较小。

战略理念：战略组合绝不是简单相加，而是有机融合。

二、我专

○集中兵力

2004 年 9 月 13 日，美国著名脱口秀节目主持人奥普拉·温弗瑞，在庆祝其节目开播 19 周年的庆典活动时，有一个非常惊人的举动。她向在场的每一位观众赠送一辆庞迪亚克新款轿车，共276辆，价值高达 800 万美元！这是一次别出心裁的销售策划，产生了不同凡响的轰动效果。这次活动的策划者说："要判断每一分钱营销经费到底对销售额起到了多大的作用很难。但是，我认为集中所有的营销经费攻打一点，肯定能够以最快的速度帮助庞迪亚克 G6 建立品牌知名度和回想度。"（《成功营销》2004 年第 11 期）

这里提到了"集中"的概念，用军事术语说就是"集中兵力"，它反映了东方战略的"专"的含义。中国古人有时也用"并力"一词来表达"集中兵力"的意思。如孙子说："兵非贵益多，唯无武进，足以并力、料敌、取人而已。"这里讲的"并力"，就是"集中兵力"。关于"集中兵力"，中国古人还有更为形象的表述。《淮南子·兵略训》说："五指之更弹，不若卷手之一至；万人之更进，不如百人为俱至也。"

"集中兵力"，是战略指导中一个基本原则。许多战略家认为，战略的深奥之处，莫过于此。毛泽东说："中国红军以弱小者的姿态出现于内战的战场，其迭挫强敌震惊世界的战绩，依赖于兵力集中使用者甚大，无论那一个大仗，都可以证明这一点。"（《毛泽东选集》第 2 卷，第 225 页）拿破仑说：何谓战争？唯一的技巧是在某个特定地点更强。在战争中，胜利属于懂得怎样在决定性的地点集中最大兵力的一方。奥地利的卡尔大公说：在兵力对比完全相等的地方不可能取得任何良好的战果。克劳塞维茨说：在数量上的优势应该看做基本原则，不论在什么地方都是应该首先和尽量争取的。即使不能取得绝对优势，也要巧妙地使用军队，以便在决定性地点上造成相对的优势。他认为集中兵力是克敌制胜的最重要而又最简单的准则，主张在决定性的地点（空间）和决定性的时机（时间）兵力集中。他说："战略上最重要而又最简单的准则是集中兵力。"（《战争论》（删节本），第 71 页）英国军事理论家利德尔·哈特说：不仅是一条原则，而且可以说所有的战争原则，都可以用一个名词来表述，这就是"集中兵力"。

为什么说"集中兵力"是战略指导中的一个基本原则，并且集中反映了战略奥秘？这要从强胜弱败的战争基本规律说起。战争对抗是力量与力量的对抗，具有力量优势的一方获胜。集中兵力，可以获得对抗状态时的力量对比的优势，或者说形成局部的优势。所以说，"集中兵力"，反映了全局与局部的辩证关系，体现出力量在特定时空条件下组合的艺术。

全局上劣势，并不等于局部的劣势，其中转换的奥秘，就反映在集中力量的战略指导艺术上。如果你的敌人比你强大，这并不可怕，你仍然有可能战胜他，这要看你能否灵活运用集中力量的原则并掌握这一高超的战略指导艺术。"以弱胜强"、"以小搏大"的战略奥秘就在这里。

集中兵力这一战略指导原则在商战中体现得十分明显。

在《成功营销》杂志 2004 年第 3 期上，有一篇文章这样写道："与其乱棒进攻不如一剑封喉。对于企业也是这样，淡季营销更需要集中力量攻击对手一处，或者据估计推广一个卖点。你知道金星暖啤吗？大多数人都不知道！金星集团针对冬天人体热量需求大的特点，开发出了金星暖啤、金星红啤、金星火锅啤等冬令啤酒。同时还针对秋冬季进补，利用现代科技制成具有特殊保健功能的保健啤酒等。这些品种要么在市场上默默无闻，要么早就停止生产了。但是反过来，如果金星集团只销售'金星暖啤'可能就会又产生一个'露露'。"

中国企业家陈天桥说：我做生意的诀窍只有两条，一是聚集，二是节奏。在现代商战领域中，有一个著名的"聚焦法则"，也称"80/20 法则"，意思是以 80％ 的精力做 20％ 的目标，则有 100％ 的收益。这里所讲的"聚集"和"聚焦"，就是集中兵力。

推行"掠夺性价格",是商战中集中力量的一种做法。多样化企业可以凭借其在规模及不同业务领域经营的优势,在单一业务领域实行低价竞争,从而取得竞争优势。企业可以将价格定在竞争对手的成本以下,而利用其他业务领域的利润对这一定价行动的损失进行交叉补偿,从而在这一时期挤垮竞争对手或迫使其退出此行业,从而为企业在此行业的长期发展创造一个良好的环境。

在理解"集中兵力"的含义时,我们要把握好以下几点:第一,力量集中在于点的聚集而不在力量的时空形态。力量的集中有多种表现形态,关键在于是否能将所有的力量集中在打击的目标上。第二,集中兵力是手段,歼灭敌人是目的。不能把手段误作目的,为集中而集中。第三,集中具有相对性,并不是把所有兵力都集中到一起。在具体对抗中,集中兵力的数量必须依据对方力量状况而定,必须以有把握歼灭敌人为原则,并非集中得越多越好。第四,要掌握"分"与"合"的辩证法,反对在集中兵力问题上的片面性。分有分的好处,合有合的好处,要根据具体情况灵活处置。例如,《李卫公问对》中说:"分不分为縻军;聚不聚为孤旅。"《兵经》中也说过:"兵重则滞而不神,兵轻则便而多利。"

战略理念:与其乱棒进攻不如一剑封喉。

○将最大的力量使用于最关键的部位

集中力量,就是抓住关键的领域、关键的时刻、关键的环节,以一种超常的魄力将自己所能掌握的最大力量压上去。以 1994 年年底 TCL 大屏幕彩电抢滩北京为例。当时北京市场已有不下 50 个彩电品牌,但经过周密研究,李东生决定采用在短时间内集中投入力量的办法启动市场。尽管 TCL 人在北京白天吃方便面,晚上睡地铺,但还是硬挤出 80 万元,在北京展开了宣传攻势。与此同时,他们想方设法说服了第一批 14 家商场,以每平方米柜台每月销售低于 5 万元则给予商场赔偿的"不平等条约",让自己的彩电摆上寸土寸金的北京商场。他们制作了特有的销售专柜,派出了训练有素的营销员,亮出了比外国名牌低 2/3 的价格,并配以凌厉的广告攻势。结果,"王牌"在北京各大商场平均每平方米专柜的销售额高达 30 万元,其销售量压倒了进口国际名牌而坐上头把交椅。"王牌"成为名副其实的王牌。

这个商战的实例告诉我们,集中兵力绝不能盲目地集中,而是有目标地集中,并且在最关键的时间和部位上集中。只有当目标明确并选准关键的时间和部位之后,我们才能做到有效的集中,才能达到预期的结果。

在具体的商战过程中,哪里是集中兵力的关键部位?这要根据不同的情况来确定。有的企业把自己的力量集中于某一购买群体上。例如,斯堪的那维亚联合航空公司(SAS)决定集中发展整个欧洲航运产业中的一个特定市场部门——经理阶层。SAS 集中了力量,形成了自己获得成功的一系列经营特色,如陆上和空中的准时、安全、个性化和舒适。为了实现在陆地上提供舒适服务的目标,SAS 还开发了一系列项目,在一些欧洲和美洲城市的SAS 宾馆就可以直接订座。另外,SAS 拥有一支供租用的车队,由豪华轿车、直升机和普通小汽车组成,用于从市中心接送乘客到机场。他们在机场还备有适当装饰、供乘客使用的特殊房间。还有的企业把自己的力量集中于某一产品上。例如,佳能、理光公司将力量集中于小型普通纸复印机上,从而向施乐公司提出了强有力的挑战。还有的企业把自己的力量集中于某一销售渠道上。例如,在链锯业中,斯蒂尔公司专门通过提供服务的经销商来控制买方,以此成功地对付了霍姆·赖特和麦克库罗奇公司。还有的企业把力量集中于某一特定市场上。例如,耐克公司在运动鞋上先集中力量占领部分高价市场,然后利用这部分市场的声誉向下扩展自己的产品系列，并对阿迪达斯公司发起攻击。

在确定集中力量的关键部位时，我们要有一个"点"的概念。在实际的商战中，你只有根据不同的情况，把自己的力量聚焦于某一"点"上，才能一举达到决定性的结果。

我们可以把这个"点"视为整个对抗过程中的某一次行动或者某一个时机。正如克劳塞维茨所说："我们要阐明的准则是：一切用于某一战略目的的现有兵力应该同时使用，而且越是把一切兵力集中用于一次行动和一个时刻就越好。"（《战争论》（删节本），第73页）

我们可以把这个"点"视为整体市场的一个狭窄部分。剑桥大学的商战教程特别强调：集中战略的企业，应当选择一个产业里的一个部分或一些细分市场，使其战略适合于为这部分市场服务而不顾及其他。企业通过完善适合其目标市场的战略，谋求在它并不拥有全面竞争优势的目标市场上取得竞争优势。有的专家称这种狭窄部分为"目标细分市场"。这种市场可以地域方面的独特性来界定，可以按照使用产品的专业化要求来界定，也可以按照只吸引小市场块的特殊产品属性来界定。依照专家们的结论，这种"目标细分市场"应当具有以下战略要求：第一，目标虽小但有足够的市场容量，可以赢利；第二，具有很好的成长潜力；第三，不是主要竞争厂商的成功的关键空间；第四，自身拥有适应这种小市场的资源和能力；第五，有良好的顾客信誉。

我们可以把这个"点"视为企业整体产业链条中的一个"重点"。《蓝海战略》一书的作者强调：每一项伟大战略都有其重点，而企业的战略轮廓，或价值曲线，应该清晰地显示出来。看看西南航空公司的战略轮廓，我们就马上能够明白，该公司只强调三个元素：友好的服务、速度、频繁的点对点直航的起飞班次。西南航空公司按照这样的准则突出重点，比照汽车运输的费用为机票定价。它在旅行用餐、商务舱候机室和座位选择上不做过多投资。相反，西南航空公司在航空业中的传统竞争对手们，都在这些产业竞争元素上大力投入，在价格上也就越发难以与西南航空公司匹敌。这些公司投资过于分散，被竞争对手的行动牵着鼻子走，结果导致了高成本结构。（参见《蓝海战略》，第44页）

○ 无所不备，则无所不寡

《孙子兵法》在论述"我专敌分"的战略原则时说过这样一段话："无所不备，则无所不寡。寡者，备人者也；众者，使人备己者也。"这段话的意思是：你什么都要去防备的话，你的兵力必然分散，你所有的地方的兵力都会薄弱。你为什么兵力多，是因为你让别人到处防备你，你为什么兵力少，是因为你到处在防备别人。

美国商战专家麦克内利在理解《孙子兵法》这段话时说："平均分配资源以使你的组织中的每一个部分的功能都达到'世界水平'是在浪费资源。世界上没有一个公司有足够的资源来这么干。要记住，想让每一个地方都强大就意味着没有一个地方强大。"（《经理人的六项战略修炼——孙子兵法与竞争的学问》，第37页）美国西南航空公司的克莱尔把四面出击到处铺摊子的做法称为"游击战"，认为它根本无法取得战略性的胜利。他主张集中力量，稳扎稳打，看准一个市场后就全力投入进去，直至彻底占领该市场。卡洛斯在改造日产公司过程中有一项重要战略措施是：出售所有的对未来发展并不是必不可少的资产。这样，日产公司就可以最大限度地将力量集中起来。

用商战的话来说，"平均分配资源"也就是"成本均摊"。有的商战教程指出，在很多情况下，领先者被挑战者取代的罪魁祸首就是成本均摊。对此，领先者需要采取的战略对策是：要根据

战略理念：集中兵力绝不能盲目地集中，而是有目标地集中，并且在最关键的时间和部位上集中。只有当目标明确并选准关键的时间和部位之后，我们才能做到有效的集中，才能达到预期的结果。

不同的产品和客户群体对自己的成本进行分析，如果分摊成本确实有必要，那么就要尽力避免把成本分摊给快速增长且易受攻击的细分市场。根据不同细分市场的需要提供不同的服务，并相应制定不同的价格。这正是《孙子兵法》的"无所不备，则无所不寡"战略思想在现代商战中的具体体现。

《孙子兵法》的这一思想对我们现代商战的现实指导意义还突出表现在企业多元化经营战略操作方面。许多优秀的企业家，都非常清楚这样的道理：盲目的多元化经营，容易使自己的力量分散。海尔老总张瑞敏把1984年到1991年这7年时间叫做海尔的"名牌战略阶段"。在这段时间里，海尔集中力量只做冰箱。到1991年，海尔冰箱产量突破30万台，产值突破5亿元。在当时全国100多家冰箱企业，海尔做到了产品无积压，销售无降价，企业无三角债，并入选为"中国十大驰名商标"。1992年起，海尔开始"多元化发展阶段"。如今，海尔产品有58个系列，9200多种，许多产品市场占有率在全国名列前茅。张瑞敏说：海尔将来肯定要进入多种经营姿态，但是我们一定保持两个原则：一是把自己最熟悉的产业做大做好做强，在这个前提下进入与这个行业相关的产品的经营。二是我们从不讲"东方不亮西方亮"。我们的原则是进入一个新行业，做到一定规模之后，一定要做到这个行业的前三名。与其搞一大批中不溜儿的企业，不如搞三四家最大的。

小天鹅公司也坚持"无所不备，则无所不寡"的集中兵力原则，明确了"以洗为主"的同心多元化发展战略，力求在自己最熟悉的领域，逐步利用本身的优势和核心能力，先把主业做大做好，然后再以拳头产品带动洗碗机、干衣机、干洗机等相关产品的发展。这样做的结果，小天鹅在比较窄的领域里做成大规模，以比较小的风险获得大发展，以比较小的投资求得大回报。

为什么许多企业在多元化经营中产生盲目性，导致了经营的失败？这里面有许多战略认识上的问题：一是没有认识到国外一些大企业集团之所以采取多元化经营战略，是因为他们有着雄厚的资金基础，并且其主导产业也已经发展到相当的规模受到了反垄断制约，而不得不横向发展。二是没有认识到许多国外大企业集团在多元化经营战略定位上只担当投资运作机构的角色，而不负责经营，与其说他们实行"多元化经营"，不如说是"多元化投资"。三是没有认识到"不把鸡蛋放在一个篮子"里，会导致"一个手提多个篮子"，并且要投资"多买篮子"，这样做并不保险也并不划算。四是没有认识到"隔行如隔山"，在没有充分准备的情况下，跨领域经营极容易导致决策失误。五是没有认识到并购行为特别是无关联多元化中的并购行为，会使企业的分支机构迅速增多，管理链条加长，管理工作难度加大，管理负荷过重，从而导致管理质量下降。

依照《孙子兵法》"无所不备，则无所不寡"的战略原则，我们在多元化经营战略中要"有所备"，还要"有所不备"，这具体表现在"多样性"与"专业性"关系的处理上。我们需要注意到商战中这样一种现象：购买你绝大多数产品的往往只有少数的顾客，你绝大部分的收入往往来自少数的产品。这些顾客和产品正是你要关注的地方，正是你要"有所备"的地方。所以，许多商战专家认识到，无论从成本效率还是从竞争优势的角度看，那些专注于特定顾客和产业而避免产品和顾客群盲目扩展的专攻型竞争者会获得成功。与规模更大的更强有力的对手相比，规模相对较小的专业化竞争者经常能制定低价格，同时获得高利润。

做到《孙子兵法》所说的"无所不备，则无所不寡"，其中很重要的一点是：要学会拒绝。什么都想要，什么都得不到。真正的战略家，不仅善于获取，同时还必须善于拒绝和放弃。正如孙子所说："途有所不由，军有所不击，城有所不攻，地有所不争。"（《孙子兵法·九变》）这样才能最大限度地集力于一点，并力于一向。

○如何凝聚和控制自身的力量

记得沃玛特的总裁说过这样一句话："单单一个人对荣耀的追求起不了什么大的作用。在沃玛特，我们所做的每一件事情都可以产生这样的效果：即把我们所有人都团结起来为着一个共同的目标而努力。"这句话与《孙子兵法》所说的"故善用兵者，携手若使一人"完全是一个意思。这两句话都反映了东方战略"专"的思想，涉及了东方战略中关于如何凝聚和控制自身力量的一个问题。我们下面就这个问题作一些探讨。

在商战教程中有这样一则寓言故事，说到鱼、虾、天鹅三个好朋友发现了一辆装满食物的车子，于是想把它拖走，但费了很大的力气没有拖动，原因是他们三人施力的方向不一样。这个寓言故事告诉我们，凝聚和控制自己的力量，并不只是将力量集中于某一空间，也包括力量协调一致的意思，也就是强调力量的"整体性"和"一体化"。我们只有将各个单元要素的施力方向趋于一致，才能形成合力。这就是《孙子兵法》所说的"故善用兵者，譬如率然。率然者，常山之蛇也。击其首则尾至，击其尾则首至，击其中则首尾俱至"。

如何有效并且无形地凝聚和控制自身的力量，是一门高深的战略学问，中国古代战略家们对此有过许多论述。概括起来说，主要是"恩"与"威"两个字。《尉缭子》这部兵书也将这两个字说成是"爱"与"威"，意思相同。《尉缭子》这本书说道："爱在下顺，威在上立，爱故不二，威故不犯。故善将者，爱与威而已。"《司马法》中有一段与此相关的表述："王霸之所以治诸侯者六：以土地形诸侯，以政令平诸侯，以礼信亲诸侯，以礼力说诸侯，以谋人维诸侯，以兵革服诸侯。同患同利以合诸侯，比小事大以各诸侯。"这段话的意思就是：王霸治理诸侯的办法有六种：用调整封地的大小来控制诸侯，用政策法令约束诸侯，用礼仪诚信亲近诸侯，用馈赠财物悦服诸侯，用有智谋的人去扶持诸侯，用强大的军队慑服诸侯。还要以共同的利害来使诸侯联合起来，大国亲近小国，小国尊敬大国，和睦相处。

凝聚和控制自身的力量，要善于把握力量在时空中变化的规律，处理好内线与外线、速战与持久的关系，"以最大的兵力和最快的速度到达那里"。后面这句带引号的话，是美国大西洋理事会主席安德鲁·J. 古德帕斯特在美陆军学院、海军学院和美陆军协会联合举行的学术讨论会上所讲的。这句话并不是他的创造，而是从美国内战时期的内森·内德福德·福里斯特那里引出来的有名的古训。

要想把自身的力量最大限度和最快速度地集中起来，必须解决好"目标集中"的问题。在《成功营销》杂志2005年第3期有一篇文章谈道：一个好男人对所有的女人都好，所有女人都会说这个男人是坏蛋；一个男人对一个女人好的时候，别的女人就要说看看人家那个好男人。这个举例形象说明了"目标集中"的重要性。有的商战战略教程对这个问题作出了理论分析并指出：同时朝几个方向发展可能具有一定诱惑力，也比较时髦，但是这样做将会有缺乏业务核心和分散精力的危险。因为将公司的精力集中在一个市场机会之上而没有取得市场竞争成功的公司很少，但是，想要追求的东西太多做得很差的公司却很多。要想对公司的管理者有一定的价值，公司的战略目标界定必须具有足够的狭窄度，从而可以具体地确定公司的兴趣真正所在。（《战略管理》第十版，第36页）

大量商战的实践表明，一家企业如果把自己的经营目标定义过宽，就会模糊自己的经营主线，导致自身力量的分散。例如，一个自称是"交通运输的企业"，就很难把握自己的经营主线，这因为"交通运输"包括了"城市交通"、"空中运输"、"水上运输"，等等，其用户的范围相当广泛，如个人、家庭、企业、机关单位等，并且，其产品范围也相当广泛，如汽车、火车、轮船、飞机等。所以，专家们十分明确地指出，这种宽范围的变量可以形成无数个组合，产生出无数条共同经营的主线，使企业无所适从，无法将自身的力量最大限度和最快速度地集中起来。

在有形地凝聚和控制自身力量方面，需要有一套有效的控制与管理方法，而这些方法又与先进的控制与管理体制相联系。这方面的论述很多，我们可以从一些控制科学和管理科学的著作得到启迪。

战略理念：以最大的兵力和最快的速度到达那里。

○精确使用你的资源

集中兵力不只是一个力量分配的问题，还是一个力量精确使用的问题。集中兵力，说到底，就是强调更加精确和有效地使用自己有限的资源，以获取最为满意的战果。

这使笔者想起以色列农业技术中的滴灌技术。以色列是一个非常干旱缺水的地区，所以，以色列的农民为了最大限度地节省水资源，使用了一种滴灌的设备。这种设备可以根据植物的需要及时供给它需要的水分，不会少也不会多。这种浇灌的方法，并不像传统农业那样实施大面积浇灌，而是采取以"滴"输送，使宝贵的水资源得到最充分的利用。就商战而言，这种滴灌的方法会给我们在集中使用资源方面以重要的启示：精确地使用你的有限资源，在很多情况下，精确就是最有效的集中。

在现代商战中，精确地使用资源，首要表现对市场的适应方面，也就是说，要根据市场的需求提供对路的产品，不能少但也不要多。目前，许多企业提出了"时基竞争"的概念，采取了柔性生产技术和弹性生产流程。这种技术和流程减少了装配时间和半成品存量，降低间接劳动成本 5—10 倍，使企业有限的资源得到了有效精确的使用。同时，柔性生产技术和弹性生产流程能够使多产品竞争者大大降低产品扩展的加工成本，解决生产规模与产品复杂性之间的矛盾。许多商战专家还看到，弹性生产的作用还不只是限于降低制造成本和加速资金周转，它还突出表现在市场营销上。弹性生产技术能够保证生产的厂家在越来越短的周期里提供更多的产品种类，能够让分销商的存货减少，能够让客户准时得到符合自己意愿的产品。这种"柔性"和"弹性"的生产，非常类似于我们上面所说的"滴灌"，它不是盲目地和粗略地提供资源，而是根据市场的需要灵活和适时地提供资源，从而表现出一种资源使用的"柔性"和"弹性"。

这就是东方战略强调的"柔性"。东方战略特别强调"柔形似水"，强调"守柔守弱"。东方战略的"柔"，不仅包含有力量使用的"屈伸之利"，不仅包含有力量使用的"分合之变"，还包含有力量使用的"精确有效"等多方面的深刻含义。我们能够从东方战略关于"柔"的理念之中，领悟到集中并精确使用资源的诀窍。

精确使用资源，突出表现在对市场需要的适应性上，而这种适应性，不仅仅表现在自身生产流程的应变能力的改造上，还表现在自身生产能力的及时动员的程度上。许多企业战略家都认识到：在准确预测的基础上，企业要根据市场的需要提前准备好自己的生产能力。在他们看来，及时扩充生产能力的问题，是一个战略上应当认真考虑的问题，是一项关系企业生死存亡的重大问题。大量的商战实践表明，企业如果过早扩充生产能力，就会增加额外的成本，徒劳无益；如果生产能力扩充得晚了，就会失去战机，丢失市场。

有的商战专家分析道：生产能力不足的现象经常发生有其必然性，因为要在很长的一段时间里保有闲置的生产能力代价相当大，即使预计到所在产业将有增长，也不是每个生产商都会认为增加投资、扩大生产能力是正确的选择。这就会使我们在使用资源时缺少"柔性"，缺少适应性，缺少精确性。我们会由于害怕浪费资源而走向了另外一个极端：忽视生产能力是限制市场份额扩展最直接的因素，不善于随着市场增长而及时提高你的生产能力，从而导致大量市场份额流失。

就这个问题而言，我们应当认识到，精确使用资源，不仅仅表现在针对市场客户需求的精确性上，还表现在针对市场变化时间的精确性上，也就是说，我们使用资源的"柔性"，不仅表现在对消费目标的需求满足上，还要表现在市场形势变化的时机把握上，既不能"多"也不能"少"，既不能"早"也不能"晚"。

> 战略理念：不能盲目地和粗略地提供资源，而是根据市场的需要灵活和适时地提供资源，要使你的力量最精确地集中于目标上，要使你在资源使用上表现出一种"柔性"和"弹性"。

三、敌分

力量对比是相对。在双方力量对抗的过程中，力量的"专"与"分"，也是相对而言的。我"专"而敌不"分"，不能达到真正的"我专"；相反，"敌分"则"我专"，分散敌人的力量，也等于是集中了自己的力量，形成了对抗状态下的或局部的力量对比优势。所以，《淮南子·兵略训》说："故能分人之兵，疑人之心，则锱铢有余；不能分人之兵，疑人之心，则数倍不足。"

实现"敌分"，关键一条是如何依照自己的意图调动敌人，这也是东方战略中所讲的"动敌"问题。在战略上，掌握自己的力量易，而调动对方的力量难，而这恰恰表现战略家战略艺术的造诣。

如何分敌之力。孙子有详细的论述。他说："是故屈诸侯者以害，役诸侯者以业，趋诸侯者以利。"孙子还说："故善动敌者，形之，敌必从之。予之，敌必取之。以利动之，以本待之。"（《孙子兵法·兵势》）他还说："能使敌人自至者，利之也；能使敌人不得至者，害之也。故敌佚能劳之，饱能饥之，安能动之。"（《孙子兵法·虚实》）

理解孙子以上的论述并不困难，关键要把握住"利"与"害"两个字。这两个字与上面所讲的"恩"、"威"两个字的基本含义是相通的，都是反映了人类社会的一个基本的规律，即"趋利避害"。对抗的一方，是不能够直接调动对方力量的，但可以间接地调动对方的力量，这就要通过"晓之以利"或"示之以害"的方式来进行。这因为，对方是根据自己的利害得失来确定自己力量调动的方向和方式。中国历史上这方面的事例很多。例如，秦国献商於六百里地，破坏齐楚联盟；孙膑围魏救赵，按照自己的意图调动了对方的力量。这里面包含有利用矛盾、制造矛盾、转移矛盾、转化矛盾等战略技巧。在调动对方力量方面，除了示害分敌之力之外，还包括击害分敌之力，这就是东方战略所说的"攻其所必救"。正如孙子所说："故我欲战，敌虽高垒深沟，不得不与我战者，攻其所必救也。"（《孙子兵法·虚实》）

趋利也好，避害也好，要成功地实现"敌分"，必须要关注"形"字，这是因为，"利"或者是"害"是通过"形"而显现的。

首先，要后敌而动，隐己形，而显敌形，见敌之形后，再确定动敌之策。就像《淮南子·兵略训》所说的"后则能应先"。"敌先我动，则是见其形也"，"形见则胜可制也"。"视其所为，因与之化；观其邪正，以制其命；饵之以所欲，以疲其足，彼若有间，急填其隙。极其变而束之，尽其节而扑之。"

其次，要掌握示形的艺术。分敌之兵，要造成敌人视形不明，按现在的话说就是信息不明，从而导致敌人不得不多处防备，分散敌人的兵力。孙子说："吾所与战之地不可知，不可知，则敌所备者多，敌所备者多，则吾所与战者，寡矣。故备前则后寡，备后则前寡，备左则右寡，备右则左寡。无所不备，则无所不寡。寡者，备人者也，众者，使人备己者也。"（《孙子兵法·虚实》）换一个角度来看，如果敌人信息不明，便处于一种力量无法聚集或不知向何处聚集的"分"的状态，敌虽众，也不必忧虑。对此，孙子也有过论述："故知战之地，知战之日，则可千里而会战。不知战地，不知战日，则左不能救右，右不能救左，前不能救后，后不能救前，而况远者数十里，近者数里乎！以吾度之，越人之兵虽多，亦奚益于胜哉？故曰：胜可为也。敌虽众，可使无斗。"（《孙子兵法·虚实》）

调动和分散敌人，要讲求一个"顺"字，即"践墨随敌"，"乘其所之"。这是因为，只有"顺"着对方所想、所求或者所虑的方向走，才能使对方按照你所示的利害去考虑他的利害，才能将你所示的"形"认为是他的正确判断，这样，对方在按照你的要求做出判断之后，其力量才能按照你的意愿进行调动，正如孙子所说的那样，"我不欲战，虽画地而守之，敌不得与我战者，乘其所之也"。"能因敌变化者，谓之神"。在这些论述中，还包含着利用敌人的矛盾和猜疑去分散敌人的意思。

综观许多战争和竞争的实例，我们战胜对手，大多在对手出现失误的时候。在商战中，如何造成并利用对手的失误，应当成为我们的战略手段之一，应当成为我们跳出单纯的企业竞争规律，从更大的战略范围专门研究的一个问题。

战略理念：要能够以最快的速度捕捉到对手的失误，并最大限度地利用它。

四、扬长避短

有一本著名的经营杂志报道说：俞尧昌的格兰仕是"中国制造"理论的支持者和倡导者。当国内企业为手里没有核心技术陷入苦恼，纷纷投巨资加大自己的研发力度时，格兰仕大胆提出要做"全球家电制造中心"，将战略目标锁定在低附加值的长线型、成熟性产业，并迅猛做大、做强。俞尧昌看到，在欧美等发达国家，要生产微波炉、电饭煲、电风扇等低附加值产品，其劳动力成本居高不下，因此格兰仕能够利用国内劳动力成本相对低的优势，发展自己，实现自己的战略目标。

我国生产空调的著名企业格力公司也看到了这一点。公司的决策者认为，国外大公司不容易搞出价位很低的产品，因为他们西方的人力成本实在太高了。我们中国企业在这方面的优势可以说是世界独有的。

就战略而言，这是一个认识和发挥自身优势的问题，是一个"扬长避短"的问题。

扬长避短，用耶鲁大学教授柯利斯的话说，"就是利用对于单个业务竞争优势重要的关键资源。这是公司战略的核心"。（《未来的战略》，第 201 页）许多商战专家认识到：一个公司的战略必须适合它的资源能力——既要考虑公司的强势，又要考虑公司的弱势。如果公司所追逐的战略计划被公司的弱势破坏，或者该战略计划不可能得到很好的执行，那么，公司这样做就不免显得有些固执和愚昧了。一般说来，公司的管理者应该将其战略建立在充分挖掘和利用公司的最有价值的资源之上，要避免将公司的战略建立在那些很弱或没有确切能力的领域之上。（《战略管理》第十版，第121页）

美国著名企业家郭士纳在1993年接管IBM公司时面临极大的困境，按照他的描述，"公司好像被吸进了一个死亡旋涡。能否把它拉出来，我心里也没底"。他决定挑战当时业内的流行观点，扬长避短，将战略重心压在大型主机和服务业务上，突出自己的强项，不与对手硬拼，使公司起死回生。

如何才能扬长避短？用东方战略理论来分析，这属于"专"的范畴，需要对"专"与"分"、"长"与"短"作辩证的分析。

"我专"而"敌分"，不仅表现在数量上，而且表现在质量上；不仅表现在"形"在时空中的组合状态上，而且表现在力量内部"长"与"短"的"扬"与"避"上。自己不能够扬长避短，不能算真正的"我专"；不能阻止对手扬长避短，不能算真正的"敌分"。所谓"专"，除了在数量上集中自己的力量之外，还要集我之所"长"；所谓"分"，除了在数量上分散对方的力量之外，还要扬敌之所"短"。

什么才是我之"长"？什么才是敌之"短"？这并不是一种简单的数量对比的计算问题，而是要认真分析双方力量诸要素的属性，寻找到那些能够彼此相容相克的重要因素。所谓的我之"长"，就是那些能够最有效化解对方某些要素的要素，而对方的这些要素则是他的"短"。关于这个意思，有句古语解释得非常形象，即"金火相守则流，火木相得则炎"。（《投笔肤谈·物略》）

在力量对比过程中分析双方的"长"与"短"有非常大的辩证性。往往在一些人看来是"短"的方面，有时在对付"长"的时候，并不是"短"而是"长"。笔者用一个历史典故来说明这个意思。南唐有一名很有学问的人名叫徐铉。他奉命到宋朝谈判。按照惯例，宋朝应派一名使节去将他迎来。究竟派谁去呢？徐铉的学问太高，宋朝很难找出能够与他抗衡的人。在众官为难之时，宋太祖发话说：找十名不识字的人，列出名单呈上来。众官不解，但照此做了。宋太祖在名单上随便勾了一个人，便说：就派他去。这个人接到徐铉后，与其同行赶路。一路上，徐铉高谈阔论，滔滔不绝，而这个人支支吾吾，所答非问。结果，徐铉自己感到无趣，话越来越少了。用史书上的话说，这是"以愚困智"。（《智囊补》，第6页）

"长"与"短"是有条件的，或者说，一方力量的所"长"或所"短"，只有在一定的条件下才能显现。譬如，一支部队擅长于山地作战，那么，它只有在山地条件下才能展示其所"长"。所以，在扬长避短的问题上，战略指导上非常重要的一条，就是创造有利于发挥自己所"长"的条件，改变有利对方发挥所"长"的条件，通过条件的变化实现"我专敌分"。引敌至无用之地，使敌丧失作战能力，是一种改变条件实现"敌分"的策略。笔者记得一个有趣的例子，这是抗日战争时期的事情。在一次战斗中，我方军队挖了一条一人多高的堑壕。在我防御的时候，士兵每人带一条凳子进入堑壕，站在凳子上射击。日军攻来时，这些士兵带上凳子后撤了。日军士兵不知堑壕深浅，纷纷跳了下去，结果爬不上来，也无法举枪射击。我方士兵趁机杀了一个回马枪，抓了许多日军俘虏。

做到扬长避短，就可以实现一种体现在"质"的方面的无形的"我专敌分"。在以往的战争中，弱小的军队击败强大的军队，有时是通过集中兵力形成局部优势的有形的"我专敌分"的方式进行的，有时则利用特定的条件通过扬长避短的无形的"我专敌分"的方式进行的。关于后一种方式，具体展开说，在力量数量或对比形态上处于劣势的一方，能够战胜对方，就是采取各种方法扬长避短，在特定的条件下改变了敌"高"我"低"的不利力量对比。也就是说，采取扬长避短达成"我专敌分"的一方，从表面上或从数量上看处于劣势，但实际上或者说在质量上并不是弱者。

"扬长避短"与"避实击虚"的战略原则有着紧密的联系。俗话说，尺有所短，寸有所长。在现代商战中，高明的战略家善于在对手的"实"处找"虚"，或者说在对手的"长处"中寻找"短处"，因为这种"虚"是对手无法避开和弥补的"虚"。当你攻击对手这一"虚"处时，对手会处在一种"投鼠忌器"的无法还手的被动境地。

美国西南航空公司在一些强大航空公司"实"中寻找"虚"处，发现了自己的生存和发展的空间，这就是短途的经济型的航空客运服务。他们的目标客户群是那些在意安全、时间和价格而不太在意其他服务的乘客。他们使用二流机场，拆除头等舱，简化中间程序，减少乘务员，不提供用餐等，尽可能地减少了不必要的成本，使其机票价格非常便宜，还不到其他航空公司的1/2。他们通过这些做法占据属于自己的那部分特定的市场，并且其他航空公司无法放弃自己原有的优势而效仿他们，反击他们。

战略理念：将自己的战略重心压在自己的优势资源之上，突出自己的强项，避开自己的短项。

五、敢于拒绝

在2006年3月的《证券市场周刊》杂志上，刊登了该杂志主编方泉的两篇卷首语，题目是"华丽的转身"和"转身的华丽"。这两篇文章依据经济学中"沉默成本"原理，深刻分析了股民投资的心理，指出要敢于按照实际情况做出果断的决策，该放弃的要放弃，该出手时要出手。在这两篇文章中，方泉主编是这样说的："挽回错误的最有效的方式是终止错误，忘掉已经为错误付出的代价，寻找新的机会。现实决策中又有多少人敢于将已付出的代价界定为沉没成本呢？'华丽的转身'，因为'转身'才'华丽'，因为'华丽'才难以'转身'，但'华丽'背后的辛酸又有多少人愿意和能够承受呢？"他还说："果断'转身'之时至少拥有了设计未来、把握未来的先机。所谓'退一步海阔天空'，所谓'塞翁失马，焉知非福'，所谓'否极泰来'……这些古训仅仅是失败者自慰的麻醉剂吗？""'华丽的转身'，以再也无能为力的'华丽'的代价辛酸并最终理性地'转身'，便有了可能重铸'华丽'的先机和主动。而付出的'华丽'教训总会转化为有益的经验。"

方主编的这些论述让笔者联想到《孙子兵法》中的一句名言，即"途有所不由，军有所不击，城有所不攻，地有所不争"。这句话讲的意思是：不要去走那些不应该再走的路，不要去攻击那些不值得去攻击的军队，不要去占领那些不值得去占领的城市，不要去争夺那些不值得去争夺的地区。这就是东方战略所强调的一个非常重要的思想：敢于和善于拒绝。在战略学中，这属于一个统帅决策的"战略定力"问题。

在"止兵五利"中，孙子实际上已经告诉了我们如何"知九变之术"。这就是要善于根据当时情况改变自己原有的计划，调整自己的思维定式，按照自己的目标灵活应对出现的各种情况，明确自己该做或不该做的事情。在孙子看来，用兵作战，导致将帅固执死板的最大诱因就是"诱惑"。所以，要学会拒绝，不该争的，不该要的，不该占的，坚决放弃。这一点很重要，我们日常生活大量的经验和教训都可证明，许多失误常常是由于贪图或不愿放弃一些小利而造成的。

我专敌分，扬长避短，就要求战略家学会拒绝各种诱惑。实际上，企业家们经常在不知不觉之中被诱惑引入歧途。他们不知道自己面临的危险，反而还将其视有新意的举措并陶醉于其中。波特说：领导人的工作就是，教导组织内的其他人发展战略，同时对诱惑说不。基于战略思考，选择哪些该做，哪些不该做，其实同样重要。领导的另一项重要功能是设定限制。因此，企业发展战略时，固然要决定把哪些客户群、产品或需求视为目标，但是决定不要哪些顾客、需求或哪些特色与服务，同样也很重要。（《竞争论》，第65页）

在一本商战的书中有这样一段关于美国西南航空公司的描述：每年这家公司都会收到上千封投诉信，说他这个服务不好，那个服务没有，不方便。但是，这家老总每年年初都发一封信，信中写道：首先，感谢你搭乘我们西南航空公司的班机。但是，本公司没有计划提供你所需要的这些服务，如果你需要这些服务的话，我们非常高兴你搭乘其他航空公司的班机。如果将来有朝一日你不再需要这些服务，我们更欢迎你回来成为我们公司的客户。这封信意味着什么？意味着一个优秀的企业敢于向非目标客户群体说"不"，要能够做到有所为有所不为。这个实例告诉我们：你要向你的目标客户群体提供最好的最恰当的服务，而不是也不可能向所有客户提供这种服务，要想面面俱到，结果是处处受制，处处见肘，这就是孙子所说的"无所不备，则无所不寡"。

前巨人集团总裁史玉柱对这个问题有深刻的体会。他在总结自己失败的教训时说：中国民营企业面临最大的挑战不是发现机会的能力，而是能不能经得起诱惑。民营企业一定要注意在经营项目上的专业化，唯有在一个领域内的精通和优秀，企业才能得到更好的发展。（参见《人力资本》2000年第10期）

香港凤凰卫视主持人吴小莉在《人力资本》2005年第4期的

一篇文章中说：一位传媒同人说过一句话，"一个人围着一件事转，最后全世界可能都围着你转；一个人围着全世界转，最后全世界可能都会抛弃你。"人的成长，其实就是从简到繁，再由繁到简的过程。年轻的时候，总会想有更多的尝试，恨不能抓住每个机会，吸收更多的东西。等到人慢慢成熟了，知道一个人的精力终归有限，虽心有不甘，但力所不逮，必须学会做减法。比如工作，如果想把一件事情做通透，你必须聚集精力放在这个着力点上，坚定不移，心无旁骛。笔者觉得做减法的过程更不容易。现实工作和生活中，难免会有各种近期效益更明显地诱惑，这时候，人很容易患得患失，所以必须追问自己到底要什么，怎样才能跟梦想靠得更近。放弃，也是为了另一种坚持。人生有梦，但筑梦要踏实，一步一个脚印。能知道要什么，能够做到什么，不可能做到什么，就很不错。

> 战略理论：要知道哪些是你该要的，哪些是你不该要的，要对那些你不该要的东西坚决说"不"，要对那些有极大诱惑力的东西坚决说"不"。

战略格言：

君子和而不同。

生意场上绝不可让自己处于孤立状态，要学会组建自己坚不可摧的团体。

与人维持互惠互利的合作关系。

我们不会为了喝牛奶而去买一头牛。

把所有的鸡蛋都装进一个篮子里，然后看好那个篮子。

第十章

度
——善剑者，不偏不倚

中庸者，不偏不倚，无过不及，而常行之理，

乃天命所当然，精微之极至也。

——朱熹

在一本名叫《财智人物》的书中有这样一段论述："比如中庸之道，不偏不倚。我们过去认为中庸之道好像就是不得罪人、老好人、温暾水，实际上我们圣人当时的理念和我们现在的理解都是应该把握好度。我们应该用市场经济的原则来理解中庸之道。比如说我们讲多元化的时候，应该考虑我们自己的能力，自己的长处；我们考虑要快速发展的时候，应该同时考虑这种风险，保持一定的速度。"（《财智人物》，第 240 页）

这段话中谈到了东方战略的"度"，谈到了东方战略的"中庸之道"。在战略上，这是一个对抗双方激烈较量中如何持度守衡的问题。我们下面将深入地探讨这一问题。

"度"，作为东方战略的一个重要范畴，反映了一种如何在战略对抗中保持平衡、保持稳定的重要思想，体现了战略对抗过程中的对立统一规律；它能够使战略统帅在调动战略资源和选择战略时机时做到"恰到好处"，形成最佳的力量部署，达到最大的战略效益。它既是"常行之理"，又"精微极至"，前者强调了把握"度"的必要性，后者则强调了把握"度"的难度。事实也是如此，"度"在战略实践中既非常重要却又非常难以把握，无论在利用条件方面，还是运用力量方面，既不能不及，也不能过之，尤其在对抗的关键时刻，更不能有丝毫的差错。

我们从战略上理解"度"，必须在事物的对立统一关系中来理解，就是说，事物的对立双方都存在量变，而这种量变不仅导致自身的质变，更重要的是双方量变的互动中导致整个事物的质变。决策者需要从是否要求整个事物质变的出发点去把握住双方量变的对比点，而这个对比点就是我们战略上所说的"度"。也可以这样说，所谓战略上的"度"，就是战略决策者所寻求的事物对立统一关系的最佳点，这个"点"深刻反映了事物对立双方的辩证关系以及量变促成质变的辩证关系。

理解到这一点还不够，"度"还指事物外部条件对事物对立双方量变的促成度。这就要求战略决策者在调动战略资源和运用战略力量时，要把握住外部条件的变化。这些外部条件有时间和空间的，也有精神和物质的，还有其他方面的。形象地说，"度"的这层意思，类似于中国老百姓所讲的"火候"，把握"度"就是把握"火候"，"不到火候不揭锅"。

无为而治，是中国传统"守度"战略思想的最好体现。按照这种方式去做，我们可以随时随地处在一种最佳的最和谐的"度"的位置上。

真理走过一步，就是谬误。依据战略教科书上的"对"与"错"来确定实际的战略走向，是非常危险的。战略上的正确性，不是来自逻辑，而是来自实际中对"度"的把握。这就是为什么说战略是艺术的道理所在。

我们许多战略决策者，在资源配置、力量部署、战略定位、示形造势等方面，常常把握不住重心，处于失衡的状态。在战略运筹中，要么过于集中，要么过于分散；要么出手过早，要么出手过晚；要么过于张扬，要么过于低调。因此，我们需要深刻领会东方战略的"度"。

一、崇尚"中庸"

老子曾有这样一句名言："多言数穷，不如守中。"(《老子·五章》)通俗一点讲，这句话的意思是，说得再多，说来说去，不如守住一个"中"字。而这个"中"字，就是最佳的"度"。

实际上，中国战略的"度"的核心就是这个"中"字，这里面有着非常深奥的辩证法思想，深刻反映了中国哲学的"中庸"思想。因此，深刻理解中国战略的"度"，还有必要了解中国哲学的"中庸"思想，尤其是其中的"执中"思想。

中国古人对"中庸"有过明确的解释，即"不偏之谓中，不倚之谓庸。中者，天下之正道。庸者，天下之定理"。"中庸者，不偏不倚，无过不及，而常行之理，乃天命所当然，精微之极至也。"(《中国哲学辞典大全》，章政通主编，世界图书出版公司1989年版)应当说，这两个解释对"中庸"思想表述得比较清楚，即"中庸"就是"不偏不倚"，"无过不及"。中国战略特别强调不可偏执。孙子说："故将有五危，必死可杀，必生可虏，忿速可侮，廉洁可辱，爱民可烦。凡此五者，将之过也，用兵之灾也。"(《孙子兵法·九变》)在具体的战略指导上，做到不可偏执，就要充分留有余地，不可把事做满。如冯梦龙所说："处在局内的人，常留有一块余地，就会退进在我。这是处事的良策。"(《智囊补》，第174页)

在有关"度"的问题上，我们要注意的是"中庸"里有关"中"的思想。据有关资料考证，中国最早期的"中"思想，反映在尧在给舜传授统治术的时候。当时，尧对舜说了四个字，"允执其中"(《尧曰》)。这四个字得到后来孔子的推崇,并对其作过具体的阐释。他说:"吾有知乎哉?无知也。有鄙夫问于我,空空如也,我叩其两端而竭焉。"(《子罕》)这句话的意思是说,"中"是什么?是个很"空"很抽象的东西,很难说清楚,它是不及和过头两个极端之间的一个适中的地方。把握"中",需要首先把握住两个极端,然后再由两个极端向中间去寻找。这样,我们才有可能做到不偏不倚,既不太过,又无不及。从表面上看,这并不复杂,但说起来容易做起来却很难,在实践中很少有人能够把"中"理解和把握得很到位,这因为,在人的本性中有一种追求极端的自然倾向,往往在处理一些事情上不是太过就是不及。中国古人特别注意到了这一点,在《易传》和《老子》等书中都说"太过"是"大恶"。

战略理念:依据战略教科书上的"对"与"错"来确定实际的战略走向,是非常危险的。战略上的正确性,不是来自逻辑,而是来自实际中对"度"的把握。

(一)"中"与"和"

在中国古代的"中庸"思想中,"中"与"和"是紧密联系在一起的。"中"是对事物规律性的认识和把握,而"和"则是所要追求的目的,体现了"中"之"用"。所以,中国古代经常将"中"与"和"联在一起使用,称谓"中和"。对此,《中庸》一书有这样的解释:"喜怒哀乐之未发,谓之中;发而皆中节,谓之和。中也者,天下之大本也;和也者,天下之达道也。致中和,天地位焉,万物育焉"。"中"与"和"之间具有非常深刻的辩证关系。只有把握住"中",才能达到"和"。从哲学的对立统一关系上讲,只有把握住对立双方的最佳接触点,才能实现统一。从国际关系理论上讲,只有把握住国家间的共同利益,才能实现国家间的合作。

接下来又会产生一个问题,为什么把握住"中",才能达到"和"?这要从中国古人关于"和"与"同"的辩证思想谈起,而这一思想也是"中庸"思想的重要组成部分。对此，冯友兰有过精辟的论述："和是调和不同以达到和谐的统一。"《左传》昭公二十年记载了晏子的一段话，其中区分了"和"与"同"。他说："和，如羹焉。水，火，醯，醢，盐，梅，以烹鱼肉"，由这些作料产生了一种新的滋味，它既不只是醯（醋）的味，也不只是醢（酱）的味。另外，同，"若以水济水"，"若以琴瑟之专一"，没有产生任何新的东西。同，与异是不相容的。和与异不是不相容的，相反，只有几种异合在一起形成统一时才有和。但是要达到和，合在一起的各种异都要按适当的比例，这就是中。所以中的作用是达到和。一个组织得很好的社会，是一个和谐的统一，在其中，各种才能、各种职业的人都有适当的位置，发挥适当的作用，人人都同样地感到满意，彼此没有冲突。正如《中庸》所说："万物并育而不相害，道并行而不相悖……此天地之所以为大也。"（《第三十章》）这种和，若不只是包括人类社会，而且弥漫全宇宙，就叫做"太和"。易乾卦《彖辞》说："大哉乾元！……保合太和，乃利贞。"（《中国哲学简史》，第205页）

关于对"和"与"同"的认识，我们还要特别注意孔子说过的一段话。他说，"君子和而不同，小人同而不和"。（《子路》）这段话对我们从战略上把握"中和"思想有很大的帮助。这里，孔子谈到了两个不同的对象，涉及两种不同的对立统一关系，具有两种不同"中和"含义。就战略而言，对于同盟者，要求同存异；对于敌对者，要执异寻同。对于前者，是统一前提下的对立；对于后者，是对立前提下的统一。针对这两种不同的对象，具有两种性质完全不同的"中和"要求，因而需要战略上采取两种性质完全不同的"中和"对策。

战略理念：以中求和，和而不同。

（二）恰到好处

"度"的核心是一个"中"字，强调的标准是既不能过，也不能不及。在具体的战略实践中，我们把握"度"，很难去精确地量化"太过"的一端，或者去精确地量化"不及"的另一端，而是从整体上迅速把握住两端中间的最佳点。这种整体上迅速把握的能力，取决于战略决策者的素质，来自他的一种战略上整体和谐的灵感，也就是说，他所做出的战略决策和采取的战略行动，从整体上看非常得体，在整体结构上非常到位，与周围各要素的联系也非常顺畅和简捷，形成了一种既不能多一分也不能少一分的整体完美感。这种完美感，用我们现在的话说，就是"恰到好处"。

冯友兰在解释《易经》时具体地阐述了这一点。他说："事物若要臻于完善，若要保住完善状态，它的运行就必须在恰当的地位，恰当的限度，恰当的时间。《易》的卦辞、爻辞，把这种恰当叫做'正'、'中'。"（《中国哲学简史》，第 202 页）

笔者还想借用一个大家熟悉的其他方面的历史故事来说明这一战略要义。在中国历史上，有一位名叫宋玉的人曾经这样描写过一位美女："增之一分则太长，减之一分则太短，著粉则太白，施朱则太赤。"（《登徒子好色赋》，《文选》，卷一九）这位美女无论从她的身材还是她的容颜上看，都符合了中国古人所说的"中"的要求，长得"恰到好处"。

战略理念：不要想在理论上为"度"设计一个量化的标准，它是一个反映在战略艺术上的动态把握的标准，这个标准就是"恰到好处"。

（三）顺其自然

对于"守度"来说，"恰到好处"是一种要求，而"顺其自然"则是一种更高的要求。这里所说的"自然"，也就是古书《兵经》中所说的"自"字。该书在解释这个字时说："性无所不含，狃于事而出，久则因任自然。故善兵者，所见无非兵，所谈无非略，所治无非行间之变化。是以事变之来，不得安排计较，无非协畅于全经。天自然，故运行；地自然，故专凝；兵自然，故无有不胜。是以善用兵者。欲其自然而得之于心也。诗曰：左之右之，无不宜之；右之左之，无不有之。"

"顺其自然"，是一种和谐，是一种中国古人所追求的"天人合一"、"身心合一"更高层次的和谐，正如老子所说："人法地，地法天，天法道，道法自然。"（《老子·二十五章》）达到了这种和谐，自然也就把握好了自身与周围各种相关要素的"度"，自然就会处于一种最为"适中"的位置和状态。当然，在别人看来，这种把握，是没有任何人为的做作的痕迹，没有显示出任何刻意的趋向，一切都好像是客观使然，一切都在情理之中。理解这个问题，我们还需要与"庸"字联系在一起。"庸"讲的是自然平常的意思。中国古人将"中"与"庸"联系在一起，并不是简单的文字叠加，而是有着深刻的寓意。应当说，顺其自然地"守度"，这是一种很高的战略境界，是孙子"善战者，无智名，无勇功"所要求的战略素质在另外一种形式上的体现。达到了这样的境界，具备了这样的素质，战略决策者的"守度"则变得举重若轻，游刃有余。

在营销中，我们非常强调对顾客的态度，奉顾客为上帝，这没有错。但是，如果把握不好度，盲目地信奉"顾客是上帝"，也会在营销中带来相反的效果。顾客是由不同人组成的，并非人人都是上帝，用同一种标准和同一种态度对待所有人，是一种机械的做法。营销者不仅表现出对顾客的关爱，同时也要保持自己的尊严。上帝与平民也是平等的。如果没有尊严，不会受到顾客的尊重，也就难以获得顾客的信任。在许多商场，我们经常会遇到销售人员过分的热情，使你感到非常别扭。还是顺其自然点好。正如孙子所说，"爱民，可烦也"。

战略理念：没有人为的做作，没有刻意的显示，一切都是客观使然，一切都在情理之中。

二、不走极端

商战中，我们在设定目标时，要掌握一个度，不能把对手逼得太急了，防止对手做出孤注一掷的非理性举动，避免困兽之斗。这就是孙子讲过的"围师必阙"。麦克内利在理解孙子这一思想之后谈道：在任何进攻之前，你必须要考虑好这一问题。完全地、公开地击败你的竞争对手是必要的甚至是值得的吗？如果竞争对手的高级管理人员知道他们是在为生存而不是为几个百分点的市场份额而战，故而会本能地拼命战斗不是很符合逻辑吗？（《经理人的六项战略修炼——孙子兵法与竞争的学问》，第107页）

在《财智人物》一书中有一段话这样评价香港富华国际集团的董事长陈丽华："由地产发家的陈丽华从不贪大求多，一向以步步为营、稳健投资著称。""她的富华集团经营理念与众不同，总是干好一个再干一个。"

这两个例子告诉我们：在认识"度"的时候，在把握"中"的时候，要记住一个重要的战略道理——"不走极端"。

东方战略家们关于"度"、"中"的态度，就是强调不要片面，不要偏激，不要太趋向和执著于某一端。这种不偏不倚，表现出非常全面而又灵活。这种不偏不倚，需要很高的战略素养才能理解和掌握，否则，就会导致一种机械性的认识和行为。对于这一点，冯友兰曾有过深刻的论述。他说："中"的观念在《中庸》里充分发展了。"中"很像亚里士多德的"黄金中道"的观点。有人可能把它理解为做事不要彻底，这就完全错了。"中"的真正含义是既不太过，又不不及。

在现实中，很精确地把握"度"是困难的，这要有一种技巧，有一种弹性。更准确地说，我们在"过之"和"不及"两端把握的中间位置，不是一个"点"，而是一个"段"，有一定的幅度和范围。只有这样，我们"守度"，才能围绕"中"的最佳位置保持一种灵活性，才能恰到好处，顺其自然。

做到这一点，则需要我们采取一种"无可无不可"的态度，做什么事情不可过于"执著"，以免走向极端。对此，中国思想家们有过专门的论述。孔子说："虞仲、夷逸，隐居放言，身中清，废中权。我则异于是，无可无不可。"（《微子》）他认为虞仲、夷逸这些人，过着隐居缄默的生活，保持清高的节操，退隐得合乎时机，这当然也好。但他自己却不然，而要根据具体情况采取更为灵活的态度，即所谓"无可无不可"。孔子还说："质胜文则野，文胜质则史，文质彬彬，然后君子。"（《雍也》）"毋意，毋必，毋固，毋我。"（《子罕》）孟子对孔子的这一思想大加称道，说这是"可以仕则仕，可以止则止，可以久则久，可以速则速"。（《公孙丑上》）

所谓"中"，就是强调该进的时候要进，该退的时候要退。范蠡辅佐越王勾践灭吴，是很好地把握住强弱转化的"度"的典型事例。范蠡是越王勾践的主要谋士，也是一位对于赢缩转化之度极有体会的战略大师。他曾经有一段关于用兵的名言：古之善用兵者，赢缩以为常，四时以为纪，无过天极，究数而止。天道皇皇，日月以为常。明者以为法，微者则是行。阳至而阴，阴至而阳，日困而还，月盈而匡。意思是：古代善于用兵的人，以天地的赢缩作为法则，以四时的推移作为纲纪。不能过了天道的限度，到适度的地方便停止。天道是十分盛大的，日月的运行就是其中的法则。公开行事者以此为法，秘密行事者依此而行。阳到了尽头就是阴，阴到了尽头就是阳。太阳到了尽头又会从东边出来，月亮满了就会开始亏损。

所谓"中"，要求人们在战略上追求长远，而在战术上着眼现实，不要有不切实际的奢求。老子曾经说："知足不辱，知止不殆，可以长久"，又说："祸莫大于不知足"，"富贵而骄，自遗其咎；功遂身退，天之道"。其中的精微之处，都在一个"度"字。

所谓"中"，要在走向极端的倾向中，加上某种相反的东西。冯友兰还说："'易传'和《老子》一样认为，要取得胜利，就一定要注意不要过分地胜利；要避免丧失某物，就一定要在此物中补充一些与它相反的东西。所以《系辞传·下》说：'危者，安其位者也。亡者，保其存者也。乱者，有其治者也。是故君子安而不忘危，存而不忘亡，治而不忘乱，是以身安而国家可保也。'"（《中国哲学简史》，第 203—204 页）

○适时结束行动

在有利或者不利的情况下迅速结束行动，这将会使你避免走上极端，避免出现不可控制的局面，这实际也是一个战略上把握"度"的问题。按照中国的俗话说，就是"见好就收"。

美国前参联会主席鲍威尔在其回忆录中有一段话，对我们理解"结束行动"很有帮助。他说："战争开始前，我的一名参谋给了我一本由弗雷德·伊克尔所著的题为《每场战争总得有个结束》的书。我曾同伊克尔共过事，当时他是负责政策事务的国防部副部长。伊克尔写道，战争是一种需要极其全神贯注的事业，因此在战争开始后，政府可能会把结束它的事给忘了。正如他所述：'因此可能发生这样的事，即军事领导人在巧妙地规划其复杂的军事行动和协调复杂的机动作战的同时，却令人难以理解地认识不到，决定他们的计划在多大程度上符合国家利益的是战争结局，而不是战争中各次战役的结局。与此同时，资深政治家们可能不愿意将这些精心筹划的战役同结束战争的某些明确的主张联

> 战略理念：正确再往前走一步，就是错误；胜利再往前走一步，就是失败。

系起来．'"（《我的美国之路》，第581页）

在这个问题上，我们要注意分析克劳塞维茨的"顶点"理论。他说："有的战略进攻能直接导致讲和，但这种情况极为罕见，大多数战略进攻只能进行到它的力量还足以进行防御以等待讲和的那个时刻为止。超过这一时刻就会发生剧变，就会遭到还击，这种还击的力量通常比进攻者的进攻力量大得多。我们把这个时刻叫做进攻的顶点。"（《战争论》（删节本），第140页）

战略理念：该出手时就出手，该收手时就收手。

三、保持平衡

战略决策者用动态的眼光而不是静态的眼光注视着周围的各种联系，随着情况的变化而不断地调整"度"的"刻度"，保持自己的重心，保持自己的平衡，始终使自己处在最佳的位置上，就像骑手和冲浪者一样。

从这个意义上看，"守度"也就是"持衡"。无论在自然界，还是在社会领域，如何"持衡"，这一问题带有普遍性的学问和艺术，它对包括人类在内的万事万物有一种内在规律性的要求，反映了我们前面所讲的"道"的某种要义。如何"持衡"，在战略对抗中则更为重要，它关系到战略的重心和战略的稳定。因此说，"守度"具有多重目的性，既要达成"中和"，也要实现"持衡"。

这需要与中国古人所讲的一个"空"字联系起来看。这就是孔子谈"中"时所说的"空"，具有某种抽象的含义。在谈到"持衡"的问题时，《投笔肤谈》的作者还特别说明，这里所讲的"持衡"，是根据一句"鉴空衡平"的古语而来的。这里所讲的"空"，是指一种自然而然的定位，它不是有形的而是无形的，不是固定的而是随机应变的，它表现出主观与客观高度的统一。关于这种"无形"和"机变"，在《投笔肤淡》的《持衡》篇还专门谈道："然此特论其形与机变耳，攻守实要于无形也。攻者攻其心，守者守其气，则不滞于形，而神于机变，此持衡之至要也。"

"度"与"衡"是两个紧密联系的范畴。"衡"在中国古代是指马车上的横木，还包括用秤称东西的意思。按照现在的解释，"衡"也就是我们平常所说的"平衡"。这个概念在辞书上也有两种解释：一种是"对立的各方面在数量或质量上相等或相抵"；另一种是"两个或两个以上的力作用于一个物体上，各个力相互抵消，使物体呈相对的静止状态"。"衡"离不开"度"。这从常理上不难理解，保持平衡，无论是使"数量与质量相等或相抵"，还是将"各个力相互抵消"，都需要把握住"度"，既把握住量变的限度，同时还要把握住对立双方力量接触时的相互作用点。

马陵之战，孙膑的战场指挥非常成功，其实战前齐国"阴结韩之亲，晚承魏之弊"的战略"守衡"策略同样是十分高明的。《战国策·齐策一》记载：公元前342年，魏国派兵攻打韩国，南梁告急，韩向齐国求救。齐威王召集大臣筹谋策划，问大臣们说："援救韩国，究竟是早出兵有利，还是晚行动有利？"张丐说："晚出兵，韩国战败就会投向魏国一边，不如早出兵。"陈臣思不同意张丐的意见，说："早出兵并非上策。目前韩、魏鏖战方酣，尚未兵疲力竭，我若出兵援韩，是齐代替韩同魏打仗，不但付出代价太大，力量削弱后还要听从韩的摆布。魏军这次作战，志在破韩，若韩一旦面临灭亡，必然还会求救于齐，不如先暗地里与韩结好，待魏的力量耗尽之后，韩不能支持下去的时候，再乘虚攻魏。这样不仅可以争得战场上的胜利，而且还能够加重我国在中原诸国中的实力地位，一举而名利兼得。"齐王听了十分赞同，于是私下答应了韩国使者的请求，同时却又按兵不动。韩国自以为有了齐国的帮助，信心倍增，一连五次向魏军发动反攻，但连战略理念：战略的艺术体现在力量格局"平衡"与"失衡"的把握上。

连受挫，于是又向齐求救。齐国看到韩、魏消耗得都差不多了，便出兵攻魏，在马陵大破魏军。魏破韩弱，两国之君都只能向齐国臣服。

现代国际关系理论中有一种"力量均衡"理论，实际上就是依据"度"的思路提出来的。

四、保持战略重心

如何保持自己的战略重心，这是一个战略上如何"持度守衡"的问题，再进一步说，这是一个战略稳定性的问题。这种稳定性在商战中也表现为一种自己竞争能力和竞争模式的持久性。剑桥大学的战略教程，专门论述过这种持久性，并认为一些公司的成本优势在很大程度上来源于规模和专有技术，而这两者都是最为持久的。这本教程同时强调：就像自然界的许多现象一样，保持稳定性和持久性，必须保持好重心。如何保持战略重心，这是我们战略研究与实施中的一个不可忽视的重要问题。

在现代商战中，战略重心通常表现在哪些地方？

在笔者看来，战略重心在市场空间表现为竞争的焦点和关系全局的部位，也就是某些商战教程中提到的"市场重点"。有的商战教程也将其称为"战略性局部市场"。所谓"战略性局部市场"，指的是企业可以获得竞争优势并加以利用的那部分市场。战略性局部市场完全是从竞争性差异的角度来界定的。专家们认为，"战略性局部市场是战略的关键，因为市场竞争是它的参照系。如果规模较小的竞争者控制了各个战略性局部市场，那么行业最大的竞争者必将无利可图。决定赢利水平的，正是竞争者在战略性局部市场中所占的市场份额，而不是公司的规模"。（《公司战略

透视》，第 176 页）

我们如果从商战领域的价值链中去看，战略重心就是那些真正创造价值的"战略环节"。在一个企业具有众多的创造价值的活动中，并不是每一个环节都能创造价值，企业所创造的价值，实际上来自企业在活动中的某些特定环节，这些真正创造价值的经营活动，就是企业价值的"战略环节"。企业在竞争中的优势，说到底是企业在某些特定的战略环节上的优势。我们通常会发现，对待钱的问题上，有的企业家重点在"入口"上做文章，考虑如何多赚钱；有的企业家重点在"出口"上做文章，考虑如何攒钱。这两类企业在价值链上考虑的位置不同，因而其企业运营的战略重心也不同，同时也反映出企业家在重大决策上战略素质的高低。

我们如果从力量的构成与分布上去看，战略重心就是我们常说的"核心能力"。根据帕汉拉德和哈默的定义，"核心能力"是"组织中的积累性学识，特别是关于如何协调不同的生产技能和有机结合多种技术流的学识"。所以，核心能力是某一组织内部一系列互补的技能和知识的结合，这种结合可以使企业的业务具有独特的竞争优势。核心能力理论的主要观点是：与企业外部条件相比，企业内部条件对于企业的市场竞争优势具有决定性作用；企业内部能力、资源和知识的积累，是企业获得超额收益和保持企业竞争优势的关键。

波特的一段论述有助于我们发现和掌握战略重心。他说："大多数大公司内部，都有一个独特的核心。要把这个特质找出来，企业必须回答下列问题：公司的产品或服务中，哪些最具有独特性？公司的客户群中哪些是对公司最满意的？哪些顾客、销售渠道或采购机会的获利性最佳？公司的价值链中，哪些活动的差异性和效益最高？这些独特性，会因时间而渐渐地被掩盖，必须将这些掩盖去除，才能发掘支撑企业的战略定位。"（《竞争论》，第

60 页）

　　在现代商战中，我们如何保持自己的战略重心？

　　保持战略重心，必须投资于核心能力。正如夏普公司的高级行政主管阿莎达描述其公司战略所说的那样："我们投资于将在未来成为该公司核心的技术，像核原子一样，这类技术应在很多产品具有扩大自己的爆炸性能量。"实际上，夏普公司的战略主要依赖于其共有技术活动的广泛而又复杂的协调。所以，公司一直保持了 1500 多人的职员队伍。（参见《未来的战略》，第 208 页）

　　保持战略重心，必须充分保护和不断开发其核心能力，并围绕核心能力与相关资源发展新的业务，为企业创造新的竞争空间。例如，佳能公司的核心能力体现在镜片系统和镭射引擎方面。该公司一直致力于开发这种核心能力，保证公司长远的发展和战略重心的稳定。再如，英国壳牌公司的规划主管马歇认为，公司要避免核心能力的"腐蚀、转移、模仿"，以确保有足够的利润能保持核心能力再生，否则核心能力将可能因时间而贬值、因被模仿而降低优势、因环境改变而落伍。

　　保持战略重心，需要保持一种动态的平衡。

> 战略理念：一位优秀的战略家，一定要知道自己的战略重心在哪里，知道如何保持自己的战略重心，以求得一种长期的战略稳定性。

五、掌握节奏

　　商战竞争有"张"也有"弛"。"张"体现于力量的发挥；"弛"体现于力量的积聚。"张"体现于竞争的动荡；"弛"体现于竞争的平缓。战略家对两者的把握，就是对"度"的把握，展示了商战竞争的节奏感。

　　有的商战专家提醒说：一味地追求成长对战略是非常危险的。企业的发展要有张有弛，通过以屈求伸，保持必要的战略弹性。

在商战中，淡季是"弛"的阶段，但有的企业会利用淡季，使自己企业的竞争有张有弛。有的专家分析道：在淡季，如果企业把淡季营销的目标锁定在经销商的流动资金和仓储能力上，使产品能够占据经销商的流动资金和仓库，那么在市场回升时，自然就抢占了市场的先机，并给其他竞争产品快速进入设置了壁垒，因为任何一个经销商的资金和库存都是有限的。

有战略素养的企业，往往表现出能够实施连续作战的能力，表现出一种关键时期的快节奏。有的战略教科书指出，一家公司要保持开始所赢得的竞争优势，它就必须在采取进攻性的战略性行动之后采取下一步的进攻性行动和防御性行动。在获利阶段就应该为下一轮的战略行动做好准备，一旦竞争对手采取行动来削弱公司的竞争优势，公司的必要资源早已到位。如果公司不先竞争对手一步，接连采取一系列进攻性和防御性措施和行动，来保护公司的市场地位和维持购买者的偏好，那么，它的市场优势就会蚀失。（《战略管理》第十版，第177页）

战略理念：要追求战略上的节奏感，就突出表现在战略运作过程中轻重、缓急的"度"上。

六、把握战略转折点

所谓"战略转折点"，是指竞争发生实质性变化的那个节点，这也是我们考虑战略"持度守衡"问题时必须把握好的一个节点。

在商战中，战略转折点表现得也特别明显。在某些情况下，公司的内部结构或者它所在的环境会发生巨大变化，这些变化往往会改变公司的未来前景，要求公司对自己的发展方向和战略重心进行大幅度的修订——英特尔的总裁格罗夫把这种情况就叫做"战略转折点"。我们如果把握不住这个战略转折点，我们的战略就会失度失衡，我们的企业发展就会导致失败。

格罗夫在 20 世纪 80 年代中期遭遇到一次战略转折点。当时，计算机存储片是英特尔的主要业务，而日本的制造商为了控制这方面的业务，与英特尔公司进行了激烈的价格战。为应对挑战，英特尔公司研究了许多战略方案，如建立巨大的存储芯片生产工厂，以克服日本生产商的成本优势；投资研究、开发出更加高级的存储芯片；放弃一些竞争激烈的市场，撤退到日本生产商并不感兴趣的一些小市场上去。

最后，格罗夫认为，所有这些战略选择都不能为公司带来很好的前景。最好的解决办法是放弃存储芯片业务——尽管这块业务占英特尔公司收入的 70%。然后，英特尔将全部能力用于开发专供个人计算机使用的微处理器。这是一次重大的战略转折。英特尔公司为此在 1986 年承担了 1.73 亿美元的账面价值注销，但却找到了使公司能够长久稳定的战略重心，使公司获得了新的生机。公司成为个人计算机行业微处理器的最主要的供应商，成为推动个人计算机技术前进的一个无可争辩的领导者。英特尔公司成为美国 1996 年赢利最大的五家公司之一，营业收入达到 208 亿美元，税后利润为 52 亿美元。今天，85% 的个人电脑都贴有"Intel Inside"的标签。

格罗夫深有体会地谈道："我们直截了当地说吧，如果放任自流，战略转折点能够置人于死地。那些由于经历了转折点的变化而开始衰退的企业，很少能够重获当年的昌盛。然而，战略转折点不总是一条导向灾难之路。当企业发展的方向改变时，对那些善于使用新方法经营企业的玩家会有用武之地。对新手来说也好，对已有的业主也好，战略转折点都可能意味着一个新的发展机会。你可以是战略转折点的承受者，也可以是它的引发者。我在英特尔公司就曾身兼此二职。"

格罗夫用"10 倍速变化"来形容战略转折点的到来。他说：

"当企业中的某一部分发生了重大的变化,超过了企业惯常能够承担的程度时,成败就在此一举了。我把这类剧变叫做'10倍速变化',意为该因素在短期内势力增至原来的10倍。面临这种变化的时候,要想管理企业简直难于上青天。从前的管理手段无一奏效,我们失去了对企业的控制,而且不知如何重新控制它。最终,在工业中将达到一个新的平衡。一些企业强盛起来,另外一些则衰败下去。没有人会事先为你敲响警钟,提醒你已经站在转变的边缘。这是一个渐变的过程。各因素的力量悄悄地积聚,并开始改变企业的特性。"(《战略管理》第十版,第38页)

战略理念:在战略转折点上重新确定你的战略重心,将战略转折点带来的挑战变为你的机遇。

第十一章

奇

——剑走偏锋

凡战者，以正合，以奇胜。

——《孙子兵法》

"奇"，是东方战略的一个重要范畴。出奇制胜，是东方战略的一个重要思想。提到"奇"，似乎并不难理解，通常是指"稀有"、"罕见"、"怪异"等方面的意思。但细细琢磨起来，尤其是从战略角度分析和研究，"奇"字有着深层的含义，反映着某种规律性的东西，体现了东方战略强调的某种超越常规和"反者道之用"的制胜理念。"奇"字有着一种超凡脱俗的魅力，在艺术上表现了一种美，在战略艺术上也表现了一种美。战略艺术上的这种美，是一种挥洒自如的驭力之美，是一种化险为夷的智慧之美。中国历史上有许多以奇取胜的战例，使人拍案叫绝，赞叹不已。"奇"字包含有无穷无尽的制胜诀窍，能够为你创造出各种各样的制胜良机，尤其对于对抗中的弱小一方来说，它更是由被动转为主动的"一字真言"。而这个"奇"字，只有在东方战略中才能得到正确和全面的解读。

现代商战环境，突出了"用奇"的作用，并为企业提供了"用奇"的条件。有人形象地描述了现代商战"用奇"情景："恰逢一个越来越重视人的尊严、快乐和品质的被称作'信息革命'的时代，有人试图通过违反常规的策划、否定传统的理论，以及不断令人眼花缭乱、目瞪口呆的行动，重新定义企业的本质与价值。"

为什么"出奇"能够"制胜"？这是因为，力量是物质因素与精神因素的统一体，是主观要素与客观要素的统一体。力量作为客观的存在物，它自己是不会动的，需要决策者和指挥者来调动，它的作用方向是由人的主观意志所确定的。"出其不意"就是影响力量的主观要素，通过影响决策者的判断和决心，使其力量难以发挥作用或者向错误的方向发挥作用，从而使敌我双方力量对比和由此形成的对抗态势发生有利于我的变化，最后获得胜利。从另一个方面来看，力量的存在不等于力量的作用。也就是说，没有准备好的力量，只是存在的力量，而不是实际对抗中的力量。这种没有准备的力量在实际对抗中是不堪一击的。"出其不意"能够捕捉或创造打击这种力量的机会，使出其不意者稳操胜券。关于这个道理，孙子有明确的表述。他说："兵之情主速，乘人之不及，由不虞之道，攻其所不戒也。"（《孙子兵法·九地》）

　　我们有许多战略决策者，只知道"正"不知道"奇"，或者只知道"奇"不知道"正"，更不清楚"不奇无不奇"或"无正无不正"中的战略奥秘。他们的战略要么是死拼硬打无神奇巧妙可言，要么是神游无边无沉静稳重可言。他们不知道也不能够在无穷的奇正之变中寻找新的制胜途径，创造新的克敌之策。因此，我们需要认真领会东方战略的"奇正之辨"。

一、"奇"与"正"

　　正确把握"奇"的含义，必须与"正"联系在一起来思考。这因为，"奇"与"正"是一对不可分割的对立统一范畴。没有"奇"也就没有"正"；没有"正"也就没有"奇"。"正"的意思是指"正面"、"阳面"、"守常"（即合乎常规），那么，与"正"相反的意思就是"奇"。理解了"正"的意思，自然也会准确把握住"奇"的意思，并且，从这种对比中加以理解和把握，能够进入更深的层次。所以，中国古人在谈到"奇"或"正"的时候，往往将两者联系在一起论述。

在把握"奇"与"正"的关系时，我们要注意到"奇"与"正"的不同作用。只有把握住这两者的个性，才能把握住这两者的联系。世界万物的辩证法原理表明，只有包括对立的统一才是真正的统一，只有包括个性的整体才是真正的整体。中国古代战略家对此有许多论述。例如，孙子说的"凡战者，以正合，以奇胜"（《孙子兵法·势篇》）。还有老子说的"以正治国，以奇用兵，以无事取天下"（《老子·五十七章》）。这里是说，在治理国家时用"正"，这体现在与民众的关系上；在捍卫国家时用"奇"，这体现在与侵犯者的关系上。

美国著名的商战专家麦克利内在学习《孙子兵法》之后谈到了"奇"与"正"的关系。他引用了第二次世界大战中苏德战场上斯大林格勒战役的事例，并指出：苏军利用正面进攻吸引了德军的注意，然后用间接进攻结果了他们。他们了解敌人对斯大林格勒志在必得的心态，并利用这种心态把德军引入了陷阱。当他们的对手集中精力对付正面进攻时，苏军在德军的侧翼以一场间接的进攻在这个陷阱上增添了致命的一击，获得了全面的胜利。

在战略实践中，"奇"与"正"是密切联系在一起的。离开了"奇"，无所谓"正"，也不能产生和展现出"正"；离开了"正"，也无所谓"奇"，也不能出"奇"，如刘勰在《定势篇》中所说的"执正以驭奇"。在中国古代兵书《握奇发微》中有一段话比较清楚地讲述了这一道理："知阵者之于战也，以正合，以奇胜。有正无奇，正而非正。有奇无正，奇而非奇。奇则出之以正，奇亦正也；正而出之以奇，正变奇也。奇正之道，虚实而已矣，虚实之道，握机而已矣。"这段话的意思是说，凡知道用兵战略的人，都寻求以"正"求合，以"奇"制胜。只有"正"而没有"奇"，"正"就不是真正的"正"。只有"奇"而没有"正"，"奇"也不是真正的"奇"。以正常的方式出"奇"，"奇"实际上是"正"；以奇特的方式出"正"，"正"也就变成了"奇"。奇正的道理实际表现在虚实上，虚实的道理实际表现在把握机遇上。在大量的战略运用实例中，我们也可以发现这样一些现象：当把"奇"显示出来之后，或者说被人们知道之后，"奇"也就不"奇"了，就变成"正"了，这就是东方战略所说的"奇示之后而谓之正"。还有，在人们都认为应当以奇特方式处理事情的时候，决策者却以正常的方式处理事情，也会达到出奇制胜的效果，这就是东方战略所说的"以正制正而为之奇"。

笔者举一个例子来说明"以正制正而为之奇"的战略道理。在抗日战争时期，八路军在一个名叫七亘村的地方成功地伏击了日军的运输部队。三天之后，八路军原来的地方再次设伏。照常理讲，这是违背"战胜不复"的作战理论的，但是结果却大获成功，又歼灭日军三百多人。原因是什么？日军认为八路军在七亘村设伏后的数日内绝不会还在原地重复设伏，因而没有丝毫戒备，中了八路军的圈套。这里的制胜道理就是正确把握住了"奇"与"正"的辩证关系。原来的伏击行动是"奇"，伏击任务完成后，"奇"则变成了"正"，这就是"奇则出之以正，奇亦正也"；接下来，用这个敌人已经知道的伏击行动再去伏击敌人，则产生了使敌防不胜防的"奇"的效果，这就是"以正制正而为之奇"。

在正确把握"奇"与"正"的关系上，东方战略尤其强调"奇正皆得"。在东方战略家们看来，只有"正"而无"奇"，不能有效地攻击敌人，不能获得战果；只有"奇"而无"正"，不能掌握事物的本体和本质，也不能有效合理地达成战略目的。这两者都是不可取的。李靖在回答李世民时说："凡将正而无奇，则守将也；奇而无正，则斗将也；奇正皆得，国之辅也。"（《李卫公问对·卷上》）因此说，东方战略的"奇"，绝不是单纯孤立的"奇"，而是在"奇正皆得"之后产生的"奇"。

　　从东方战略原理的更深层次上看，"奇"无所谓"奇"，真正的"奇"体现在一种没有奇正界线的"无不奇"亦"无不正"的境界之内。这个"奇"就活了，就有了神韵。在《李卫公问对》中李世民与李靖的一段对话中，谈到了这个意思。李世民问："分合为变者，奇正安在？"李靖说："善用兵者，无不正，无不奇，使敌莫测，故正亦胜，奇亦胜。三军之士，止知其胜，莫知其所以胜，非变而能通，安能至是哉。"高明之"奇"，行于自然，果于不见；常中隐于不常，大事于不露之中。

战略理念：凡战者，以正合，以奇胜。

二、兵以诈立

　　在战略运筹的过程中，"奇"与"诈"有着密切联系。"奇"是一种客观现象，是一种实际结果；而"诈"是一种影响对方主观意志的策略和方法。前者除了在超常状态下自然形成之外，在很多情况下要依靠后者来实现。高明的战略家，有时运用一些超常的做法形成"奇"，也有时运用"诈"针对对方主观意志制造某种超常效果，出其不意，出奇制胜。从这个意义上说，"诈"是一种主动的造"奇"战略艺术，它能够主动地造成一种出其不意的效果。

　　东方战略强调"诈"。孙子曾明确提出"兵者，诡道也"；"兵以诈立"。也就是说，用兵就必须从"诈"讲起，否则，用兵就只是缺乏智慧力量的机械碰撞。从中国古代战略家们对"诈"

的解释来看，"诈"包括有许多内容，如发出错误信息、抛出顺详敌意的诱饵、采取一些疑兵的措施、干扰对方判断和决心，等等。在东方战略史上，用"诈"的实例则更多，可以说俯拾即是。尽管如此，"诈"的实质和目的却只有一个，就是出其不意，出奇制胜。

"诈"表现在东方战略有关"误敌"的一些思想中。所谓"误敌"就是制造各种假象，欺骗和蒙蔽敌人。在《李卫公问对》一书中记载了这样的一段对话。李世民问李靖道：朕观千章万句，不出乎"多方以误之"一句而已。李靖考虑很长时间后说：诚如圣语。大凡用兵若敌人不误，则我师安能克哉。《兵经》一书也有过类似论述："克敌之要，非徒以力制，乃以术误之也。或用我误法以误之，或因其自误而误之。误其恃，误其利，误其拙，误其智，亦误其变。虚挑实取，彼悟而我使误，彼误而我能悟。故善用兵者，误人不为人误。"

克劳塞维茨说："诡诈是以隐蔽自己的企图作为前提的，因此它是同直率、无所隐讳的，即直接的行动方式相对立的。使用诡诈的人要使被欺骗的人自己在理智上犯错误，这些错误在最后造成一种结果，使他看不到事物的真相。"（《战争论》（删节本），第70页）

正确认识东方战略中"诈"的思想，需要从道德伦理的角度对其做一个正确的说明。从字面上来解释，"诈"是欺骗的意思。在中国以儒教"仁义"、"诚信"为主体的传统思想中，"诈"是被排斥在大雅之堂之外的，甚至还被当做批判的对象。在中国战争史中，有许多宁可战败而绝不用"诈"的战例，这其中也包括宋襄公"成列而鼓"、"不擒二毛"的战例。但是，像孙子等许多中国古代战略家们却讲"诡道"，主张"兵以诈立"。他们不是机械地理解和套用"仁义"，而是在坚持战略目的之"仁"的前提下，强调力量具体对抗过程中的智慧较量，通过"诈"达成"出其不意"，从而麻痹或调动对方的力量，达到战胜对方的目的。应当说，孙子等战略家们正确地将中国传统思想的"仁义"与东方战略思想中的"诡道"统一起来，而这种统一恰恰又是在正确区分开战略目的和战略对抗的层次上实现的。所以说，我们不能将战略目的与战略对抗的具体方法混为一谈，不能将用于战略目的的道德伦理观念套用在具体的力量对抗艺术上。符合仁义目的的"欺骗"是善而不是恶，不应受到道义的谴责；不符合仁义目的的"诚实"是恶而不是善，反应受到道义的谴责。像宋襄公这种做法，就曾被毛泽东称为"蠢猪式的仁义道德"。

"无德必亡，唯德必危。"笔者记得有一则营销寓言说到一位国王送给王子两匹小马，一匹叫天使，一匹叫魔鬼。国王说统治需要两种手段，因为在很多时候，天使对付不了魔鬼，好人对付不了坏人。

兵以诈立，要善于发现和制造对手的失误。在这方面，美国商战专家麦克内利有深刻的体会，为此，他专门谈到了"塑造对手"的问题。他认为："要塑造对手，你就必须知道如何利用竞争对手管理层的情绪以使他们适合你的计划并在战略上犯错误。"（《经理人的六项战略修炼——孙子兵法与竞争的学问》，第100页）用我们日常的话来说，就是你要善于拨弄对手的"算盘珠子"。

在战争中和我们激烈的商战对抗中，制造对手失误的常见方法有很多。例如，声东击西，造成对手的错觉。还有，将计就计，这是通过"巧借敌谋"，根据对方的思维定式，诱使对手失误的方法。或者，将自己的意图巧妙地隐藏地对方的计谋之中，以对方之谋来遮蔽自身之谋。在东方战略智慧中，还有一种叫做"连环设谋"的误敌之法，这是一种组合设谋的方式。谋中有谋，前一谋不是目的，而是为后一谋创造条件。连环的环节越多，则谋隐藏得越深。如《兵经》所解释的"累"字那样："我可以此制人，即思人亦可以此制我，而设一防；我可以此防人之制，人即可以此防我之制，而增设一破人之防；我破彼防，彼破我防，又应增设一破彼之破；彼既能破，复设一破乎其所破之破，所破之破既破，而又能固我所破，以塞彼破，而申我破，究不为其所破。递法以生，踵事而进，深乎深乎。"

《兵经》中还有一个字是"叠"字，说得更有意思："大凡用计者，非一计之可孤行，必有数计以叠之也"。"故善用兵者，行计务实施，运巧必防损，立谋虑中变，命将杜违制。此策阻而彼策生，一端致而数端起，前未行而后复具，百计叠出，算无遗策，虽智将强敌，可立制也。"这里要注意"累"字与"叠"字的区别。前者强调因敌变应变，趋变于无穷；后者强调变变相扣，百计叠出，趋变于无穷。这个"叠"字更像是我们常说的"连环计"，在战略指导上更具有主动性和艺术性。

毛泽东指挥的"四渡赤水"战役，是一个连环设谋的典型实例。遵义会议后，毛泽东指挥红军北上，预定在四川泸州上游渡过长江，与红四方面军会合。由于敌人发现红军企图，调动川军南下堵截，毛泽东决定放弃原定计划，指挥红军一渡赤水，折向西北，准备改由宜宾上游渡过长江。这一企图也被敌人察觉。川军一面在长江两岸严密设防，一面以重兵尾随紧追，配合敌中央军和滇、黔军围歼红军于长江南岸。毛泽东审时度势，暂时放弃渡江计划，决定在川滇黔地区机动作战，创建新的根据地。当红军进至云南扎西集结时，各路敌军已经逼近，形势非常危急。此时，毛泽东突然率军调头，二渡赤水，连克桐梓、娄山关和遵义，歼灭和击溃黔军两个师又八个团，打了长征以来的第一个大胜仗。毛泽东出其不意地杀了个"回马枪"，打乱敌军的部署。之后，红军以部分兵力吸引敌军注意力，主力则于茅台及其附近三渡赤水，在川南摆出一个再次北渡长江的架势。这是第一谋。敌军果然上当，赶忙分路围堵。红军以一个团的兵力吸引住敌人，主力则突然折向东北，四渡赤水，兵锋直向敌兵力薄弱的贵阳。这是第二谋。这使坐镇贵阳的蒋介石慌了手脚，急调各军前来"救驾"。这便为红军尔后跳出敌军的战略包围圈，创造了有利战机。这是第三谋，这才是红军真正的作战目的。

战略理念：善
用兵者，误人
不为人误。

三、出其不意

在战略实践中，如何把握"无不正"、"无不奇"？这需要有一个标准，需要有一个可操作的尺度。这个标准和尺度在上面李靖所讲的话里面已经提到了，即"使敌莫测，故正亦胜，奇亦胜"。"使敌莫测"，也就是我们常说的"出其不意"。从这一基本标准出发，亦能够深刻揭示出"奇"的本质，或者说能够从本质上回答什么是"奇"。由此，人们可以从根本上把握住"奇"，避免从一般概念和形式上机械地理解和套用"奇"或"正"。

这样，"奇"的基本标准便可有一个大致定位，即以对方的主体感觉或意识变化为参照的定位。用一句形象通俗的话说：无论采用什么方法，凡是出乎敌人意料之外的就是"奇"。这个定位在战略实践中便于把握，可将抽象的战略范畴形象化和具体化，可以按照对方是否预料为基准灵活组合"奇"与"正"的变化，并由这种变化产生战略对抗的奇效。如李世民所说："吾之正，使敌视以为奇；吾之奇，使敌视以为正。""以奇为正者，敌意其奇，

则吾正击之；以正为奇者，敌意其正，则吾奇击之。"（《李卫公问对》）

所以，孙子说："攻其无备，出其不意，此兵家之胜，不可先传也。"（《孙子兵法·始计》）纵观历史上的著名战略家，他们都注重在"出其不意"上做文章，他们许多成功的战例都体现出一个"奇"字。在这些战略家中间，有许多人曾经处于极其危险的情况下，但是由于把握住了"出其不意"这一"不可先传"的战略秘诀，从而化险为夷，获得了巨大战果。也可以这样说，出其不意，是争取主动，摆脱被动的良策。在战略对抗中，无论对手如何强大，无论处在何种艰难的情况下，你只要记住一个"奇"字，只要把握住"出其不意"这个战略秘诀，就有机会和可能变被动为主动，创造战略奇迹，战胜自己的对手。

在战场上如何出其不意？克劳塞维茨为我们找到了两个答案。他说："秘密和迅速是出敌不意的两个因素。"（《战争论》（删节本），第 68 页）

在商战中如何做到出其不意？这方面的战略途径有：新奇的目标选定；快速的反应；独特的造势；别出心裁的经营方式；竞争对方意想不到的对抗策略；产品的差异；独特价值生成来源；构建全新的价值链。

> 战略理念：出其不意即为"奇"。

（一）不按照常理出牌

"出其不意"中的一个重要思想是要"超常"，也就是超越常规的意思。从这个意义上说，"超常"也就是"奇"。在战略决策时，要观常人之未观，想常人之未想，要敢于和善于超越常规，要与众不同。正如《淮南子·兵略训》所说，"良将之所以必胜者，恒有不原之智，不道之道，难以众同也"。

在第二次世界大战中有这样一个例子。苏联军队在向德国军队发动夜间坦克攻击时，突然打开许多大功率的探照灯，这是完全违背作战常规的。但这一违背作战常规的做法，却收到出其不意的效果，对方在刺眼的灯光下无法射击，而苏军坦克却在灯光的引导下顺利攻占了目标。

有位研究领导学的国外著名专家指出：领导成功的秘诀是"打破一切常规"。他说：打破一切常规，我认为简单来说也就是返璞归真。做到打破常规第一点就是要当自己的本色，回归真实的自我；第二点就是增强自己的自知之明，也就是要知道自己的优势。优秀的世界级管理者的特点是规矩越少越好，不喜欢条条框框，他们关注的是怎样可以使他们管理的员工的思想能够充分发挥。

有许多成功的企业家，就是一些不按照常规出牌的"另类"。有一篇文章这样写道：把概念一次次玩活，把坏事变为好事，把一切有利的和没利的事情都变为营销手段，在中国地产界，潘石屹无疑是个另类：他一次次处于是非的旋涡，一次次不按常理出牌，也一次次地破坏游戏规则，因此而为人瞩目。有人说，潘石屹喜欢作秀。他本人坦然承认，并公开声称自己是章子怡式的娱乐人物。超越常规，往往采取一种"逆向"的做法。

UT 斯达康，这家以中国留学生为主、在美国加州成立的高新技术公司自从 1995 年进入中国市场以来，一直保持高达 106% 的年平均增长率，2002 年营业额高达 9.82 亿美元，从而成为国内乃至全球电信业中的最受瞩目之星。这家公司的中国老总吴鹰说："在一个墨守成规的地方，一个不按常理出牌的人，最容易成功！"

太平洋集团的总裁严介和，是一位仅靠 3 万元起家的民办教师。他是一位不按常理出牌的奇人，想别人所不想，做别人所不做，因而也就能够得别人所不能得，现在他的集团的资产达到 2700 亿元，在胡润中国财富排行榜中位居第二。他在公司成立的一开始，就提出了一个与众不同的战略构想：绝不与其他公司去争夺楼房的工程，而要把关注点放在政府操办的基础设施建设上。这因为，这种建设项目竞争者少，资金有保证。但是，就是这种竞争者少的政府项目，对于他这个名不见经传的民营小企业来说，也是极难拿到的。严介和于是在他与众不同的战略中采取了更加令人难以理解的举措，先做一个明摆着要亏钱的买卖！他果断地签订一个已经过层层转包的至少要亏损 5 万元的公路涵洞的项目，并且，他带领他的建设队以最快的速度和最好的质量完成了这个项目。他对他的员工说："哪怕亏 8 万或者 10 万，也要做到速度最快，质量最好，因为我们没有任何背景，只能用工程质量来打造我们的金字招牌。"结果，严介和的"草台班子"修成了正果，他的公司在尔后的南京绕城公路的工程中，承接到 3000 万元的工程，他赚到了他公司起飞的第一桶金，达 800 多万元！

> 战略理念：游走于常规之外者，最容易成功。

（二）采取与众不同的方法

在商战中，"奇"就是"差异"。

迈克尔·波特尤其强调这一点。他说："战略的本质在于行动——选择与众不同的方式、实施行动或者实施与竞争对手不同的经营策略。"他还说："需求差异并不能转变成有意义的定位，除非满足需求的最佳系列经营活动也是有差异的。"（《未来的战略》，第 6、12 页）进化战略学派的亨德森认为："那些能够在竞争性的环境中存活下来的企业依靠了差别化的战略。据说，维多利亚女王时代有一条冷酷无情的信条：要么差别化，要么死亡。"（《战略是什么》，第 28 页）

万保群公司的"差异"表现在它的低成本的做法上。该公司以其指数基金而闻名，顾客不要速买速卖，因为那样做会加大成本并迫使基金经理为了清偿而调动新资本、筹集现金。避免对利率下赌注并遵循不做数量少的股票群。基金经理保持低水平的交易以保持低费用；此外万保群公司还对流通、顾客服务及营销的管理采取一致性的低成本法。（参见《未来的战略》，第 10 页）

宜家公司经营的"差异"特别明显。这家公司将目标定位于那些追求风格又图便宜的年轻人身上。围绕这一目标，宜家公司采取了与竞争对手不同的经营策略。公司为那些更喜砍低价位而不需要提供服务的顾客提供商品。它并不派人紧跟着顾客环游商场，而是用清晰的室内展览为顾客提供自动服务。公司设计了低价位、有标准组件、易于组装的家具作为标准，而不是单纯依靠第三方厂商。在大型商场，公司在类似居室的环境中展示其各种产品，所以顾客无须再请一个装饰师来想象应如何把这些家具摆在一起。与家具相邻的是一个大仓库，里面堆满了未拆装的家具。尽管公司的低价位主要来源于"顾客自助"形式，它还是为顾客提供许多竞争者没有的额外服务，如店内幼儿看管和延时服务等。（参见《未来的战略》，第 8 页）

我们再来看一下泰森公司的"差异"。这家公司原来只是个养鸡场，由年轻的泰森来管理。这个年轻人很有经营头脑，提出了"进一步加工增值家禽"的战略思路。他先是改变论斤称两的卖法，将鸡论只卖。接着，他开始销售整包的炸鸡块，依照鸡的不同部位定不同价格来出售。1990 年，公司推出了改变公司命运的产品——鸡球和鸡块，使公司从养殖业全面跨入食品加工业。

美国西南航空公司的"差异"表现在它所提供的中等规模城市间的短途、低价位的区间服务上，以及大城市的转机服务上。该公司力求避免从事大型机场业务，并且不飞远距离的航线。它的顾客主要包括商业旅行者、举家外出者以及学生。西南航空公司每日发出的众多航班以其低廉的费用吸引了那些比较在意航班价位、原本将乘公共汽车或自己驾车外出的旅行者，以及那些求方便、原准备乘其他航线提供的全程服务航班的旅行者。

广东大圣文化传播公司利用一种出奇制胜的"差异"的办法，将刀郎的唱片推向市场，大获成功。这家公司避开了传统的文化营销方式，没有媒体的炒作，而是从低层的终端市场做起，并且巧妙地利用了非正式渠道，调动了国内二、三线市场的潜能，销售的唱片达到 500 多万张。

战略理念：最可靠和最长久的竞争优势体现在与众不同的差异之中。

（三）关注别人意想不到的地方

在中国众多的商战战例中，格兰仕的成功可算是一个奇迹，这里面也包含有许多出奇制胜的战略智慧。号称"价格屠夫"的格兰仕总裁俞尧昌说："很多人不理解，我凭什么做到那么便宜？举个例子，一条空调生产线，法国一天做 6 小时，一周做 4 天，实际每周开工 24 小时。我们将这个生产线拿过来，技术是人家的，设备也是人家的，我们帮人打工，成本价给他，不赚他钱。但是这个生产线我们 24 小时不休息，我们一天就干出法国人一周的活，其他 6 天都是为自己生产。"（《北京青年报》2001 年 8 月 20 日）

这个实例告诉我们，获得商战的胜利，应当出奇用兵，这要求企业战略家善于拓宽对抗时空范围和手段选择范围，尽可能在别人意想不到的超常范围之中寻找制胜之策。格兰仕总裁俞尧昌就是从别人想象不到的"时间变量"找到了他的生财之道。

要想找到别人意想不到的地方，就是用不同于别人的角度观察问题。戴尔认为，成功在很大程度上并不取决于能力，而取决于你是否愿意换一个角度来看你所熟悉的事物。他写道："我的公司恰恰可以证明，我们可以看到竞争对手不愿去看、认为并不存在的机会，并且利用这种机会来赢利。"他认为"在今天看来前景不太好的东西明天很可能就是抢手货"。戴尔公司一度退出笔记本电脑市场。此举当时许多人感到惊讶，但戴尔却用军事术语解释自己的意图："战术上的撤退为的是重新部署力量，以便进行决战。"果然，它不久推出新的笔记本电脑系列，新产品依靠其长效电池击败了对手。

要想找到别人意想不到的地方，就要善于从原有的框架中跳出来，尽可能想得远一些，多一些，大一些。不仅要在双方设想的对抗领域之内寻找对策，还要注重在双方设想的对抗领域之外寻找对策。要善于在对方意想不到的地方下手，要善于在别人忽略的地方有所作为，要善于从边际地界上做文章。我们不仅关注现有的领域，更要注意开拓新的领域，在新的领域里寻找出奇制胜的良策。

要想找到别人意想不到的地方，要善于从一些新生事物去认真探察。正如有的专家所说："只有新生事物才能创造出出其不意的效果。"20 世纪 90 年代中期，航空公司纷纷设立网站，向乘客提供基本信息。随着这些网站的功能趋向多样化，乘客可以直接通过网站预订和购买机票。当网上订单达到了一个极大的数目时，戴尔塔航空公司出人意料地突然向毫无准备的旅行社提出削减佣金，此举一出，得到了其他航空公司的支持。（《CEO 的海军陆战队》，第 36 页）

在商战的实际对抗中，我们要特别关注竞争对手意想不到的地方，这个地方正是你出奇制胜的最好突破口。这个道理很简单，对方意想不到的那些地方，是疏于戒备的，我们在这些地方往往容易达成出其不意的效果。当然，我们在考虑这个问题时，还要注意这样一种现象：有时候对方自认为很熟悉的地方往往有其最不清楚的一面（中国俗语叫做"灯下黑"），这是由于情况是在变化的，人的思维定式在这种变化的情况中有时起着误导作用。从辩证的角度来看，对方有时最熟悉的地方往往是他最为陌生的地方。有许多高明的战略家，就是利用对方的思维定式，选择对方自以为是的地方，出奇而制胜。中国有一个"瞒天过海"之计，就包含着这一道理。

战略理念：成功的奇效，往往来自于在人们意想不到的边缘地带。

（四）做别人认为不可能的事情

在《成功营销》杂志 2004 年第 3 期上，有一篇卷首语的文章就人们关注的"禽流感"的问题这样写道："病毒又一次影响到经济的发展。受禽流感的影响，饲养业、饲料业、油脂、旅游等行业进入了一个比淡季更淡的时期。人们杀鸡、裁人、停生产线，希望以最低成本渡过危机。但是却总是有人反其道而行之。报载，福建最大的养鸡企业、光滋县圣家实业公司今年将扩大养殖规模，从目前养殖存栏量 280 万—300 万羽，增加到 500 万羽。理由是，风险过后必有大的机遇。现在东南亚一带发生禽流感，大量鸡鸭被宰杀，短期内不可能再恢复生产，必然会腾出巨大的市场空间。这不能不说是一个险招，却也是一个奇招。在市场淡季中审时度势、重新布局，待旺季到来时早已成竹在胸、雄兵在握。"这篇文章话锋一转，将议题引到了东方战略的"奇"的理念上，作者说这"当真应了孙子所说：善出奇者，无穷如天地，不竭如江河"。

我们再来看一个例子。1906 年，美国的旧金山发生了大地震，摧毁了城市，造成了巨大的经济损失。这时候，许多国际大银行都纷纷躲避这场灾难，但奇怪的是，A.P.詹尼尼公司下属的规模并不大的美洲银行却反其道而行之，在灾难期间继续放贷，结果创造了巨大的利润，并借此跻身于世界最大的银行之一。（《危机管理》，第 5 页）

上面的文章和这个实例告诉我们一个如何实现"出奇制胜"的深刻道理：要善于做那些别人认为不可能的事情，越是别人难以置信，越会产生出其不意的效果。

　　许多企业家在激烈的商战中，大智大勇，出奇制胜，想别人想不到的事情，做别人认为不可能的事情。例如，帅奇公司的总裁海耶克为挽救瑞士的钟表业，提出了令专家们难以置信的论点：并购所有仍未倒闭的钟表公司，并且反攻低价市场，逼退日本业者。

　　我国房地产经营商潘石屹也是一位善于出奇制胜的企业家。有报道说，他是北京房地产界最早玩概念的人，曾经因推出SOHO概念遭到恶批。通常情况下，一个项目如果有人批评，开发商对于批评的内容尽量躲避，但是，潘石屹却大反其道，大加张扬，借力打力，搞"危机公关"，把这些批评意见收编成一本装裱精美的书出版，书名为《投诉潘石屹，批判现代城》。同时，还在业界破天荒提出"无理由退房"。这一下，SOHO反而变得炙手可热，收到意想不到的轰动效果。专家评论说：在经营活动中，潘石屹以屡出险招而闻名，从当初的"无理由退房"到"绿色承诺"，再到后来的"年息10%的无理由退房"，他总是将自己置身于风口浪尖上，一招比一招险，招招都透着一股孤注一掷的味道。

　　在别人看来是不可能的事情，往往是一种与他们做法完全相反的"违背规律"的逆向行为。在许多企业家看来，出其不意，即为奇，这就是逆向行为。一位名叫罗迪克的国际服装企业家说："我观察服装行业朝哪里发展，而我就朝其相反的方向发展。"英特尔集团的总裁葛洛夫说，"唯有偏执狂才能生存"。（《战略管理》第十版，第438页）海尔的张瑞敏说："旱则资舟"，大旱年间不应当去挖井取水，而是去造船，防止洪水来了无处逃生。正是做了许多事先的或逆向的防范措施，海尔取得了成功。

　　在《成功营销》杂志的一篇文章中谈到了"涨价性'压仓'"。这是一个典型的"违背规律"的逆向做法。一般的企业，只有在旺季涨价销售，没有淡季涨价。但是，为了调动经销商，有的企业却反其道而行之，在淡季涨价。此招却如反弹琵琶，刺激经销商以原价压库，收到奇效。这种方法对高端强势品牌特别管用。

格兰仕坚持用最"笨"的战略做空调，走别人不敢走的路，做别人不敢做的事，想别人不敢想的招，打破常规，知法犯法（知道方法不按常规方法做），采用一些超常规的打法，也就经常遭到各种质疑，好心人常为格兰仕捏把汗，但格兰仕还是胸有成竹，心中有数。

战略理念：越是别人难以置信，越会产生出其不意的效果。

○剑走偏锋

许多久经商战的老将有这样的体会：侧面进攻，击其虚弱最有效，但是要详查对手有何不足，消费者心里有无渴求的空间。形象地说，这叫"剑走偏锋"。有一本关于商战的书这样写道："英特尔公司面对挑战的哲学思想是：剑走偏锋——不断寻找新的生存契机。"

以迂为直，剑走偏锋，强调避开竞争的热点和焦点，在一种不被别人所重视的领域或时机，实现自己的战略意图。北京多元电气集团总经理郭文华说：这里面包含着一个辩证的道理：热中有冷，冷中有热，我们现在做的恰是冷中的热，别人放弃的也许正是我们的机会。

战略提示：游走于常规之外者，最容易成功。

○善于从"异质领域"中找到新的施展空间

在现代商战的战略学中，我们常常会遇到"异质领域"这个概念。这个概念看起来很费解，其实很简单，用我们的俗话说，就是指"圈子外面"。我们谈到"以迂为直"，其中一个重要观点，就是强调跳到圈子外面去观察问题和解决问题，为自己寻找到更有利的施展空间。

　　有一名推销雪佛莱汽车的推销员，遇到了一位气质高雅但特别爱挑剔的女性顾客。这位推销员自始至终没有向她介绍自己汽车的性能，而是给予她更多的尊重和友好，给予她更多的诚信信息，结果这位聪明的推销员成功地达成了推销目的。这就是一个从圈子外面解决圈子里面事情的小故事。大量的经验表明，当我们遇到困惑的时候，能够跳到圈子外面想一想，办法就会有了。

　　着眼于从异质领域里寻找新的发展空间，最好是能够发现并开辟一个新的行业领域。对此，有的企业家认为，从市场需求的角度来看，发现一个行业要比发现一个市场更有价值。（《与100名老板对话》第三册，第181页）

　　着眼于从异质领域里寻找新的发展空间，要求企业家们不能把眼睛只盯在市场之内，而应放眼于市场之外，不能把眼睛只盯在经济领域之内，而应放眼于经济领域之外。在一本商战战例介绍的书中，广东乐华公司的老总诸秀菊谈道："企业不能两只眼睛死盯着市场不放，要跳出市场去做市场。事情就是这样，一门心思想做好市场，就容易陷入偏执和误区，反而做不好市场。"（《与100名老板对话》第三册，第92页）从更大范围上来看，在经济之外来运作经济，是现代战略的一种特有功能。许多企业正是在这方面寻找到新战略途径，起死而回生。目前，经济之外的因素对经济的影响越来越大，并且增加了更多的不确定因素，我们应当依据"以迂为直"的东方战略思想在更大范围上来认识和把握这个问题。

　　如果我们把战略视野扩大到市场之外，甚至扩大到经济领域之外，就不能按照传统市场学所说的那样，只是从消费者角度观察问题，我们还要同时看到市场与国家发展、安全和国家间综合国力对抗之间的密切联系，从一个更高的大战略层面上来观察问题。做到这一点，我们不仅要有商战战略的专业眼光，同时还要有广义大战略的专业眼光。在这方面，我们有必要借鉴一下系统战略学派的理论。这一学派的理论家格兰诺维特提出了社会"深植性"的观点，并指出：经济活动不能被放置在一个进行着非人格化的财务计算的隔离、纯洁的世界里。在现实世界中，人们的经济行为会深植在一种社会关系的网络中，这个网络中包含着他们的家庭、国家、人们的职业和教育背景，甚至还包括他们的宗教和种族。（《战略是什么》，第41页）这一学派虽然过分强调了社会背景对公司战略的影响，但他们着眼于更大范围思考战略问题的做法是值得肯定的。

在一本企业家访谈的书中，方太厨具有限公司总经理茅忠群说过这样一段话："有时头痛的根源不一定在头上，可能做一个足疗，头痛就好了。从这个角度讲，就执行而执行可能解决不了根本问题。"

战略理念：生活中大量的事实告诉我们，有时候解决问题的最好方法往往在问题之外。

战略格言：

好的战略很少意味着做与其他人所做的完全一致的事情。

那支你不加注意的敌军部队其实是攻击的主力。

专业士兵的行为是可以预测，但世上却充满了业余玩家。

第十二章

变

——势险节短，一剑封喉

声不过五，五声之变不可胜听也；

色不过五，五色之变不可胜观也；

味不过五，五味之变不可胜尝也；

战势不过奇正，奇正之变不可胜穷也。

——孙子

奔驰公司董事长埃沙德·路透在他的办公室挂着一幅巨大的恐龙照片。在这幅照片下面写着一句话："在地球上消失了的不会适应变化的庞然大物比比皆是。"（《与100名老板对话》三，第236页）这句话告诉我们，在现代商战中要善于变化，要具备应变的能力。我们下面依据东方战略"变"的范畴，来讨论一下现代商战如何应变的问题。

中国古代哲学家特别强调"变"这一范畴，并将其视为理解"道"和驾驭"道"的一种必然的体现和要求。如荀子所说："夫道者，体常而尽变，一隅不足以举之。"（《荀子·解蔽》）

在东方战略家看来，人们所认识和指导的对象都是变化的，正像孙子所说，"兵无常势，水无常形"。所以，东方战略特别强调"天道变化，消长万汇"，"用兵之术，知变为大"，"以变合于事"。（参见《虎钤经》）东方战略特别关注这个"变"字，在"变"中将自己掌握的各种战略方法灵活组合起来，在"变"中将对手的弱点暴露出来，在"变"中形成一种有利于自己的战略平衡，在"变"中寻找出奇制胜的良策。"变"，是战略运筹的灵魂。"变"，是战略指导中永恒不变的一个原则。

在战场上，充满了不确定性，需要应变的准备和能力。在战场上，要善于把握偶然性，强调战略的灵活性。正如克劳塞维茨所说："由此可见，战争的客观性质很明显地使战争成为概然性的计算。现在只要再加上偶然性这个要素，战争就成为赌博了，而战争中是确实不会缺少偶然性的。在人类的活动中，再没有像战争这样经常而又普遍地同偶然性接触的活动了。而且，随偶然性而来的机遇以及随机遇而来的幸运，在战争中也占有重要的地位。"（《战争论》（删节本），第 12 页）克劳塞维茨还说："战争是充满不确实性的领域。战争中的行动所依据的情况有四分之三好像隐藏在云雾里一样，是或多或少不确实的。因此，在这里首先要有敏锐的智力，以便通过准确而迅速的判断来辨明真相。"（《战争论》（删节本），第 26 页）

　　在激烈的现代商战中，也充满了不确定性，要求企业家们把握偶然性，具备良好的应变能力，灵活地制定战略和运用战略。沃玛特的总裁说："我总是被驱使着去转变机制，进行革新，使得各项事情都超越他们目前的状况。你不可能总是重复着过去做事的方式，因为围绕着你周围的事情总是在不断地发生变化。要想获得成功，你就必须走在变化的前面。"美国西南航空公司首席执行官凯勒赫说："我们总是告诫我们的员工，'你必须时刻准备着改变'，事实上，有时只有在变化中才能安全。"

　　现代经济发展的种种特征，都对现代企业提出了更高的应变要求。有专家指出：在资源日益减少和稀缺的全球经济中，分散化的企业不仅效率更高，而且对细微而迅速的变化反应更敏锐，而这种细微迅速的变化正是今日市场和社会的特征。在速度决定生存的信息时代，任何一个漠视变化的企业都将遭遇灭顶之灾。许多商战专家深有体会地谈到这样的观点：已经不能再用过去成功的经验保证未来，因为变化太快。但是向何处变，变成什么？取决于企业的判断力和价值观念。所以，美国著名商战专家加里·哈默说："对企业来说，战略的一成不变比实力雄厚的对手更危险。"

　　战后，日本从经济废墟上站立起来，成为一个经济巨人，在很长时间很多领域掌握经济竞争的战略主动权，这与它适时灵活的战略调整有关。在第二次世界大战刚结束时，日本的经济处于瘫痪状态。当时，日元对美元贬值了98.8%，但日本工人的生产技能仍有较高水平，与西方发达经济体系相比，日本的劳动力极具竞争力。日本依靠低廉的劳动力成本取得竞争优势，使自己的经济得到发展。20世纪60年代初，日本在失去劳动力竞争优势之后，迅速调整战略，利用资本投资来推动经济发展，并且使自己的企业进入一个新的采用以规模取胜的战略时代。例如，日本公司通过在技术能力所及的范围内组建规模最大、资本最密集的生产设施，取得高生产效率和低成本的效果。60年代中期，日本公司又向专业化生产的方向进行战略调整。日本企业或是制造独一无二的产品，或是占据高销售量的细分市场，它们往往直接打入西方竞争者产品线的核心部位。有了专业化生产，日本企业在其规模小于根基稳固、产品众多的生产商的情况下，依旧能够取得更高的生产效率和更低成本。专业化生产虽然缩短了战线，集中了优势，但也带来一定的局限性。日本针对这种情况，制定了弹性生产的战略。弹性生产可根据市场的变化，及时调整产品的产量和种类，保持成本处在一个最佳点上。日本汽车公司与美国同行相比，其产量只有1/3，产品种类却高出三倍以上，并且，间接劳动力（如管理人员）只有美国的1/18。这样，尽管美国公司有规模生产带来的成本优势，但日本仍保持了总成本优势。

　　有资料分析说，一家公司需要经常对公司的战略进行精细的调整。首先在一个部门或职能领域，然后推广以另一个部门或职能领域，这是很正常的。有时候必须对公司的战略动大手术。当竞争对手采取了某种戏剧性的行动时，当出现了某种巨大的技术突破时，当危机出现时，公司的管理者必须对公司的战略尽快做出根本性变动。通常情况下，整个公司范围内所采取战略行动和新的经营方式是不间断的，所以在公司内，战略往往要经过一段时间之后才能形成，然后，随着环境的变化，对形成的战略进行变革。现行的战略往往是一个"混血儿"，包括：过去战略框架下的经营方式，新增加的行动方案对新情况的反应，尚处于计划阶段的潜在战略行动。一般说来，除非是在危机情况下（此时，通常需要迅速采取战略行动，从而几乎是在一夜之间就制定了一个全新的战略），或该公司是一家新公司（此时，公司战略的存在形式多数情况下往往是计划和预谋行动），公司战略的关键要素通常是随着环境的不断变化和公司不断追求改善其经营状况和经营业绩而逐步形成。几乎不存在这种情况：公司的战略制定得非常出色，以至于它可以经久不衰，长期不需要变革。（《战略管理》第十版，第18页）

需要说明，针对现代商战中大量不确定性因素，针对社会个性化需要，适时进行灵活多变的调整，是现代经济战略必须关注的特点。战略需要不断调整，但这种不断调整是建立在一定的稳定基础上的，战略作为一种长远的指导，不允许随意变动，但也不能一成不变，战略家不好当的难处也就表现在这种变化与稳定之间关系的恰到好处的处理上。

或许我们受传统哲学思想的影响，过分强调"运动"、"变化"和"创新"。要知道，不该运动时的运动，不该变化时的变化，不该创新的时候的创新，都是不可取的，都是一种错误的战略指导。东方战略强调"守静"，强调"以静制动"，强调"以本待之"，强调在必然性的"静"中把握偶然性的"动"，强调在宏观战略性的"静"中把握微观战术性的"动"。所以，我们应当认真领会东方战略的"动静之辨"。

战略理念：在"变"中将自己掌握的各种战略方法灵活组合起来，在"变"中将对手的弱点暴露出来，在"变"中形成一种有利于自己的战略平衡，在"变"中寻找出奇制胜的良策。

一、变中求胜

现代经济是一个求变的经济。

信息技术的进步将在整个经济中得到创造性的应用，并刺激经济更快增长。在现代经济模式中，福特公司开创的大批量生产的商业模式已经逐渐被改变为灵活的'按单生产'的理想模式所取代。这就是所谓"大规模定制"的生产模式。这种模式的优势是：降低了代价高昂的库存，提高了客户的需求意识，加强了同供应商的协调，同时也要求企业具有更大的适应市场变化的能力。

就这个方面，我们应当汲取现代商战"过程派"战略理论的合理部分。这一学派认为，持续的适应性创新，而不是远不可即的不灵活的计划将会赢得今天的成功。（《战略是什么》，第 101 页）

（一）善于打破僵局

在现代商战中，我们常常会遇到僵局。这是一种企业竞争中僵持"固化"的状态，这种状态对任何企业来说都是非常危险的，需要尽快摆脱出来。这种僵局的出现，与对抗双方的力量对比和竞争优势程度有关系。如果没有一个竞争者能够取得压倒其他对手、明显而持久的竞争优势，那么竞争的结果就会是一种僵局。

在僵局中，大浪淘沙留下的只是幸存者，而不会是赢家。在僵局中，竞争者的利润会出现周期性的起伏，但平均下来利润还是很低，或者说，在僵局中，市场份额并没有多少价值。在这种情况下，没有哪个竞争者表现得特别突出，也没有谁会比别人差得很远。然而，大多数身处僵局的竞争者都不能很快认清现实，而且不愿对自己的战略进行反思。很多企业宁可坐等观望，寄希望于需求赶上供给、价格回复到"现实水平"，或者等待别人压缩其过剩的生产能力。

在过去的 10 年中，美国的各大产业部门都曾经历过持续的僵化时期。这些产业部门包括钢铁、基础化工、林业、轮胎、电气设备、建筑材料以及化纤和纺织工业。在商业周期的各个阶段上，这些产业部门的收益都低于美国工业的平均值。同时，这些产业也已经越来越面临强大的国际竞争。竞争僵局并不仅限于制造部门，只要顾客的转换成本很低，任何服务业都可能出现全局僵局。

企业如果能看清僵局的本质，就会走上高额回报的大道。公司管理层应该从自己目前的业务组合中找到僵局所在，辨别出僵局的发展方向。许多专家认为，打破僵局需要采用一套全新业务策略，这种策略与常规的竞争模式大相径庭。抢先扩充生产能力的战略并不能打破僵局，除非这种战略从根本上改变了行业的特性。

在有的商战战略教程中谈道，最好的打破僵局的办法就是变革。第一，恢复竞争优势。在形成附加价值的大部分活动中，公司与其他对手之间的竞争条件可能并无不同。然而在一些具体的环节上，公司可能具备或培养起显著的竞争优势。这些环节可以是某个零部件的制造、某种分销体系或者是某项服务。战略如果围绕这些环节展开，就有可能创造全新商业机会。第二，异质化。由于要用最低的成本充分发挥世界级设施的效用，许多竞争者自然就会把注意力放在大批量、标准化产品的细分市场上。然而，还是有这样一些公司，它们总是能够发现顾客的特殊并为这些顾客提供度身定制的产品和交运服务，从而提高价格实现的程度。第三，开发专有技术。有的公司可能会有一条出路，那就是设法实现技术突破。这条出路在新生代技术发展早期尤为可行。摆脱僵局的最佳时机是在僵局尚未形成之时。

（二）以争促动，动中求争

现代经济，是一种动态的经济。在这种动态的经济形态中，企业能够通过竞争并且也只能通过竞争来激发自身的创造力，能动地推动企业发展。

有专家说：从静态的环境法规来看，除了法规本身，所有事物都是不变的。这个观点其实并不正确。如果科技、产品、工艺和客户需求都是固定的，那么"提高成本在所难免"的结论很合理。但是，企业是在真实而充满竞争力的世界中运作，绝非处于静态的经济理论中。面对来自竞争对手、客户、法规等各样的压力，它们经常以创新的解决方法来因应。（《竞争论》，第362页）

应当注意到，布鲁斯所关注的竞争是一种动态性的竞争。他认为："有关企业竞争的经典经济理论看来是太简单、太苍白了。它们已经谈不上有什么贡献，反而成了进步和理解的障碍。这些理论并没有立足于动态均衡，而是把竞争视作静态经济中的静态的均衡现象。"（《公司战略透视》，第7—8页）

在军事领域，有一种"运动战"的战法，就是一种"以动求胜"的战法，是一种通过不断变化的机动来争取战略主动、摆脱战略被劫的战法，其本质要求就是"把敌人调动起来打"。这种战法，受到现代企业家的推崇。"运动战"概念被用于哈佛经典。

> 战略理念：当你对它一筹莫展的时候，最好的办法是先让它产生变化。

二、化执为活

东方战略的这个"变"字首先表现在对战略原理和由此产生的战略指导原则的理解及运用上。东方战略既强调原理和原则的不变性，譬如"道"，同时强调在理解和运用这些原理上的变通性，主张采取实事求是的态度，根据实际情况和变化了的条件，深刻理解，灵活运用，完善发展。也就是说，战略指导中有许多原理和原则，它们在运用过程中都要根据具体情况灵活运用，视情而变，适时而变。

关于这个问题，《兵经》一书有过比较全面的论述。书中谈道："百篇所著，法法皆制胜之具，又必经纶能手，因时相机，着彼量己，凑乎一法，而后一法乃投。故学者须求能集材以乘会，毋徒记忆。"这段话的意思是，《兵经》百篇所写的都是制胜的原理和原则，高手在运用过程中，需要考虑时空条件，把握敌我情况，形成具体的对策和方法，才可付诸实施。所以，学习和运用兵法者，善于把各种战略原理和原则集中起来，融会贯通于自己的具体对策和方案中去，不能死记硬背、照搬照套兵法中的原则。在这段话中，我们要特别注意领会"集材以乘会"的意思，这里面反映了战略指导在认识和运用上由理论到实践、由抽象到具体的"变"的过程。这个过程就是：把所依据的原理和原则集中起来，通过变化，形成自己的东西，总结出实用的或者新的原则和方法。

《兵经》还接着谈道："化执为活，人泥法而我铸法，人法法而我著法。善用兵者，神明其法。"这里的意思是，人们都去遵循法则，而我却是制定法则的。善于用兵的人，不仅是知道法则的内容，更重要的是能够洞悉法则里面深奥的道理。这段话中所强调的"化执为活"非常重要。所谓"执"，就是死板教条；所谓"活"，就是变通灵活。这四个字，形象而准确地表达了"变"字的内涵。"化执为活"的一条基本要求或者说最重要的表现形式在于：战略指导者不仅要依据法则，更要创新法则。做到这一点，就必须理解本质，把握规律，不但知道"是什么"，还要知道"为什么"，做到"神明其法"。

在中国历史上有一个实例对我们理解"化执为活"非常有帮

助。在战国时期的赵国，有一位将军名叫赵括。他是赵国名将赵奢的儿子，自幼喜读兵书，说起兵法来头头是道。当秦国举兵来犯时，赵王派赵括领兵迎敌。赵奢认为儿子并没有真正理解兵法的精粹，不可为将，故而竭力阻拦。赵王不听。结果赵国大败。这就是中国历史上有名的"纸上谈兵"的典故。赵括是"化执为活"的一个非常有说服力的反面典型。所以，中国一些战略著作这样评论说：赵括读他父亲的兵书可谓详尽了，然而蔺相如却说他只能够读兵书，而不知随着战争情况的变化而灵活运用。谈论起兵法来，即使赵括的父亲赵奢也难不住他，然而赵奢并不认为赵括真有军事才能，预料他一定会使赵军遭到惨败。因为兵书对于赵括来说是无益的，用兵的奥妙在于各人灵活地运用，这一点，并不是兵书所能够传授的，也不是我们在未交战之前就能够预料到的。（参见《何博士备论》）

就商战而言，这一思想是强调保持战略的灵活性。

保持战略的灵活性，必须要改变原有惯性。就像人一样，组织对剧烈的变化有天性的抵制情绪。变化会打乱现有的均衡，迫使人们放弃自己已经轻车熟路的处世的方法，也改变了人们已习惯了的责任关系。这会使我们感到不适，仿佛自己的道路被别人强行阻断了一样。自己的下级、同僚、上级可能都发生变动，自己奋斗多年所获得的职务、地位等既得利益可能会化为乌有。人们不愿意半途改行，从自己精通的领域转入一个陌生的领域。要想克服"拒绝变化"的阻力，就应该在变化开始前与有关人员做好沟通，使他们能够认识到这种变化只会使自己位置变动而不是消失，自己的利益会得到更大的体现。但应该指出的是，如果客观条件要求刻不容缓地进行变化时，那么决策者应毫不犹豫地发动变化。

规模越大的公司，往往越是缺少战略和战术上的灵活性。

战略理念：变是战略的生命基因，它可以使战略活起来。

三、相对而变

东方战略不仅在"变"的必要性上有过许多精辟的论述，而且在如何"变"的方法论上也有许多独到的见解。

首先要谈到的是"相对而变"的思想。这是中国古人从中国哲学朴素的对立统一规律上谈如何"变"。在中国的战略思想家们看来，事物是由相互对立的两个方面构成的，如"阴"和"阳"。这两个方面是相互作用、相互转化的，这种相互作用和转化要靠"变"，同时这种相互作用和转化又促成了"变"。在这一认识上的基础上，东方战略揭示了"变"在事物转化过程中的重要作用，同时看到了"变"是由事物对立面相互作用引起的，只有静止的孤立的一面，就不会产生"变"。这就是"相对而变"。

"相对而变"的思想是非常丰富的，需要着重把握的有以下几个方面。其一，"变"不是凭空生成的，它是有依据的，是有载体的。"变"存在于事物对立统一的关系之中。如《周易》所讲，"刚柔相推，变在其中矣"。

其二，如果没有"变"，事物构不成对立统一的关系，也不存在对立统一规律，事物也不会在现实中存在。如《李卫公问对》所讲："奇正者天人相变之阴阳，若执而不变，则阴阳俱废，如何守牝牡之形而已。"

其三，从对立面相互作用、相互转化的角度看，"变"应当朝向有利己不利于敌的方向转化。《兵经》一书在对"转"字解释时谈到了这方面的意思。书中说："故善用兵者，能变主客之形，移多寡之数，翻劳逸之机，迁利害之势，挽顺逆之状，反骄厉之情。转乎形并转乎心，以艰者危者予乎人，易者善者归诸己，转之至者也。"这里告诉我们,在对抗过程中,存在着"主客"、"多寡"、"劳逸"、"利害"、"顺逆"、"骄厉"等许多对立统一的关系。"变",就是在这些对立面之间往返转换。"变"的基本原则,就是趋利避害,使自己变得有利,使对方变得不利。为了使对方在朝着不利方向转化,这需要在"变"的过程中,对方怕什么,就"变"什么;为了达成出奇制胜的效果,对方越是难以预料的,越是要朝这个方向去"变"。一句话,要善于反其道而"变"之,"绝不做敌人希望你做的事"。(注:这是拿破仑军事格言第 16 条说过的话:"绝不做敌人希望你做的事——这是一条确定不疑的战争格言。")

其四,因敌而变。战争或其他方面的对抗是双方互动的过程,任何一方的变化,都要适应对方情况的改变。这就是敌变我变,因敌而变。东方战略非常强调这一点。孙子曾经谈道:"能因敌变化而取胜者,谓之神。"(《孙子兵法·虚实》)"践墨随敌,以决战事。"(《孙子兵法·九地》)这里面包括被动的"变"和主动的"变"两个方面:一是随着敌人情况的变化而变化,使自己的决策符合敌我双方的客观实际;二是预测和判断敌方变化的动向,顺势而为,将变化导向自己预期的方向。后一种"变"对战略指导者的要求更高,有些类似于我们常说的"将计就计"的味道。

战略理念:因敌变化而取胜者,谓之神。

四、变生无穷

《孙子兵法》专门有一章谈到了"变",其中写道:"声不过五,五声之变不可胜听也;色不过五,五色之变不可胜观也;味不过五,五味之变不可胜尝也;战势不过奇正,奇正之变不可胜穷也。"(《孙子兵法·兵势》)在《李卫公问对》一书中也有这方面的论述。当李世民谈到李靖的舅父韩擒虎时，李靖说："擒虎安知奇正之极，但以奇为奇，以正为正尔。曾未知奇正相变，循环无穷者也。"在这两段话中，中国古人揭示了一个"变生无穷"的重要思想。这一思想表明：在自然界中，物质的基本要素是简单的有数的，但通过彼此的组合，变化出无数新的事物，呈现出多种多样的形态。在战略中也是如此，战略家掌握的无非只有奇与正两个方面，但可以变化出许许多多精彩的良策妙计，并且这种变化是没有穷尽的。

（一）变中有变

"变生无穷"告诉我们一个"变中有变"的道理。战略对抗是双方智慧较量的过程，一方的变化，很容易被对方发觉。高明的战略家，往往将自己的最终目的隐藏在数个环环相扣的变化之中，使对方无法察觉，防不胜防。高明的战略家，他不是看一步，而是看几步，当他发现对方变化时，不但要警惕对方的变中有变，而且要随变应变，随变隐变，诱敌就范。

安史之乱期间，张巡率领官军在雍丘（今河南杞县）、睢阳（今河南商丘）等地与叛军相抗。张巡出身文官，却通晓兵法，他用兵虚虚实实，变幻莫测。守雍丘时，叛将令狐潮率 4 万之众围城，张巡士卒不满三千。几次战斗后，城中箭枝已经用完，张巡便命令做成大量草人，乘夜色缒下城去。令狐潮以为是张巡派军来袭，便下令放箭，箭如雨注，大部分落在草人之上，叛军发觉上当时，张巡已得箭数十万枝。次日晚，张巡又让士卒缒放草人，叛军大笑，视若无睹，张巡便选派 500 名勇士，缒下城去，直扑令狐潮大营，叛军措手不及，顿时大乱，狂奔十余里方止。守睢阳时，叛军尹之琦率精兵 10 万日夜攻城，张巡率士卒一日二十余战，毫无馁色。一天夜里，张巡下令鸣鼓整队，做出要出城决战的样子，叛军闻声严阵以待。不料城中鼓声突然停止，再无动静。叛军等候良久，也未见城中出击，便松懈下来。张巡见状，立即大开城门，令部将南霁云率众直扑叛军大营，斩将拔旗，大胜而归。张巡又计划射杀尹子琦，但混战之中找不到他，便令人削木为箭，射出城外。叛军拾到，以为城中箭尽，急忙向尹子琦报告。尹子琦正在狂喜之时，张巡指点南霁云一箭射中了尹子琦的左目，叛军顿时大乱，仓皇逃走，两个月未敢再来攻城。

（二）开拓创新

变生无穷，要求战略家们不断创新。

彼得·杜拉克认为：创新是企业家特殊的才能。他们把创新作为一种开拓商业机会或新服务的机会。（《战略柔性》，第1页）在许多西方经济战略学家们看来，在旧体制下成长的经理们，知道如何去降低成本，但不知道如何创新，不知道如何在给定条件下去启动这种创新进程及如何持续这种发展。这些人不懂得什么是战略。（参见《战略柔性》，第1页）美国计算机行业的新秀戴尔说："许多竞争对手将受到我们的挑战，因为他们至今还困惑于旧模式中。"所以，有人认为，要想战胜对手，最好的办法是把你的对手置于旧的模式中。

中国青年企业家协会会长孙金龙说，企业家与一般经济管理者的最大区别是什么？是创新。企业家的创新包括观念、技术、管理、产品和市场等多方面内容。创新是企业家身份的标志，是企业家的基本特征。美国经济学家熊彼特把企业家称为市场经济的"原动力"，把创新看做企业家对"生产要素的重新组合"。企业家的任务在于用不同于以往、不同于别人的全新方法，把生产诸要素组织、综合起来经营。而且，一名企业家也只有在他将这些生产要素按照新的方法组织、综合起来的特定时期，他才是真正意义上的企业家。

在战略家的眼中，任何行业领域总会有未开垦的"绿洲"。美国微软为什么发展这么快？它首先发现了一块"新大陆"，创造了一个全新的行业。绿之源公司的总裁张辉说："在新办企业时，我们还是先考虑是不是有一个很好的项目，而我们判断一个好项目的标准是它有没有创新的意识，而且这种创新必须站在战略的高度，因为在当今一体化大市场的前提下，传统的政治经济地域形成的市场壁垒已经不复存在，企业要想取得成功，需要在品牌、网络、营销沟通能力等综合实力及包括制造成本在内的综合营销成本领先的条件下才有可能取得，而这对于一家新兴企业而言是不可想象的。那么，企业创新的力量就不容忽视了，它可以为企业赢得切入市场的先机，尤其是对于一个产品同质化倾向极强的成熟市场更是如此。"（《与100名老板对话》第二册，第287页）

在企业竞争中，有一个使企业家非常头痛的问题，这就是如何才能摆脱竞争对手的模仿。有些企业千辛万苦地开发出一种产品，创造出一种模式，形成了一种自己的独特性，有可能会在很短时间内被竞争对手占有了。在信息时代，由于竞争透明度增加，情报获取和处理手段先进，这种被对手模仿的可能性进一步增大了。所以，加里·哈默说："它们几乎都未能超出模仿的范围，许许多多的公司扩充至很大能量，仅仅是为再造出他们国际竞争对手早已拥有的成本与质量方面的优势。模仿恐怕是奉承的最诚恳的方式了，但它不会导致竞争活力的重现。以模仿为基础的战略对于早已掌握它的竞争对手来说是易识破的，况且，成功的竞争者很少停滞不前，所以许多管理者感觉他们陷入了一个看来无结尾的追赶游戏中也就不足为奇了——他们经常惊讶于对手的新成就。"（《未来的战略》，第127页）

因此，企业要想在竞争中获胜，就必须不断摆脱竞争对手的追赶，尤其是摆脱竞争对手的模仿，防止自己丧失维持竞争优势的独特性。摆脱这种竞争怪圈，需要企业不断地创新，正如加里·哈默所说，"面对机敏的竞争者，目标不应是竞争模仿而是竞争创新"（《未来的战略》，第 138 页）。实现创新，自然也离不开有创意的战略。有创意的战略能够帮助经营者抢占先机，摆脱模仿者，创建今后的竞争优势。在此，我们要认识到，"保持现有优势的成绩与建立新优势不是一回事。战略的实质就是以比竞争者模仿你现在的优势的速度更快的速度创建今后的竞争优势"。（加里·哈默：《未来的战略》，第 137 页）

> 战略理念：战势不过奇正，奇正之变不可胜穷。

五、随机应变

"随机应变"，是我们非常熟悉并经常使用的一个成语，它的意思也不难理解，主要是指处事灵活。结合战略上的"变"字来谈，我们需要理解和把握好"随机应变"深层的特定含义和要求。

在战略指导过程中，再高明的战略家也不可能完全预见可能发生的变化，也不可能把各种可能的变化考虑在自己的预先方案之中。这就需要他具备一种随机应变的素质。这种素质具体表现在：当情况出现变化，尤其是带有危机性的变化，战略决策都必须迅速判明变化的原因和后果，抓住周围与变化原因紧密相关的各种因素，尤其是具有最本质联系的那些因素，调整甚至改变自己的原有决心方案，提出切实可行的处置对策。

在理解"随机应变"时，要搞清楚其中的"机"为何意。对此，《兵经》一书对"机"字有专门的解释："势之维系处为机，事之转变处为机，物之紧切处为机，时之凑合处为机。有目前即是机，转瞬即非机者；有乘之即为机，失之即无机者。谋取之宜深，藏之宜密。定于识，利于决。"这段话表明了这样几个意思："机"是时间概念；"机"处在过程转变关节点上；"机"的变化很快，稍纵即逝。这就要求战略指导在随机应变时盯住事态发展过程上的关节点，即盯住要害的时节，迅速正确地做出反应。

如果从"顺乎天时"的主客观一致的角度来看，我们还应超出时间概念从更广义的层面上去理解和把握"随机应变"。也就是说，这里所讲的"机"，不仅包括时间意义上的"时机"、"战机"，还包括除去时间之外的其他条件。凡是根据客观情况变化而做出的变化，都是"随机应变"的应有之义。《孙子兵法》有一章为"九变篇"。这里说的"九变"是"多变"的意思。孙子在这一章里专门讲"变"，强调的是"随地应变"。他所讲的不是时机而是作战地形。孙子讲到了五种作战地形，即"圮地"、"衢地"、"绝地"、"围地"和"死地"。他认为，用兵要根据地形的变化而变化，"圮地无舍，衢地合交，绝地无留，围地则谋，死地则战，途有所不由，军有所不击，城有所不攻，地有所不争"。然后，他总结道："将通于九变之利者，知用兵矣。"

（一）适时转换

商战的战略要具有随机应变的灵活性，不是机械死板的，不能局限于数学家那种量化分析严格的程序中。明茨博格说："采用战略规划三十年的经历使我们懂得了放松战略过程，而不是力图用任意的形式化封死的必要性。"（《未来的战略》，第 69 页）对此，加里·哈默也有过描述："在这样的计划后面有一条虚无主义的假设，企业组织的运作是如此的墨守成规与正统，以至于革新的唯一途径就是将几位能人关进黑屋子，倒入一些钞票，然后期待精彩的事情发生。"（《未来的战略》，第 133 页）

随机应变在企业的战略转换能力上体现出来。伽鲁德和奈亚主张企业需要开发"转换能力"，他们将这种能力定义为企业长期成功地重构自己的能力。这样，"转换能力"就是一种非常有用的概念，然而只有少数企业能在竞争中对环境变化做出反应。（《战略柔性》，第56页）

（二）控制风险

随机应变将突出表现在企业控制风险的战略处置上。

在竞争中充满着众多不确定因素，隐藏着许多难以预料的风险。如果处置不当，轻则给企业带来巨大损失，重则使企业破产或接近破产的边缘。

在笔者看来，当两个战略高手在较量时，或者对方的战略水平和实力超过自己时，当出现重大的危机风险时，如何避免失败，全身而退，是真正反映一位企业家战略素质的时刻。有人说，成功自然可贵，但如何能避免失败才是企业家最为可贵的素质，是评判一个企业真正成熟的标准。

在专业的商战战略教程中，专家们对风险的种类作了比较详细的分析。第一，低成本战略的风险：技术进步使过去的投资或知识作废；行业的新进入者或其他企业，通过模仿或通过投资于现代化设备而学会低成本；既定战略带来的战略优势的价值会随着产业演变而发生变化。过分强调成本效益会导致企业忽视顾客需求的转变或市场营销的变化。差异化与低成本的矛盾会构成一定的风险。差异变化由许多不确定因素支配，很难预料。模仿不断缩小差异。

第二，差别化战略的风险：如果实行的产品差别化的企业和其低成本的竞争者之间的成本差异过大，难以保证顾客的忠诚性；当顾客变得老练时，常常会降低对产品差别化因素的要求；模仿行业能感觉到产品的差异缩小，当行业进入成熟期时常会发生这种情况。

第三，集中化战略的风险：由于在目标分散的企业和目标集中化企业之间的成本差别拉大，从而剔除了目标集中化企业服务于一个较小的目标所取得的成本优势，或者抵消了通过目标集中而实现的产品差别化带来的优势；战略目标市场和整个市场期望得到的产品或服务的差别太小，这时目标集中化就没有太多的意义。竞争对手的战略目标中将市场细分，并且比目标集中化公司更加注意将目标集中在各个细分市场上。

形成风险有许多原因，有的是客观造成的，而有的是主观造成的。大量商战的实践表明，盲目的冒险是导致风险的一个主要原因。专家看到，当为长期领先目标而设定一个任意短的时间，扩张就会招致风险，不耐心就会冒险闯入不完全了解的市场，使研究开发的支出增长难以控制，收购那些不易消化的公司，或冒失地与那些动机和能力都欠了解的同业者结成联盟。如果资源投入超过了顾客和竞争者观察力的累积，麻烦就不可避免地接踵而至。

如何控制风险？

要善于躲避风险。加里·哈默说过："为了理解保护，即保存资源的第三种方式，考虑一下军事策略。聪明的将军们确保他们的军队永远不去冒不必要的风险。他们在进军之前侦察敌情。他们不去攻击坚固的阵地。他们佯攻把敌人引开他们真正要想打的要地。敌人的数量优势越大，避免全线正面攻击的动机也就越大。目标是使敌人的损失最大化而将自己军队的风险最小化。这就是'资源保护'的基本点。"（《未来的战略》，第 191 页）在激烈的商战对抗中，一旦发现与战略初衷相背离的情况时，应当果断地解脱，"三十六计走为上"，千万不要存在侥幸心理，千万不要试图用一种"填油"式的方法将危险"抹平"。

分散风险是控制风险的一种办法。以此目的而实行多样化战略，应确立使企业风险最小、收益最大的产品组合。一般说来，企业应选择在价格波动上是负相关的产品组合，这将最有利于分散风险。而高度相关的产品组合，不利于风险分散。这种高度相关包括：所有产品都属于产品生命周期的同一阶段；所有产品都是风险产品或滞销产品；所有产品都存在对某种资源的严重依赖等。

危机属于一种极端性的风险。如何处置危机，是每一位战略家面临的重大考验。应当承认，许多危机事件可能超出首席执行官的控制范围，但对这些事件所做出的反应却在首席执行官的当然职责范围之内。即使无法对问题的起源加以控制，你也必须去面对它造成的后果。

危机既包含着挑战，也包含着机遇，这就看你战略运作艺术的高低。每次危机本身既包含导致失败的根源，也孕育着成功的种子。发现、培育，以便收获这个潜在的成功机会，就是危机管理的精髓；而习惯于错误地估计形势，并令事态进一步恶化，则是不良的危机管理的典型特征。一位好的战略家，善于把挑战变成机遇，把坏事变为好事。危机往往给企业造成具有转折意义的有时甚至是生死存亡的经历。顺利地应付危机，能够给你一种战略上的快感。温斯顿·丘吉尔说，"生活中没有比遭到射击又毫发无伤更令人高兴的事了"。

要把危机中的挑战变为机遇，需要战略家审时度势，顺势而为。在"毒奶粉事件"中，三鹿集团遇到了重大危机，其产品在销售终端遭到封存。尽管三鹿集团迅速采取一系列危机公关措施，澄清了事实，但损失依然惨重。有的专家在专业刊物对这一事例作了分析，指出三鹿集团在危机发生时，只是先想到如何澄清自己，如何让政府"道歉"，是逆势而上，犯了大忌。按照专家的意见，在这个时候，三鹿集团如果迅速展开同情民众的公益活动、协助政府的资助活动，以及加强产品概念活动，同时积极开展"放心奶"工程和销售渠道的强化整治工程，不仅会消除危机的不利影响，反而会借势造势，提高自身的品牌形象，树立行业权威地位，使这场挑战转化为机遇。这是一个在危机中有没有战略、懂不懂战略的实例。我们从中可以明白什么是"战略营销"的含义。

控制危机的第一个阶段是危机的预防。如奥古斯丁所说："第一个阶段是危机的预防。这一点儿也不奇怪，但令人惊奇的是，作为控制潜在危机花费最少、最简便的方法，它却经常被完全忽略，这也许是因为许多管理者将危机看做日常工作中不可避免的缘故。"（《危机管理》，第6页）大多数的管理者满脑子考虑的都是当前的市场压力，很少会将注意力放到为将来可能发生的危机做准备上来。这就引出了危机管理的第二阶段：为预防工作万一不奏效做些准备，也就是为灾难真的来临后可能引发的不良后果做些应急计划。诺亚在下雨之前就开始造他的方舟这件事很有借鉴意义。

危机出现的特点：一是来得突然，始料不及；二是信息极为短缺，伴随着大量的猜疑，决心难下。当危机发生之后，危机控制这个阶段的管理，需要根据不同情况确定工作的优先顺序。首先是要停止大量损失。一些合理的、果断的行动，总是比完全没有行动强。

谈一位名叫黎家明的企业家如何处理危机的故事。20世纪80年代初，北京一家公司拍了一部讨论中国的改革开放如何把握机会的录像片，以内部发行的方式向全国推广。他认为这是一个机会，以分成方式拿到天津地区的放映权，还投资购置必要设备。开始形势不错，但危机出现了，中央电视台要播放这部片子。他们开始接到要求取消预定的电话。他一个人走在街上，在绝望中寻找对策，想了许多办法，恨不能把电视台发射塔上的铁针拔下来。这个沮丧之极的想法启发了他：为什么不直接说服电视台取消计划呢？他心中一亮，这部片子是政论片，其中许多观点很敏感，甚至还有两处重要的技术错误，拿到中央电视台播放不太合适。他给中央电视台的负责人打了长途电话，说明了自己的观点。此时离播出时间只有几个小时了。晚上，他独自坐在电视机前等待结果，这部片子终于没有露面。他成功了，电视台不能播，变成了他放映的最好的广告，订单增加了两倍，他赚了一大笔钱。（《策划人》，第57页）

战略统帅的处置危机的能力，不仅表现在决策的灵活性上，而且更为表现在遇到重要关头临机处置的果断性上。有人评价埃尼公司的总裁贝尔纳贝时说："一位外科手术医生：精确、下刀清晰，而且在一些场合下不动感情。"一位高明的战略家，在时机紧迫时，尤其不能被感情所左右。主不可以怒而兴师，将不可以愠而致战。"在将近10年里，他在埃尼公司一直保持低调，而一旦机会来临，他比任何人所能预料到的还要大胆地抓住了权力。作为一位制订详尽计划的大师，他准备好了在必要时迅速、坚定地行动，即使在面临巨大风险的情况下也不退缩。"（《危机管理》，第190、191页）

> 战略理念：在处置危机的时候，一些合理的、果断的行动，总是比完全没有行动强。

六、不变之变

在一份商战的资料中，有这样一段关于佳能公司的战略分析：佳能公司的成功创新记录是基于独特的、可持久的和自我强化的一套人力和物质资源，这些资源使佳能在整合光学、微电子和精密仪器技术方面形成了核心能力。正是基于这种技术上的核心能力的踏实工作，而不是靠变幻无常地追逐市场，佳能公司能够连续推出照相机、复印机和传真机的创新产品，既满足了客户，又服务了业务发展。（《战略是什么》，第 122 页）

迈克尔·波特认为"战略定位的含义必须有十年或更长的时间，而不是一个单一的计划周期"。"战略定位的频繁变动其成本则是高昂的。公司不仅必须重新安排经营活动，而且必须重新调整体系。""战略摇摆不定时，有些活动根本无法配合。频频变更战略或无法找出独特的定位，必会造成一味的模仿或活动功能不良、功能之间不一致，以及组织不协调的结果。"（《竞争论》，第 58 页）

上面关于佳能的分析和迈克尔·波特的这些话，都谈到了战略稳定性的问题，接触到东方战略所强调的"不变之变"的道理。

在东方战略思想家们看来，在把握"变"的过程中，最高的境界是能够理解"不变之变"，达到一种更高的"不变"层次，这也是我们常说的"以不变应万变"，"你有千条妙计，我有一定之规"。能够随机应变者固然是高明的战略家，但能够以不变应万变者则是更高明的战略家，因为后者比前者思考得更深，看得更远。

在中国古代思想家们看来，"不变"就是"常"的意思。因此，充分理解"不变之变"这一战略思想，应当把握好中国哲学"常"与"变"这一对范畴的辩证关系。中国古人总是将"常"与"变"联系在一起来认识。例如：在关于"变"的概念上，中国古人谈道，"变者，改常之名"；在事物的稳定性与流动性的辩证关系上，中国古人谈道，"常中有变"，"变中有常"；在事物运动中的必然性和偶然性的辩证关系上，中国古人谈道，"变不失常"，"常以处变"；在事物发展一般性与特殊性的辩证关系上，中国古人谈道，"执常以迎变"，"要变以知常"。[参见《中国哲学范畴发展史》（天道论），第115—117页]综合起来说，离开事物稳定性的"常"，就无所谓流动性的"变"。离开事物运动必然性的"常"，离开事物运动的规律性，就是一种无序盲目的"变"，就像董仲舒所说，"天之道，有序而时，有度而节，变而有常。"（《天容》，《春秋繁露》卷一一）离开事物一般性的"常"，不清楚事物变化的内在要求和基本的原则，缺少变化所依循的"主线"，也就不知道特殊性的"变"，也就不会"变"。

"不变之变"这一战略思想，充分反映在中国"保己全胜"的战略谋划中。这种谋划强调立足于自身，立足于长远，力求形成一种以不变应万变的万全之策。这样，就能够达到《孙子兵法》中所要求的："先为不可胜，以待敌之可胜。不可胜在己，可胜在敌。"（《孙子兵法·军形》）"故用兵之法，无恃其不来，恃吾有以待之。无恃其不攻，恃吾有所不可攻也。"（《孙子兵法·九变》）这种思想也被有些东方战略家们称为"无为而应变"。如《淮南子·兵略训》中说道，"静以合躁，治以待乱，无形而制有形，无为而应变，虽未能得胜于敌，敌不可得胜之道也"。

由"变"到"不变"，看起来自相矛盾，很难理解。实际上，这里面包含有深刻的否定之否定规律，包含有深刻的"变"与"不变"的辩证关系。对此，《兵经》有过这样的解释："事幻于不定，亦幻于有定。以常行者而变之，复以常变者而变之，变乃无穷。可行则再，再即穷，以其拟变不变也。不可行则变，变即再，以其识变而复变也。万云一气，千波一浪，是此也，非此也。"这句话的主要意思是：事物包含有"不定"与"定"之双重性。符合常规的是一种不变的东西，改变过去的常规就是变化。当变化的东西成为可行的东西时，则处于相对固定的状态，成为一种不变的东西。相对固定的东西如果不可行了，不适合事物发展的潮流了，它就要变化，又由"不变"而转化为"变"。千变万化的云彩有一种不变的物质，那就是气；千变万化的波涛中有一种不变的东西，那就是浪。云与气，波与浪，既有区别，又有联系，构成了"变"与"不变"的辩证关系。

"变"与"不变"的辩证思想，应当深刻体现"定"与"不定"、"此"与"非此"的辩证关系上。把握这些辩证关系，还需要进一步理解中国哲学所说的"中"。程颢说："中则不偏，常则不易，惟中不足以尽之，故曰中庸。""中"是由对立面相互作用、相互转化产生的，它是"此"也"非此"，它包含"定"也包含"不定"。"中"反映了事物内部与外部各相关要素本质的共性的内容，具有普遍指导性。用哲学的思维来理解，"中"作为一种"不变"之物，是一种抽象之物，抽象程度越高，包容性就越广，适应性就越强，应付各种变化的能力也就越大。但是，由于这种"不变"的抽象之物距离变化的具体形态较远，因而运用"不变"应付"万变"，需要有一种"变化"的态度。在战略领域，这种"不变"的抽象之物通常指战略指导的原理和原则。我们要将"不变"的原理和原则紧密结合实际变化使用，形成具体可行的应变方案。这就是说，"变化"本身包含有"不变"的成分，但"不变"使用价值体现在"变化"上，并且，将"不变"应用于"变化"的本身就是一个由抽象到具体的变化的过程。

对于战略指导者来说，达到"以不变应万变"并不是一件容易的事情。其要求包括以下几个方面：第一，要善于抓战略各要素之间最本质的联系，认识并把握住其中的相对稳定的"不变"成分，从本而治，从根本上找原因，从根本上寻对策，无论情况怎样变化，紧紧抓住根本不放。第二，治其机先，把可能变化的提前考虑进来，依据具有普遍指导意义的战略原理和原则，思考和制定能够适应多种不确定性情况的·"适中"之策，做到有备而无患。第三，立足于自身，着眼于长远，做好充分准备，保持强大的能够应付各种复杂情况的强大力量，使自己始终处于"不可胜"的战略主动地位。第四，在具体的战略指导过程中，要正确处理好短变与长变、战略之变与战术之变、偶然性变化与必然性变化的关系，该变则变，不该变时则不变。战略上要关注本质性的大变忽略非本质性的小变，坚持"以不变应万变"的主动性变化；不为小变而大动，防止单纯因变应变的被动性变化。第五，做出的任何计划，都要留出余地。没有战略选择的余地，没有战略预备手段，是很危险的，很容易陷入被动。

战略理念：你有千条妙计，我有一定之规。

七、兵贵神速——变的时空要求

美国商战专家麦克内利在学习《孙子兵法》之后，对"速"这个概念有比较深刻的理解。他指出：速度是资源的替代；行动迅速才能抓住转瞬即逝的机遇；速度可以使你的竞争对手受到冲击和震惊；速度形成冲力。有资料说，沃尔玛公司的制胜之道就是比它的竞争对手快80%。这个"速"字，是用兵作战特别强调的一个法则，它是我们从容应变的一个时空的要求。

我们先从"变"字谈起。"变"在具体的作战时空中表现为一个"动"字上。"动"，指的是军队的机动，这将导致作战力量时空转换和战场态势的改变。中外战略家都十分重视这个"动"字。毛泽东说过："打得赢就打，打不赢就走。"一位叫科林的学者在其《战争的变化》一书也说道，"运动是拿破仑战争的灵魂，正好像决定性会战构成他的工具一样"。

在这个"动"字的基础上，东方战略十分强调一个"速"字，强调"兵贵神速"。只有动得快，变得快，才能抢占先机，才能在关键的时空段内集中优势的力量，才能达成出其不意，战胜对手。这个"速"字，就是对"变"的时空要求，它是战略家们需要认真思考和掌握的一个非常重要的战略运用原则。掌握了"速"，"变"才有活力，许多战略上精彩场面才能够导演出来。

在商战领域，这个"速"字突出体现在资金的流动性上。许多企业家和金融家都认识到，拥有资金多的一方并非一定获胜，这因为现金流量的大小与速度有着密切关系，尽管在总量上你拥有的现金不是很多，而由于流动的速度快，你在单位时间和空间内拥有的资金就可能比别人多。国美电器老总就说：其实做企业，特别是做商业，有多少资本是一个方面，更重要的是资金周转的速度。

任何竞争者都不可能始终保持非常快的速度，有静才能有动，有慢才能有快——这是掌握速度必须把握好的辩证关系。我们在提起速度前要有一个准备的阶段，在这个阶段中要集聚力量，等待和捕捉机遇。对此，《孙子兵法》有过形象的描述，如"始如处女"，"后如脱兔"。（《孙子兵法·九地》）意思是，在不动静止的时候，要像大家闺秀一样；一旦行动起来，就像兔子奔跑一样快。

在这个"速"字的基础上，东方战略提出一个更高的时空要求，这也是一个极有战略价值的战略思想，即"势险节短"。孙子对此表述如下："激水之疾，至于漂石者，势也。鸷鸟之疾，至于毁折者，节也。故善战者，其势险，其节短，势如彍弩，节如发机。"（《孙子兵法·兵势》）孙子讲的"疾"，就是"速"的意思。只有行动迅速，才能够形成"势险节短"，才能使你的力量通过运行的速度获得更大的"势能"或"动能"，出其不意和攻其不备地战胜对手。

要想保持速度，必须要占领有利的位势，要善于利用各种有利的条件。譬如说，我们由上往下就会获得较高的速度，我们以实击虚就会获得较高的速度。关于这个思想，我们可以从孙子"其势险，其节短"的论述中体悟到。

要想保持速度，就需要把自己资源最大限度地集中在主要方向上。这与《孙子兵法》中"我专敌分"的思想有联系。正如麦克内利所说："强化成功，弱化失败。"就是说要对成功的方向给予最大的加强，形成冲击力；要对失败的方向减少支持甚至放弃。在这方面，戴尔的营销经验值得借鉴。戴尔营销法则特别强调一点：在提高顾客体验的同时以更少的库存做得更快更好。

战略理念：善战者，其势险，其节短。

八、掌握足够的应急机动力量

竞争是人与人之间的活力对抗，充满着不确定性。大量战争实践和商战竞争的实践表明，要想从容应对变化，必须掌握足够的应急机动力量，用军事术语说"掌握强大的预备队"。

关于预备队的使命，如克劳塞维茨所说："预备队有两个不同的使命：第一是延长和恢复战斗，第二是应付意外情况。"（《战争论》（删节本），第73页）克劳塞维茨还说：不要把所有部队立刻全部投入战斗。这种做法是最没有智慧的。只有手中掌握着机动部队才能左右战场局势。我们可以利用这些部队在原来的地点加强攻势，也可以在邻近的地点另辟战场。

按照军队的做法，预备队一般成建制地抽调主力部队担任。根据情况不同，预备队通常占全部兵力的1/5左右，有时甚至占到1/3。预备队部署的位置要适中，便于向各个可能发生意外的方向机动。预备队使用的时机要适时，不到最危急的时刻，绝不可轻易使用。预备队的使用方式一定集中，用在最要害的部位上，千万不可分散使用。我军在辽沈战役中，使用一纵为总预备队，当时战况异常严峻，但这支力量始终没动，从而保证了战役的主动权和尔后战役阶段的需要，获得了这次战役的全胜。孟良崮战役中，我军把六纵放在敌后的一个隐蔽位置上，在战役的关键时刻，这支部队封住了七十四师的退路，起到了战役决定性的作用。拿破仑滑铁卢失败，其中一个重要原因，就败在其机动力量格劳齐军团没有及时到位。

从军事角度看，留有预备队太多也不正确，这会造成力量的浪费。在军事上，保持多大数量的预备队，表现出一个指挥员的才能，这与他对应急情况的判断有关，也与他对整体力量的部署和比例搭配有关。

战略理念：不要把所有部队立刻全部投入战斗。这种做法是最没有智慧的。只有手中掌握着机动部队才能左右战场局势。

战略格言

没有任何计划能在遇敌后继续执行。

所有5秒的手榴弹的引线都会在3秒内烧完。

时刻做好准备，一旦遭人欺负，瞬间就应当进行回击。瞬间！

无线电总会在你急需火力支援时断掉。

第十三章

致

——善剑者，致人而不致于人

故善战者，致人而不致于人。

——孙子

"致"，是指一方力量如何作用到对方，指力量运用的过程和所产生的效果。"致"，不是谈力量的自身，也不是谈力量的外在条件，而是将双方力量综合起来谈，谈对抗双方的作用与反作用，谈对抗双方的攻守之道，谈双方如何运用力量获得预期的目标。在东方战略家们的论述中，"致"与"治"、"制"有近似的意思。

"致"这个范畴来自《孙子兵法》中的一句名言："故善战者，致人而不致于人。"（《孙子兵法·虚实》）孙子的这一句话包含有非常深刻的战略含义，被许多中外战略家所推崇。战争或其他对抗，是对立双方的激烈较量，双方在对抗过程所追求的一个目的和所遵循的一个原则，归根结底无非是：控制对手，而不被对手所控制；战胜对手，而不被对手所战胜。这就是"致人而不致于人"。

"致"作为东方战略的一个重要范畴，是前面所有战略范畴的综合反映，是一个总揽性的或者说归结性的一个战略范畴。在《李卫公问对》一书中有这样一句话："千章万句，不出乎'致人而不致于人'而已。"这段话就说明了"致"在整个东方战略体系中的重要地位。

就"致"而言，商战与战争虽然都是讲力量的作用，但作用的机制和手段有很大的不同。我们应当从商战的竞争规律与特点出发，探讨商战如何"致人"，从而把握住商战作用力与反作用力的这一根本性问题。

我们的许多战略决策者，并没有把战略主动权的问题提到应有高度上去看待，或者不明白在被动的情况下如何去争取主动。他们不知道"消灭敌人"与"保存自己"的辩证关系，不能够将"进攻"与"防御"巧妙地融为一体加以运用。所以，我们应当从东方战略之中寻求致人而不致于人的"攻守之道"。

一、掌握战略主动权

一本有名的商业杂志上，笔者看到了一则报道。报道说：清朝拥有装备世界第六、亚洲第一的北洋水师，却在自己的海域被动挨打，彻底毁灭。其原因何在？专家们分析说，这场战争中国失败的原因就在于没有掌握战略主动权上。这一观点深为鼎芯公司创始人之一、CEO 陈凯所认同。陈凯说："鼎芯赢得的深层原因是，在每件重要的事上，我们都争取战略主动。所谓战略主动就是不管事情多难，都要争取牵着别人的鼻子。能牵住别人的鼻子，那一定是找到了对方的弱点，发现了自己之长。"（参见《人力资本》2005 年第 2 期，第 76 页）

这则报道引出一个我们开始讨论的重要的战略话题——战略主动权。

对"战略主动权"最明确和最深刻的解释，就是《孙子兵法》中所说的"致人而不致于人"，即控制对手，而不被对手所控制；战胜对手，而不被对手所战胜。"致人而不致于人"，是要说明对抗双方以谁的意志为转移。对抗的任何一方，都有着自己战略目标和战略计划，都力求迫使对方按照自己的战略安排行动；而对方则采取相反的做法，使自己不受控制，并按照自己的意愿行事。简而言之，"致人而不致于人"就是要求战略指导者不为敌所动，要使敌为我所动。用我们平常的话说，要使别人围着你转，而不是你围着别人转；要始终牵住别人的鼻子，而不是让别人总是牵住你的鼻子。

"致人而不致于人"，掌握战略主动权，说到底是一个掌握战场行动自由权的问题。有了战场行动的自由权，你就可以实现你的战略意图，灵活运用自己的力量去摧毁对方的力量；没有战场行动的自由权，就只能被迫由对方战略意图所控制，自己的力量就会被对方的力量所宰割。因此，毛泽东指出："一切战争的敌我双方，都力争在战场、战地、战区以至整个战争中的主动权。这种主动权即是军队的自由权。军队失掉了主动权。被逼处于被动地位，这个军队就不自由，就有被消灭或被打败的危险。"（《抗日游击战争的战略问题》）法国的一位名叫博福尔的战略学家也认识到这一点。他说："战略的实质就是对行动自由的争夺。"（《战略入门》，第138页）

○尽可能少地受制于人

就现代商战而言，你要想"致人而不致于人"，掌握战略主动权，就必须清楚知道自己在行业的整个价值链中有哪些"受制点"，尽可能减少这些"受制点"，或者减弱这些"受制点"对你的制约力度。

在现实的经济领域中，企业的"受制点"有很多。有的受制于环境，有的受制于对手，有的受制于政策，有的受制于上游或者下游的商家。例如，有一篇分析我国"浙商"的报道谈道：浙江服装制造业长期受制于"面料业瓶颈"的限制，高档面料以及新面料基本上依靠进口，这使得上游利润始终掌握在国外企业的手中。对于浙江很多 OEM 企业来说，掌握了资源和原材料就意味着掌握了控制成本和扩张规模的能力，就掌握的一定的战略主动权。

在深入分析企业"受制点"的时候，要特别注意分析波特所说的"竞争作用力"。其中包括：新进入者的威胁；供应商的议价实力；客户的议价实力；替代品或服务的威胁。这些因素所产生的制约作用有许多方面，归结起来有三点：相互需要的程度；相互获利的程度；相互影响的程度。前两者程度越高，依赖性越强，制约力越弱；后者程度越高，依赖性越弱，则制约力越强。（参见《竞争论》，第 15 页）

为了使企业在其整个价值链中尽可能减少受制于人的因素，有专家主张采用"垂直一体化"做法，并认为这一种典型的"致人而不致于人"的做法。这种做法能够使企业在同一行业之中扩大竞争范围，将其的活动范围后向扩展到供应源或者前向扩展到最终产品的最终用户。但这一做法也有明显的不足之处，就是它会将一家公司深深地陷入某一行业之中，如果跨越行业价值链体系的几个阶段的经营运作不能建立竞争优势的话，那么"垂直一体化"就将成为一个有问题的战略行动。（《战略管理》第十版，第 171 页）

人们都很羡慕微软，认为微软是在当今商战领域中受制于人最少（几乎接近于零）的，它没有任何竞争的压力，没有人敢于向它挑战，也没有任何替代品的威胁。供应商和用户在对微软的讨价还价能力方面微乎其微。这种主动权来自哪些地方？是微软的实力？是微软的技术？是微软的设定的标准和游戏规则？还是微软在改变人们生活方式所产生的无可替代的影响力？对于这种"微软现象"，我们在研究现代商战战略主动权的问题时，应当给予高度的关注。

现代商战中，"致人而不致于人"的战略主动权在很大程度上表现在一种"求人"与"被求"的关系上。高明的战略家善于变

战略理念：你
要尽可能成为
被求者，而不
是求人者。

换这种关系，将被动的"求人"变为主动的"被求"。

○求其在我，着眼自身能力建设

美国一家大公司曾经想与海尔合作，但提出控股权要求之后
遭到张瑞敏的拒绝。这家公司对张瑞敏放言说："我要打败你。"
面对这种严峻的挑战，海尔的张瑞敏却说："我可以借用美国历史
上唯一连任四届的总统弗兰克林·罗斯福的一句名言回答：我们
海尔唯一害怕的是我们自己。"（《与100名老板对话》）他还接着
强调说，"海尔最大的敌人就是自己"。

小天鹅公司总裁徐源也有过类似的表述。他说："小天鹅公司
有一个十分重要的理念，那就是，在市场经济条件下，企业要努
力调整好自己的小气候，自己救自己。"

这两段企业家的话，表达了现代商战中如何掌握战略主动权
的一个重要思想，这就是要立足自己、依靠自己的"求其在我"
的思想。只有这样，在激烈的商战中，才能以不变应万变，做到
"致人而不致于人"。

在《孙子兵法》中，有一段话对"求其在我"的战略思想作
出了很明确的解释。这段话是："故用兵之法：无恃其不来，恃吾
有以待也；无恃其不攻，恃吾有所不可攻也。"孙子说：用兵的法
则是，不要寄希望于敌人不会来，而要依靠自己做好了充分准备；
不要寄希望于敌人不进攻，而要依靠自己拥有使敌人无法进攻的
力量。他提出，不应把希望和决策的基点放在对方如何变化上，
而应放在自己做到充分准备前提下积极应对敌人的变化上。这与
我们前面所说过的"先为不可胜，以待敌之可胜"、"不可胜在
己，可胜在敌"、"先胜而后战"等东方战略思想是一致的。

"求其在我"的战略思想告诉我们，无论做什么事情，无论与
什么人打交道，首先要把自己的事情做好，要首先使自己强大起

来，要使自己具有别人所信服的道义和实力。有了这种道义和实力，你就不必再去主动讨好什么人，也没有必要用什么伎俩去损害什么人，别人会主动地来结交你，因为你值得别人结交，或者别人不得不与你结交。

在现代商战中，"求其在我"，掌握战略主动权，首先要在战略上着眼于自身的能力建设。只要自己有了战胜对手的能力，就不会害怕对手的威胁和进攻。张瑞敏特别强调海尔自身的两种能力建设。他认为，企业就像斜面上的球，要使其不下滑，必须有两种力，一个止动力，保证它不下滑，这是企业的基础工作，包括雄厚资产、坚强的队伍、优秀的文化。再一个是拉动力，促使企业向上移动，这就是创新力。这两种力，都来自企业自身。有了这两种力，你就不会被他人左右，就能够保证企业"致人而不致人"，掌握住战略主动权。

许多商战专家特别关注企业自身战略能力建设的研究。他们指出，专注于自身战略能力建设的公司，是一个"能力猎食者"，它能忽然跳出来并快速从非参与者变为主要竞争者甚至是行业领导者，从而掌握战略主动权。这些公司能在十分多样化的地区、产品和业务方面展开主动性的竞争，其自身能力增长所带来的巨大赢利，不是来自地域扩张，而是来自对全新业务的快速进入。沃尔玛的首席执行官戴维·格拉斯力求将沃尔玛建设成为这样一家公司，并将沃尔玛的特征概括为"总是先建立内部能力，而从不凭空跳跃"。

战略理念：先建立内部能力，而从不凭空跳跃。

○主动与优势不能分离

许多商战专家们都注意到企业存在着一种错误的倾向，这就是过度看重眼前财富而忽略战略优势。美国商战专家加里·哈默很有感慨地说，他曾经访问过很多美国公司的总裁，想了解一下他们是如何评价公司的成功，是如何衡量企业家为公司所做的贡献。结果，大多数的答案是围绕股东财富而作出的解释。在这位美国商战专家看来，现在存在着两种战略追求的公司，一种是强调战略地位和战略优势，一种是强调给股东带来更多的财富，但这两种目标激发的企业活力是不同的。所以，有长远战略意图的公司，要给出唯一值得员工们承担义务的目标——在国际领域夺取或保持顶尖地位。（参见《未来的战略》第 132 页）

在这里，加里·哈默谈到了一个如何追求战略优势的问题。这个问题，已经引起现代企业家们的高度重视。有一位企业家曾经说过这样一句让人印象非常深刻的话："我们知道不创造优势就等于离开市场。"（贺力等编著《与 100 名老板对话》三，经济管理出版社 1998 年版，第 163 页）

实际上，"优势"与"战略主动权"是密不可分的，"优势"是我们获得"战略主动权"的重要的因素。我们应当认真研究一下这两者的关系。

获得主动权不是凭空想象的，而是有物质基础和前提条件的。正如毛泽东所说："主动是和战争力量的优势不能分离的，而被动则和战争力量的劣势分不开。战略力量的优势或劣势，是主动或被动的客观基础。"他还形象地比喻说："一个身体壮健者和一个重病患者角斗，前者便有绝对的主动权。"（《论持久战》）

我们现代商战常说的"竞争优势"就是在对抗中形成的力量优势。战略主动权的获得是以力量优势为基础的。所以说，战略主动权与竞争优势有着必然的联系。掌握竞争优势的竞争者，更容易获得战略主动权。

积极追求竞争优势本身就是一种追求战略主动权的表现。在许多企业尤其是大的企业当中，把获得竞争优势作为企业追求的一个基本的战略目标。企业牢牢把握住这个目标，就能够摆脱急功近利的短期行为，争取战略主动，推动企业长远发展。波士顿顾问公司的理念中有这样一条：竞争优势重于短期业绩。这种优势依赖于战略运筹，这是一种着眼长远的思考。如果忽视战略，忽视追求竞争优势这一目标，就会出现盲目追求增长的现象，这对企业发展是极其危险的。有的专家对这种现象作过分析。他们认为，通过多年的重组和降低成本，很多公司把自己的注意力转向增长，司空见惯的是，增长的努力模糊了独特性，造成了损害，降低了适应性，最终侵蚀了竞争优势。实际上，增长的紧迫性对战略是有害的。很多公司屈从于追赶"容易"增长的诱惑，增加热门的品种、流行的产品或服务，也不考虑其是否适应于战略。

在一本战略教程中，有一段话是这样评价日本如何通过创造竞争优势而获得战略主动权的："让我们来看一看日本的公司：它们持之以恒地通过不懈努力采取战略行动，从那些更加重视利润的美国和欧洲竞争厂商那里抢占市场份额，这实际上是充分利用了让短期财务目标占统治地位的陷阱。"（［美］汤姆森、斯迪克兰德著《战略管理》第十版，段盛华等主译，北京大学出版社、科文［香港］出版有限公司2000年版，第45页）

SWOT方法，是现代商战中的一个著名的分析方法。我们在现代商战中获取战略主动权，应该掌握这一方法。这个方法的着眼点就是分析商战竞争者的优势与劣势，找到企业在竞争中的机会与威胁。这个方法实际上就是教会和引导我们如何正确地认识自己的优势和劣势，从而对自己下一步该做什么和不该做什么有一个正确的判断。所谓"SWOT"，就是优势（Strength）、劣势（Weakness）、机会（Opportunities）和威胁（Threats）。这种方法首先着眼于自己内部的分析，分析自己的优势即能够增强竞争优势的内部核心竞争力是什么；分析自己的劣势即能够限制组织有效性的内部特征是什么。在这些基础上，这种方法要求进行自己的外部分析，分析自己可能遇到的机会即与企业运用资源增加效益的新途径有关的各种外部因素；分析自己可能遇到的威胁即直接或间接地关系到企业发展的外部的各种不利因素。

○具备超常的战略定力

美国有一位著名的商战专家名叫麦克内利，他曾经是美国陆军军官，退役后在 IBM 公司担任战略顾问。他在研究《孙子兵法》之后谈道："就像孙子时代的战国时期一样，现在全球的企业为自身生存和繁荣而竞争，不断地发生着冲突。面对稀缺而昂贵的资源和不断变化的环境，竞争者不得不竭尽全力寻求哪怕极其微小的优势。与此同时，经营者和管理人员不得不应付涌向他们的来自市场调查和大众传媒的信息洪流；再加上咨询顾问们吵吵嚷嚷地要与企业签订咨询合同——他们试图推销的战略说不清是真正具有真知灼见，还是仅仅是最流行的管理时尚。其结果却是往往不是清晰，而是混乱；不是平静，而是惊愕。这种情况，使得建立一种连贯的、富有内聚力的战略变得非常困难。"

麦克内利告诉我们：在现代商战的复杂环境中，要想保持住战略主动权是非常困难的，这因为，面对大量的信息洪流的冲击和来自四面八方的咨询建议，你很难左右住自己，很难建立起一种"连贯的、富有内聚力的战略"。怎么办？这需要一种不轻易为周围各种干扰因素所动的"以不变应万变"的战略定力。

这种战略定力，来自你能够紧紧抓住企业最为要害的问题，自由地去思考，去行动。有一位名叫戈恩的外国企业家谈道：有人会建议你多听听别人的意见，要缓慢地行事。的确，在新环境中你需要听取不同的意见，但你要问自己："我应当做人们认为我应该做的事，还是应该直接抓住要害问题？"答案是明显的，你不应当被别人所认为的"应该"或"不应该"所限制，你要有主见地去做你认为需要做的事情。

这种战略定力，体现了企业一种十分明确的目的性要求，这就是要始终围绕着目标而考虑手段，要以"果"而论"事"，避免方法上的机械和呆板，防止因一些枝节问题而影响战略决心。你只要牢牢把握住既定的正确目标，就能够摆脱急功近利的短期行为，推动企业长远发展。

这种战略定力，体现在企业家知道"什么事能干"和"什么事不能干"的战略判断上，体现在企业家一种敢于和善于拒绝的战略素质上。柳传志就曾说过：什么事是不能干的呢？没有钱赚的事不能干；有钱赚但投不进钱的事不能干；有钱赚也有钱投但没有可靠的人去做，这样的事不能干。正是这种定力使联想避开了经营道路上的无数个诱人的陷阱，走上了成功。（《与100名老板对话》第二册，第19页）我们在上面提到的那位名叫戈恩的国外企业家也说过类似的话："我毫不担心失去本不该拥有的市场份额。我们关注的是利润。"

这种敢于拒绝和善于拒绝的战略素质，在《孙子兵法》的"途有所不由，军有所不击，城有所不攻"这句话中得到很好的解释。在孙子看来，用兵作战，导致将帅丧失主动权的最大诱因就是"诱惑"。所以，要学会拒绝，不该争的，不该要的，不该占的，坚决放弃。这一点很重要，我们日常生活中大量的经验和教训都可证明，许多失误常常是由于贪图或不愿放弃一些小利而造成的。不敢于拒绝和放弃，就容易被敌所诱。在这方面，著名商战专家波特说："领导人的工作就是，教导组织内的其他人发展战略，同时对诱惑说不。基于战略思考，选择哪些该做，哪些不该做，其实同样重要。"前巨人集团总裁史玉柱对这个问题也有深刻的体会。他在总结自己失败的教训时说："中国民营企业面临最大的挑战不是发现机会的能力，而是能不能经得起诱惑。民营企业一定要注意在经营项目上的专业化，唯有在一个领域内的精通和优秀，企业才能得到更好的发展。"（参见《人力资本》2000 年第 10 期）

这种敢于拒绝和善于拒绝的战略素质，尤其表现在你是否敢于向亲情说"不"上。纵观大量商战失败的例子，其原因就在于缺少这样一种向亲情说"不"的战略定力。日本八佰伴的和田一夫在经营失败后说道："我深切地体会到，在残酷的生意场上，温情是致命的。在人事上把好关是多么需要的事啊！从破产到今天，在这三年半中，我花了很多时间，仔细阅读了许多世界著名人物的传记。在这些传记中，我了解到了他们是怎样克服挫折和失败的，又是如何'东山再起'的：在逆境中，他们是怎样调整好自己心态的，又是怎样应付周围各种各样好奇和疑惑的目光的。"

在当今激烈商战的双方直接对抗中，这种战略定力集中表现在：不为对手所动，不能被动地跟着对方的步子走，而是要依据自己的意图，使对方跟着我们的步子走。我们要了解对方，有针对性地采取行动，但更重要的是，要依据自己的目标，按照自己的计划走，同时使对方也不得不跟着自己走。这要求战略家始终盯住自己的主要目标，正确处理好全局主动与局部被动的关系，不轻易地改变目标和决心，以不变应万变。这就要按照《孙子兵法》所说的那样，"非利不动，非得不用，非危不战"，切不可"以愠而致战"。

笔者个人体会，掌握战略主动权的这种战略定力，也可以说是战略家所应具备的明确的"方向感"。这种感觉表现在两个方面：一是知道朝哪里走，二是在任何情况下，不为其他人和事所动，始终朝着目标坚定地走下去。

战略理念：在现代商战的复杂的环境中，要想保持住战略主动权，需要有一种不轻易为周围各种干扰因素所动的"以不变应万变"的战略定力，要敢于拒绝和善于拒绝。

○你打你的，我打我的

我们在大量的商战案例中，能够发现许多公司有着自己的与众不同的经营方式，并且通过这些方式掌握住战略主动权，为自己赢得了巨大的市场。例如，联邦快递公司重组了传统价值链，购买了自己的卡车和飞机，率先实施中心辐射，改善了小包邮件递送的及时性和可靠性，并且还为顾客提供一个能够跟踪邮寄包裹的软件。联邦快递的这些经营方式，与那些使用航班的竞争对手相比，与那些连接于许多分发点、分类中心的长距离卡车运输的竞争对手相比，有着很大的不同，形成了自身独特的竞争优势。

"名人"电脑公司采取了一种独特的"技术领跑，营销助跑"经营方式。他们首先通过技术带来的差异化产品进入畅通的销售渠道并迅速赢得市场；当市场出现同质化产品但竞争对手尚未获得新产品的高利润的时候，他们利用技术优势，迅速降低制造成本，大打价格战，利用低价格继续扩大自己的市场份额。

这两个商战的战例说明了掌握战略主动权的一个重要思想——你打你的，我打我的。

"你打你的，我打我的"，是毛泽东讲过的一句话。这句话讲得很通俗，但含义却非常深刻，它形象地概括和表达了"致人而不致于人"的掌握战略主动权思想的具体运用原则。对此，我们需要着重把握两点：第一，以我为主，按照自己的战略要求打，坚决不按照对方的意愿打。第二，对我怎么有利，我就怎么打，充分发挥自己的长处，打击对方的短处。

在现代商战中，你打你的，我打我的，掌握战略主动权，就要保持自己独有的特性或者说形成并保持你的差异性，这样才能够做到我左右你，而不被你左右；才能够主动设计需求，积极塑造市场，按照自己的战略意图去调动竞争对手，而不是受制于竞争对手的战略意图。

就现代商战而言，差异性，也称为独特性，这是一种竞争优势，也是一种战略手段。这种战略手段可使公司提高产品的价格，提高产品销量，提高顾客对品牌的忠诚。运用这种战略手段，可通过差异保持与竞争对手的距离，或者将竞争对手淘汰出局。

许多商战专家对这种"差异性"有过大量论述。波特说，"竞争战略没有定法。这就意味着要以不同的方式来开展您的价值链活动或者开展不同于竞争对手的活动为顾客提供独特的价值组合"（《战略管理》第十版，第 144 页）。卡罗威说："提供的产品必须表现出明显的优质性，最重要的是，表现出令人愉快的差别性。"（《战略管理》第十版，第 539 页）波士顿公司的创始人布鲁斯认为："任何想要长期生存的竞争者，都必须通过差异化而形成压倒所有其他竞争者的独特优势。全力维护这种差异化，正是企业长期战略的精髓所在。"（《公司战略透视》，第 3 页）

采取差异性的战略手段，需要创造独特性的竞争优势（也被称为"特质性竞争优势"）。这种独特性，来自稀缺的资源、尖端的科技，或者不可模仿的组合方式；也可能来自企业长时期形成的某种文化基因。一个要想获得战略主动权的企业，必须具有这种或那种与众不同的基因，这样才会产生独特性的竞争优势，才能够做到你打你的，我打我的。

独特性的竞争优势反映在你的专业化水平上。几乎所有商战专家都会认为，在服务顾客方面，竞争者之间是有差别的，没有两个竞争者能在同一时间以同一方式、同一成本服务于完全相同的顾客。这种差别反映在竞争者之间专业化程度上，而顾客需求的多样性又有利于扩大竞争者之间这种专业化的差别。所以，如果某个竞争者能用相对低的成本为某个细分市场提供高质量的专业化服务，他就能做到你打你的，我打我的，掌握一定的战略主动权。换言之，突出"专业化"，坚持你打你的，我打我的，是相对弱小的竞争者在市场局部获得战略主动权的一种有效战略手段。

在现代商战中，你打你的，我打我的，采取差异性战略手段获得战略主动权，有着许多具体的做法，其中包括：推出消费者认可的独特的产品；通过快速更新产品类型来保持差异性；针对消费者的特殊需求，发现未被意识到的购买准则，率先对将要变化的购买者或购买渠道做出反应；提供那种能够从非经济或者无形的角度提高顾客满意度的服务；通过建立独特的联盟形式来保持自己的差异性；在自己的力量组合上形成自己的差异性；建立企业独特性来源的屏障保护；形成差异性的多重来源；重组独特性的价值链。

我们在采取差异性的战略手段时，应当避开以下误区：无价值的独特性；过分的差异化；过高的溢价；忽视对信号价值的需要；不了解差异化的成本；只重视产品而不重视整个价值链；不能认识买方的部分市场。

> 战略理念：你打你的，我打我的，就是与别人不一样。

○由适应变为引导

奔驰公司董事长埃沙德·路透办公室里挂着一幅巨大的恐龙照片，下面写着一句话"在地球上消失了的不会适应变化的庞然大物比比皆是。"这句话的提示非常重要，我们必须时时刻刻地关注周围环境的变化，不断地调整自己去适应这种变化。但是，这远远不够，我们是人，而不是恐龙，人与动物的一个重要区别是：人不只是会适应环境变化，而且会主动地改变环境使朝向有利于自己的方向变化。

这就是我们在掌握战略主动权的问题上特别强调的一个思想——"由被动地适应变为主动地引导"。

现在西方的商战领域特别推崇一种"时基战略"。许多西方商战专家们认为，企业要在顾客需要的时候，立即给予他们所想要的东西。在他们看来，正是这种对客户的重新关注，使得早期的创新者成为时基的竞争者，使得现在企业战略成为更多强调以时间为基础的战略。这种战略并没有错，但还不算是一种积极主动性的战略。积极主动性的战略，不是去围着顾客转，而是设法让顾客有求于你，围着你来转。你要视顾客为上帝，你就首先应该成为顾客的上帝。

有一位名叫克里斯滕森的商战专家认为："公司不能光指望由顾客需求来引导革新。顾客无法预测新的技术，因此也不能准确地说出他们需要什么，管理层必须尝试去预测和引导顾客的需求。"所以说，在现代商战中，人们要特别强调市场的需求，要特别注意察看顾客的脸色，但绝不能仅仅局限在这上面。高明的战略家，不是消极地适应你征服的目标，而是主动去引导和改造你征服的目标。

主动的引导，要着眼于潜在的文化力量。在《成功营销》杂志中有一篇文章谈到了这种做法。文章指出：以美国品牌为代表的国际品牌，在中国不是简单的进入市场，而是透过理解本地消费需要，来重建一种更具蛊惑力的消费文化，从而成功地产生了主导作用——它们没有简单迎合中国消费者的生活方式，而是参与和主导建立迎合我们生活方式的变化所需要的新的生活方式，透过主导变化而赢得市场的领导者的位置。

主动地引导，要依据消费者的想法而调动他们的需求。营销专家们建议说："发现他们所想的，然后卖给他们所需的。"在营销的寓言中，讲到一个卖狗的故事，能够形象地说明这个问题。一个人想把他的狗送给一位农民，但这个农民不想要。一位销售人员愿意帮忙。销售人员以参观的理由拜访了这位农民。他在参观之时引导农民产生了对狗的需要，结果让这位农民支付了100

美元买下了一只原本他可以不付一分钱就可以得到的狗。

主动引导，需要有一个明确的概念定位，并且按照这个概念定位不断地形成引导市场影响力。有位市场营销专家说：一个企业要想掌握竞争的主动权的话，在一开始就必须有一个主动的定位，也就是说我希望我的产品、我的服务在消费者的心目中留下什么样的印象。要留下一个好的印象，并不是那么简单，因为你要让消费者看到你的这个企业的标签，一看到你的产品，一看到你的服务，他马上能联想起跟你这个产品相关的主要特征，并得出一个结论，而要得出这个结论，实际上就取决于你的宣传活动的定位。这种宣传活动一定要给消费者留下长期的记忆。譬如：奔驰、宝马是高贵的象征；金利来是男人的世界；海尔是中国制造。

主动引导，需要积极转变你在行业价值链中的被动角色。在这方面，浙江万向集团的"反向 OEM"模式就是一种非常好的做法。2000 年年底，万向集团以战略投资者的身份，以 280 万美元价格收购了美国 UAI 公司 21% 的股权，成为该美国公司的第一大股东。这家美国公司是有很长历史的汽车零部件制造商。此举的结果是，万向集团成为 UAI 公司的最大供应商，稳定了在主流市场的客户关系和销售渠道，由被动的适应者变为主动的引导者。

一些台湾厂商在这方面也有着自己成功的经验。他们积极完成由 OEM 向 ODM 的转变，在行业价值链上占据了主动的地位。这些台湾的厂商，先把自己设计制造的产品展示给国际品牌商，获得他们的认可后，再在大陆组织该产品的制造。这样，就形成了一种"跨国品牌，台湾设计，中国大陆制造"的行业价值链。在这条价值链上，台湾厂商已经不是被动的适应者和被挑选者，而是拥有研发和设计优势的主动引导者。无论对品牌商还是对制造商，他们都有着更多的讨价还价的资本。目前，台湾厂商已经

战略理念：让别人更多地来适应你，而不是你更多地去适应别人。

控制了 70% 的笔记本电脑生产，在其他电子制造行业也占据着非常重要的地位。

○成为游戏规则的制定者

我们都还记得，著名的国内空调生产厂商格力与著名的国内家电营销巨头国美有过一场对抗。由于双方分歧较大，格力宣布中止与国美的合同，自己单独组织其产品的销售。在《成功营销》杂志组织的讨论中，有专家评论说：格力作为生产厂家，它必定要求有对产品全价值链的实体掌控权，渠道的利润由它来分配，渠道的价格和利润体系由它来设置。格力多年来的规矩就是现款现货的批发交易，而作为渠道商的国美则不同。如果国美在发家的最初遵循厂家的游戏规则，它无论如何都不会长大。国美的模式是代销，利用间隔的"账期"缝隙来挪用厂家的资金求得自己的发展。它走的是另外一条路，改变游戏规则，让厂家按自己的游戏规则来。厂商之争实质是供应链上下游成员议价能力的拼争，而厂商间议价能力包括供需方数量、独占性、战略性资产、利用和转移代价、购买方式、品牌溢价、赢利率和信息透明程度等多个方面。专家们认为，从这次家电行业典型的厂商争端中可以看出，价值链上的话语权的谋取是成员间拼争的焦点，谁掌握了话语权，谁就掌握了价值链上游戏规则的制定权。（参见《成功营销》2005 年第 2 期）

在现代商战中，致人而不致于人，掌握战略主动权，就要求你的企业成为游戏规则的制定者，而不是被动的执行者。

加里·哈默认为，经营规则的制定者，会从规则制定而导致的新的变化中获得经营的主动性和巨大的竞争优势。他谈道：观察一下，你就会发现三种公司。第一种是规则制定者，那些形成该行业的现有公司，IBM 公司、CBS 公司、联合航空公司、美林公司、西尔斯公司、可口可乐公司，诸如此类都是寡头垄断集团。第二就是规则的接受者，即那些向"巨头"效忠进项的企业，如富士、ABC、美国航空公司以及大量的其他公司。第三种是规则的破坏者，如宜家公司、博迪公司、查理·斯沃伯公司、戴尔计算机公司、斯沃琪公司、西南航空公司以及许多其他公司等。属于规则破坏者的公司，既不受传统束缚又没有对先驱者敬畏的束缚，他们是反抗者，是激进分子，是行业的革命者。（《未来的战略》，第 34 页）这些规则的破坏者，要么失败，要么成功，而成功的规则破坏者就是新的规则制定者。

佳能公司为什么能够替代施乐公司而成为复印机市场的老大，就是它改变了施乐公司的规则，变"集中复印"为"分散复印"，规则一变，整个原有的供销、决策的产业链也改变了，使用者、决策者和购买者都改变了，施乐公司原有的控制手段也自然跟着失效了。就像战争一样，当一个军队不按照你的战法与你作战，那么你的原有的作战能力将无法施展。

规则的制定者，将通过他的超强的议价能力，表现出对战略主动权的控制。现代商战中，"致人而不致于人"的战略主动权，实际上就是一种议价能力，或者说讨价还价的能力。"致人者"就是价格的决定者。当你受制于人越少的时候，你的议价能力就越高，反之，当你受制于人越多的时候，你的议价能力就越低。你的议价能力越大，说明你的战略主动权越大。2004 年，联想集团面向农村市场，推出"圆梦"电脑。在这款电脑中，联想放弃了芯片霸主英特尔，与 AMD 合作。业内分析专家称其为"有血性的举动"，并指出这一举动证明了"联想已经具备了议价能力"，在一定程度上改变了行业原有的游戏规则，掌握了一定的战略主动权。

在现代商战的很多方面，"规则之争"往往表现在"标准之争"上。这因为，"规则"取决于"标准"又反过来决定着"标准"，其结果，"规则的制定者"与"标准的拥有者"往往都会集中在赢家一人手里，使其成为整个行业价值链条的战略主动权的控制者。这就是所谓的"温特尔主义"模式。在这个模式中，掌握产品标准和制造规则的一方，要比产品制造的一方，有更多的主动权，获得更多的利润。

美国就是这一模式的最大受益者。在国际贸易的市场上，美国就善于利用其科技优势而形成的一些"标准"决定国际市场的一些规则。美国商战专家麦克内利说："微软公司在个人计算机操作系统软件市场中的支配地位，使得它能够在过去的十年里让其他计算机系统公司、软件应用公司和计算机硬件公司按照微软公司的魔笛跳舞。(《经理人的六项战略修炼》，第10页)

对于在"标准"上所表现出来的战略主动权的掌控力度，笔者曾经进行商学院的体验战略教学时，与摩托罗拉的一位部门经理作过探讨。这位经理说：中国人与西方公司打交道有一个过程，先是产品，后来是生产线，最后才知道标准是最重要的。西方发达国家投入大量资金获得了产品的标准，占据了技术优势，控制了行业的上端。中国只能受制于人。要想获得主动权，你必须要成为行业标准的制定者和掌握者。

在行业标准的掌控上，我们要特别注意中国的"闪联"与国际上DHWG的对抗。TCL总裁李东生说："中国要成为全球经济的领导者，中国企业要成为全球产业的领导者，就必须在产业标准的制定方面有所作为，并最终成为标准的制定者乃至输出者。闪联标准的制定就是这样的一种尝试。"(《成功营销》2005年第2期)另外，国内发生的HDV和EVD的争夺，实际上也体现出了行业标准的争夺。

如果再进一步说，只是掌握了标准，并非是最主动的，如果你能够掌握理念，通过某种理念来控制竞争对手或者市场管理者、消费者的思维，决定市场或行业的规则走向，那才是处于最高位的战略主动者。

制定了规则，并非你就会长久地主导规则，这因为你要经常不断地遏制那些规则的破坏者。在这方面，格兰仕有着自己独特的战略。这家公司的老总俞尧昌说：从 1996 年到 1999 年，格兰仕一直在打价格战，在现在的市场占有率占到七八成的时候，我们还要打价格战，很多人不理解。为什么，格兰仕现在已经进入把企业的经营安全放在第一位，把利润放在第二位的时期，我们现在打价格战的目的就是要摧毁竞争对手的投资者心态。规模做大了，我们就可以进一步控制成本和利润，做到垄断，从而主导行业游戏规则的制定。（《北京青年报》2001 年 8 月 20 日）

战略理念：你要成为规则的制定者，而不要总是成为规则的执行者。

○抢占先机

在一部有名的战略教程中，有这样一段话："几乎没有哪种竞争优势可以长盛不衰。揭示一种新的竞争优势有点像取到一条钉在木桩上的暗语：最先领悟者比最后领悟的要赚取更多的钱。"美国的苹果电脑公司取到了这条暗语，明白了其中的道理。这家公司成功地发起了一场先发制人的行动，在其他个人电脑销售商行动之前，他们迅速进入了小学、中学和大学教室。在这个过程中，他们创造了一个非常忠诚的顾客基础。

我们在现代商战中，要掌握战略主动权，应当取到这条暗语，并从战略的角度来理解它的深层含义——抢占先机。这正是《孙子兵法》所说的"凡先处战地而待敌者佚，后处战地而趋战者劳。"孙子在这里提到的"先"与"后"、"待"与"趋"、"佚"与"劳"六个字很耐人琢磨。我们从中可以明白这样的道理：在一些有利的战略位置和战略机会上，如果我"先"而敌"后"，则我"待"而敌"趋"，结果会是我"逸"而敌"劳"，我调动了敌人而我却未被敌所调动，我占据了优势而使敌人处于劣势。

有位商战专家在总结了大量商场竞争实例后说："商业历史早已向我们展示：高业绩的公司往往首倡行动，开创先河，而不是被动地做出反应和被动地进行防卫。他们往往采取战略性的进攻行动战胜竞争对手，获取竞争优势，然后利用他们所获得的市场优势获取超群的财务业绩。积极地追求创造性的战略，可以促进一家公司获得领导地位，为其产品和服务成为行业标准铺平道路。高成就的公司几乎永远是敏锐的预先性的管理所带来的结果，而不是碰运气的结果。"（《战略管理》第十版，第29页）

许多商战专家看到，在新的模仿者和竞争者只需在遥远的地方按动鼠标的市场上，任何革新、任何专利都会带来巨大的优势。高科技领域中的经验表明，市场上走在前列的人可以赚钱，紧跟其后的不赔不赚，其他的人都要破产。唯一能够持续存在的竞争就是下一代争夺领先地位的竞争。

我们要注意研究现代商战教程中的"达维多定律"。"达维多"是英特尔公司一位副总裁的名字，是他提出了这一定律。这位副总裁看到，在某个领域内，先占者可以抢得50%的市场，他主张公司必须率先在市场推出新一代产品的方式去主导市场。

我们可以想象，有先见之明的人，抢先一步，将进入一个全新的领域。这里海阔天空，没有竞争对手，面对的是多得用不完的使人兴奋不已的资源和商机。在现代经济中，重要的早已不再是强者的实力，而是领先者的优势地位。谁不采取行动，谁就会受害。这在行话中叫"先下手为强"。

由此，我们要记住威尔·罗杰斯说过的一句话："造成伤害的，并不是未知的事物，而是已知的东西。"（《公司战略透视》，第373页）同时，我们还要联想到另外一句话："有待发掘的永远比已经发掘的更重要。"

抢占先机，强调战略创新，要求企业保持一种永不停顿的发展状态。在商战中有这样一句话：没有发展就意味着死亡。在这方面，有的企业提出"生产一代、储备一代、研制一代、构想一代"的思路，使自身在现代商战中始终保持竞争优势，掌握战略主动权。有一些经营电子产品的公司，运用的"定时出击"的做法，这就是一种不断创新的做法。只有不断创新，你才能永久地保持主动。

抢占先机，有时要采取"先发制人"的进攻行动。这是一种比较典型的控制主动权的战略行动，有的战略教程称其为"先买性战略行动"。先发制人，不是盲目的，而是有着明确的目的性和特定的要求，这就是要追求一种竞争对手不可能获得或者复制阻力很大的竞争优势，并且这种竞争优势只有在首先采取行动时才能获得。

有的战略教程总结了"先发制人"进攻行动的具体战法：第一，先期同最好的、最大的、最可靠的供应商订立长期合同，或者进行"后向整合"，迫使竞争对手只能与二流的供应商保持联系。第二，先期占据有利的地理位置。第三，先期获取有名望的客户的生意。第四，先期在消费者的头脑中建立一个"心理学"的形象，这种形象要很独特，难以复制，同时能够创造强烈的吸引力。如耐克的"JUST DO IT"的标签牌。第五，采取的某项先买性的行动，形成对竞争对手的排他性的限制，确保公司占据其他公司很难克服的"黄金"地位。例如，FOX 曾经采取先买性的行动，获得了一个持续四年的价值 62 亿美元的 NFL 转播合同，将 CBS 完全排除在外，并使它成为与 ABC、CBST、NBC 并驾齐驱的主要电视网络商。（参见《战略管理》第十版，第 181 页）

战略理念：有待发掘的永远比已经发掘的更重要；最先领悟者比最后领悟的要赚取更多的钱。

○占据战略制高点

在一本采访国内著名企业家的书中，成都人民商场的总经理吕根旭在接受采访时说过这样一段话："比如市场网点建设我们考虑的是占据战略制高点，其目的是在分市场份额的蛋糕时更有发言权。"按照这个思路，这位老总在原有的人民商场之外又开了火车北站分场、武侯仓储超市，以国有净资产配股合并成都针织品公司并获得了三个黄金地段（这些地段全部集中在成都的主要商业街区）。同时，他还在收购的一家破产企业的厂址上改建了一个商品配送中心，为其连锁经营提供了可靠的保障。他还自筹资金1亿元修建15000平方米的可停放500辆汽车的三层地下车场，并在地面修建营业面积41000平方米左右的食品超市，经营副食品上万种。

这里提出了我们今天商战战略必须高度关注的"占据战略制高点"的思想。对此，我们还有必要学习《孙子兵法》所说的"凡先处战地而待敌者佚，后处战地而趋战者劳"这句话。我们在此把握的重点不是"先后"，而是"占地"即我们所说的"占据战略制高点"。

孙子的"占地"思想告诉我们：在战场上，在一定的战场态势中，有着一个或数个非常重要的位置（在战略上称为"战略制高点"），我们只要抢先占据了，我们就在战场上双方调动与被调动的角逐中占有了主动的地位。这个思想具有非常普遍的应用价值，无论是战争，商场竞争，还是下棋或足球比赛，都会用得上这一思想。

美国商战专家麦克内利在学习《孙子兵法》的基础上谈到了他的体会。他说："有许多类型的战略要地需要占据。它们可能是行业中最有利润的位置，使你能够积攒资源；它们可能是技术上的关键点，使你可以保持竞争优势；它们可能是在行业委员会和行业组织中的地位，使你能够影响该行业的未来发展方向；它们可能是由吸引在顾客购买过程中的关键决策者而产生的强大的把握能力。"（《经理人的六项战略修炼——孙子兵法与竞争的学问》，第 104 页）

在商战中，存在着一个或几个战略制高点，它们可能是某些地理位置，也可能是某些研发的项目，也可能是某些高端的产品，也可能是产业价值链条上的某些关键的环节，占据了这些战略制高点，你会有行动的自由，就不会被竞争对手所左右，就会使企业始终位于领先于其他竞争者的高起点上，就会牢牢地掌握住战略主动权。

从现代商场竞争对抗的格局上看，占据战略制高点，并不都是占据人们传统认识的那种"最高"或"最大"的"点"，而是占据对自己来说最有利、最适当的位置。有的商战专家认为，"实际上，优秀的战略制定工作，其精华之处在于为公司确立一种市场位置和公司组织，不管遭遇到什么样的不可预测事件，不管遭遇多么激烈的市场竞争，也不管公司陷入什么样的困境，公司都能得心应手，经营业绩成功有效"（《战略管理》第十版，第 4 页）。许多企业家从自身经验中认识到，致人而不致于人，占据有利位置，就是要善于在最牢固的基点上确定自己的位置。任凭风浪起，稳坐钓鱼船。有位国内企业家指出，"这是一个竞争的时代，但竞争不一定是你死我活的拼杀，也要会合作，也要会共存。重要的不是第几，不是排名，而是抢占到自己最适当的位置，这就是广告的占位策略。看清烟雾弥漫的市场形势，拨开混战的千军万马的表象，找准空当，牢牢确立自己的位置是十分重要的。"

占领战略制高点，占据有利的位置，就会产生有力的位势。这种位势是无形的，并不是所有人都看得到。许多企业通过巧妙的战略运作，占据有利位置，拥有了这种位势，因而获得巨大的

战略理念：在战场上，在一定的战场态势中，有着一个或数个非常重要的位置（在战略上称为"战略制高点"），我们只要抢先占据了，我们就在战场上双方调动与被调动的角逐中占有了主动的地位。

市场回报。正像有商战专家所说："在某些情况下，即使某一家公司处在一个没有吸引力的行业之中，只要它占有独特的位置，仍然可以获得非常不错的利润。"（《战略管理》第十版，第107页）所以，有时候，为了保持住这种位势，有些企业不惜一切代价，这是非常有战略眼光的。一家名叫尼恩特恩多的公司将其游戏产品销往高度集中的市场，采取短缺供应策略，调整供求态势，保持自己的位势，保持对代销商的影响力。

二、掌握现代商战攻守之道

现在，许多人都把"商场"比喻为"战场"。现代商战就像战争一样，存在着激烈的攻防对抗。作为一名现代企业家，就要像一名军队统帅那样，懂得如何组织进攻，如何组织防御，懂得现代商战的"攻守之道"。

现代商战的"攻守之道"，深刻地反映在《孙子兵法》的"致人而不致于人"这句话中。这因为，"致人而不致于人"反映了对抗双方相互作用的深刻的辩证法原理，揭示了战争和其他对抗领域中特殊的对立统一规律。"致人"指的是"消灭敌人"，是进攻；"不致于人"指的是"保存自己"，是防御。这两者的对立统一，反映了战争和其他对抗领域最本质的问题，形成了我们认识对抗领域中一切规律特点的逻辑起点。

与军事领域相同，现代商战中的对抗也是由进攻与防御构成的。公司的进攻多表现在挑战行业领先者的市场地位上；公司的防御多表现在解除或缓解竞争对手所施加的竞争压力上。但是，商战中的进攻与防御又有着自身的特点，我们必须认真研究商战攻防对抗的间接性和多样性。所谓"间接性"，指的是商战攻防在许多时候并不是直接交锋，而是围绕着消费者进行的。所谓"多样性"，指的是商战拥有更多的攻防手段，除了常见的经济手段，还包括大量的非经济手段。

我们需要根据现代经济的价值生成规律来分析现代商战的攻防特点。在现代经济领域中，价值的产生有两种形式：一是通过生产活动创造出来；二是通过竞争增加的。特别是当资源有限的情况下，自己已经获得的价值也有丧失的危险。所以，价值的增加和保持，必须放在特定的竞争环境中去考察。从这个意义上说，在激烈竞争的特定情况下，商战中的攻防较量，就是要保持自己较高的新增价值，或者使竞争对手的新增价值降低。

我们需要根据现代营销的本质来分析现代商战的攻防特点。现代经济领域的营销，已经不是简单地为了卖出自己的产品，而是根据市场需求和竞争规则来引导和安排自己的生产。也就是说，过去是"先生产后卖"，营销为生产服务；现在是"先卖而后生产"，生产是为了营销。正如管理大师彼得·德鲁克说："营销是使生意之所以成为生意的唯一因素。"所有现代营销定义的共同点，就是强调了解客户需求，了解竞争者。这就是说，企业要根据市场来定位自己，来确立自己的竞争战略。从这个意义上看，现代的营销，已经成为企业在市场上的一项战略行动，是一场激烈甚至十分残酷的攻防大战。

根据许多专家和有关资料的总结，现代商战攻防的形式主要体现在三个方面：第一，奋力成为一家行业中的低成本生产商，进而获取成本竞争优势；第二，追求建立于下列各因素之上的差别化：质量、性能、服务、款式、领先技术、超值服务；第三，集中于某一狭窄的小块市场，通过服务某一小客户群获得竞争优势。

根据不同的情况，企业在现代商战中要采取不同的行动，或是进攻，或是防御。从长期看，企业在现代商战中，既要采取进攻行动，也要采取防御行动。企业的竞争过程，也可以说是一个攻防不断转换的过程。所以，如何选择和转换攻防行动，是一个重要的战略问题。首先，我们要根据不同战略角色进行攻防选择，就是说应当根据你自身的情况，来确定是进攻还是防御。其次，我们要根据不同战略格局状态进行攻防选择，要在当时的战略格局的变化中找到你发挥作用的最佳点。再次，我们要掌握"攻防兼容"的辩证法。寓攻于防，寓防于攻，攻防兼容，这是东方战略的一个重要思想。在东方战略家们看来，进攻与防御不是割裂的、对立的，而是一体的，两者互为条件，有机结合于"致人而不致于人"的辩证关系之中，在战略被动的"防"中寓有主动的战役、战斗的"攻"。能够把攻防融为一体的人，才算是真正掌握"致"的要义的战略家。

战略理念：进攻与防御不是割裂的、对立的，而是一体的，两者互为条件，有机结合于"致人而不致于人"的辩证关系之中，在战略被动的"防"中寓有主动的战役、战斗的"攻"。

在现代商战激烈的攻防对抗中，企业要像进行真正的战争那样，靠实力去拼杀，彻底征服对手的意志。但是，我们应当明白，商战毕竟不同于战争，商场上的竞争对手大多不是生死较量的敌人，商战中的攻防较量并非一定要拼个你死我活，在许多时候，现代商战强调征服对手而不是消灭对手。我们千万不要认为商战的战略必须以牺牲其他人的利益为代价，这种想法会导致你经常处在一种临战的心理状态之中，会使你错过许多双赢的机会。

三、致人者，攻也

○如何认识商场中的进攻战

我国著名企业家柳传志深有体会地说过："联想在八十年代末

九十年代初曾有一个人数相当多的技术研究中心，研究出来的阶段性成果，可转化为产品的有几十项，其中最大的一项投资有500万，叫多口汉卡，这个产品还是比较有市场的，有的台湾厂家现在还在做。但是当时我们做起来就是不大，为什么呢？因为没有市场开拓能力。一是产品本身没有在市场上反复地磨合过，产品的性能和质量还应该在市场上获得更多的意见；二是销售人员不知道在市场上应该如何卖。"（《与100名老板对话》第二册，第22页）

在柳传志的这段话中，我们能够明确认识现代商战进攻的几个重要的问题：第一，现代商战进攻的直接目标就是市场；第二，现代商战的进攻能力就是市场开拓能力；第三，现代商战进攻的"弹药"就是你的产品，现代商战进攻的"主力军"就是你的销售队伍；第四，现代商战的进攻能力突出表现的产品的市场适应能力（就像是"弹药的杀伤力"）和营销队伍的销售能力（就像是"军队的攻坚力"）上。

商场中的进攻，就是在企业竞争中如何"致人"，它首先表现为市场开拓，反映在一个企业能够占领市场空间并获得更多的市场份额上。例如，比利时的德波泰公司是一家生产地毯的公司。这家公司特别强调它的市场开拓能力的建设。它在世界上近70个国家建立了销售网点，保证客户订单和意见在24小时内得到反馈，保证公司有足够的订货量。所以说，一个企业如果有很强的生产能力，但没有相应的市场开拓能力，它就等于一支军队没有进攻能力，最终还是无法实现自己的战略目标。

商战进攻者所要追求的结果与战争相类似，即逼迫对方退出（击溃）、兼并对方（俘虏）、挤垮对方（歼灭），但商战进攻与战争也有很大的不同，商战进攻者有时候不是强大者而是总体上的弱小者。为什么这些总体上的弱小者敢于向领先者发出挑战？这因为在现代商战中有许多弱小进攻者可利用的机会。

　　我们发现，市场一旦走向成熟，就会分解为产品与服务需求各异、有着不同价格弹性的细分市场。对生产商而言，这些需求将转化为满足各个细分市场的不同成本要求。要满足统一的整体市场，行业领先者已是经验老到，游刃有余，但若要它们瞄准新冒出来的细分市场，将成本、产品、服务以及价格精确地"实摊"到各细分市场，是一件很困难的事情。正如《孙子兵法》所说的"无所不备，则不所不寡"，行业领先者不可能成为一个在各个细分市场上都能集中力量与不同对手抗衡的竞争者，同时行业领先者由于体系庞大和运转惯性等方面的原因，也不可能在短时间内对某些细分市场的变化做出强有力的反应，更谈不上立即提出重大的变革措施。这就为总体上的弱小进攻者创造了机会，因为它们反应迅速，能够集中力量，在低服务成本的细分市场中确立起自己的竞争地位。（《公司战略透视》，第57、64页）

　　为了确保进攻的效果，商战进攻者在行动之前必须做好充分的准备。海尔提出"先建市场，后建工厂"，就是一种预先做好充分进攻准备的表现，用军事术语说，这叫"战场准备"。进攻者在准备过程中，要有效地聚集自己所能掌握的一切资源，提前排除各种障碍的限制，同时要保持一定的预备力量，形成持续的力量投入，保证巨大的市场渗透力和进攻作战的长期性。为此，进攻者需要在战前进行深入细致的"庙算"，需要认真考虑：市场的吸引力、市场可利用的有利条件、竞争消耗资源的数量、可替代竞争资源的分布、被挑战者的遏制能力以及其他竞争者涌入数量等。

　　按照商战教程的要求，通常情况下，进攻者必须做好以下准备方可采取行动：第一，在成本或差异性方面，进攻者必须拥有超过被进攻者的明显的以及可持久的竞争优势。第二，在特定的情况下，进攻者必须有办法部分或全部抵消被进攻者的其他固有

战略理念：一个企业如果有很强的生产能力，但没有相应的市场开拓能力，就等于一支军队没有进攻能力，最终还是无法实现自己的战略目标。

优势，特别是应当找到一种特别的战略来削弱被进攻者的天然优势。第三，必须有一些能削弱被进攻者报复的办法，最好是利用被进攻者自身的约束，使其不愿或不能对进攻者实施持久的报复。

○选准进攻方向和进攻对象

在现代商战中组织你的进攻行动，首先要正确选择进攻方向和进攻对象，就是说，你要想进攻，必须要明确"向哪里进攻"和"向谁进攻"。

苹果公司在激烈的商战中，通过现实和潜在的市场分析，通过竞争各方的强弱分析，正确地选择了自己的进攻方向，获得了战略上的成功。苹果公司个人电脑产品的进攻方向是：大众化的、由知识分子使用、功能较强且操作简便的个人电脑细分市场。他们力求使电脑真正成为非专业人士均能熟悉和方便使用的工具，且价格上可以接受。他们认为，在这个进攻方向上，全美国非专业人士约有 2500 万，很少有人拥有个人电脑，非常有市场潜力。

就现代商战而言，选准进攻方向，就是准确寻找到自己所要占据的市场位置。一般来说，这个位置，要能够在一段时期内承受起市场的检验和认可，不会被其他企业挤占，并且其空间范围和时间长度还要有继续扩展的余地。从进攻者的角度看，选择这个位置的具体判断标准是：求大于供；产业结构有相对的稳定性，不会因技术和竞争者涌入而导致产业结构急剧改变；具有产品空当且不被对手重视的局部、区隔市场，或者能够主动细分出这样的市场。

正确的进攻方向，往往来自对那些相对于领先者的竞争领域的重新界定。具体说：我们可以把竞争领域缩小到产业内某个专业的局部市场，从中明确进攻方向；我们可以参与一体化或退出一体化，从扩展或缩小自身从事活动的范围内明确进攻方向；我们可以把竞争领域从一个地区或国家扩展到全球，或者采取相反做法，从中找到适合于自己的进攻方向；我们可以把竞争领域从单一产业扩大到相关产业，在超出传统产业的范围里找到进攻方向。美国商战专家加里·哈默曾经向一家大型跨国公司询问日本竞争者的进攻战略，回答者是这家公司的几位高层部门经理，他们在全球范围内分别管理不同地区和国家的下属公司。其中一位经理在谈到日本竞争者的进攻方向时说：他们带着低档商品来袭击我们，总是由低层次进入市场，而且日本竞争者在每个国家都找到了不同的突破点。

正确的进攻方向，一定要与自己的竞争优势相匹配，就像军队作战一样，其进攻方向应当最能够发挥自己优势火力和作战效能。佳能公司之所以选择小型化、大众化和"分散复印"的进攻方向，这与它的增色剂喷射开发技术有关系，这种技术能够使佳能复印机比竞争者的零件少，成本低，维修使用方便。

高明的战略家，往往会超出竞争双方攻防的传统界线，将进攻方向选择在对方的"后院"内。这种方式在军事上称为"战略外线出击"。有的战略专家认真考察了美国国内电视生产商在面对20世纪70年代日本对手的进入时所处的困境。他们认为，日本人将进攻方向选择在美国的内地，而美国人却被动地防御日本人的进攻，没有主动地实施外线作战，没有在对方的领地上有效地打击对方。他们指出，美国人在本国市场做出了强烈的反应，但是，他们所做的是在自己全部利润所依靠的市场上削减价格和采用扩大促销的闪电策略，但这只能影响"入侵者"整个业务的一小部分，因为美国没有出现在日本的市场上，没有采取进攻性的反击行动。美国人实际上完全可以在日本市场上进攻他们的对手，而不是更多地伤害自己。（《战略是什么》，第141页）

为了确保战略的成功，商战进攻者在选择进攻方向的同时，还应当选择好进攻的对象，这要遵循《孙子兵法》所说"避实击虚"、"避强击弱"的作战原则。依据商战教程的归纳，以下目标可作为进攻者理想的进攻对象：第一，"非真正的市场领导者"。这种进攻对象虽貌似强大，但实际虚弱，虽仍然居于市场领导者的地位，但实际控制能力下降。第二，"二流厂商"。这种进攻对象的防御能力相对较弱，并且在进攻时有可能得到更强大竞争对手的支持，或者至少不会引起更强大竞争对手的反击而承受大的风险。第三，"濒临出局边缘的那些奋力挣扎的公司"。进攻这样的对象可使其加速出局，以较少的代价迅速减少自己的竞争对手。第四，"小型的当地和地区公司"。通常情况下，这些公司的资源和技能有限，进攻容易成功，容易形成"歼灭战"，将其迅速转化为自己的竞争资源。

根据商战专家的经验，判断理想的进攻对象的市场信号是：购买者不满意；产品线不如其他一些竞争厂商好；其竞争战略缺乏以成本领导地位或者差别化为基础的强势；行业领导者对自己曾经首创的老化技术"一往情深"；过时的工厂和设备；盲目向其他的行业进行多元化经营；赢利水平一般或下降。

战略理念：在现代商战中组织你的进攻行动，首先要正确选择进攻方向和进攻对象，就是说，你要想进攻，必须要明确"向哪里进攻"和"向谁进攻"。

○选择好进攻的突破口

我们还是分析一下美国苹果公司组织商战进攻的实例。这家公司大胆向 IBM 公司发起进攻，其进攻的突破口选在了新的个人电脑开发上，而这恰恰是 IBM 公司忽视的薄弱环节。IBM 公司长期以来把重点放在价格昂贵的大型电脑上，忽视了市场上受到欢迎的个人电脑、软件和服务等薄利多销的产品。1994 年，苹果公司向市场投放了麦金考电脑，获得了巨大成功，仅 100 天就销售了 75000 台。苹果公司进攻发展的异常顺利，迅速占领了个人电脑市场。

这个实例，说明了现代商战选择好进攻突破口的重要性。所谓"突破口"就是在进攻方向上选择的首次进攻部位。那么，在商战中如何选择突破口？我们需要认真讨论一下。

通过上面的实例，我们可以看到，苹果电脑公司是将它的突破口选在对方的薄弱环节上。除此之外，我们还可以将突破口选在领先者意想不到的地方。通过大量的商战进攻实例，我们可以发现，许多进攻者在对方没有防备的情况下，从市场边缘发起攻击，然后削弱并摧毁对方的优势。例如，佳能是从小型摩托车领域发起攻击，雅马哈是从大型钢琴领域发起攻击，东芝是从小型黑白电视机领域发起攻击。佳能公司挑战摩托车主导者时，它先是在紧挨着主导者的产品市场领域旁边提供产品，结果，它在被保护的领域中建立了经营基地，然后利用该基地发起全面进攻。由此可见，进攻者要想把进攻的突破口选在对方意想不到的地方，就需要细致分析竞争对手的思维习惯，发现竞争对手很少涉足的产业角落或较小领域。许多情况下，竞争对手意想不到的地方往往就在自己的身边，这要求进攻者善于在产业主导者们当前占领的市场领域附近，选择突破口，并建立必要的进攻基地。

我们还可以将突破口选在领先者忽略或者不屑一顾的地方，或者说，选在市场的"空白处"。这些"空白处"是一些无人争夺利润的区域，可能是某一特殊产品细分部分（如低档次"摩托车"），可能是行业价值链中的还没有被人们重视的某一部分（如计算机行业的某些零部件），可能是处在某一个特殊地理位置的市场（如早期的东欧市场）。例如，我国的格力空调采取"农村包围城市"战略，主要追求规模和市场份额，不过分地看重利润率，很快借助价廉物美的优势，占领了一些大牌空调无暇或不屑顾及的省市农村市场，然后再掉头向经济发达地区进攻。结果，格力成为国内销售量数一数二的品牌。

美国的贺卡市场是一个很大的市场，多年来，这个市场一直被荷玛克公司占据。许多公司曾经试图进入这个市场，都未获成功。美国贺卡公司刚进入时，对强大的竞争对手作了认真分析，认为荷玛克公司的顾客主要是中产阶级，其产品为了迎合这一阶层，采取了比较保守的设计风格，产品特点是传统、高雅，但价格偏高，其销售渠道主要是百货公司、书店、文具店、礼品店等。根据这种情况，美国贺卡公司决定向荷玛克公司霸主地位挑战，扩大自己的市场份额，其进攻的突破口选在被荷玛克公司忽略的低端市场，提高自己产品的吸引力，尔后集中力量冲击荷玛克的阵地。美国贺卡公司最后获得成功，占有美国 30％ 的市场份额，而荷玛克的份额下降到 17％。

选择进攻突破口，不仅是考虑对方的薄弱环节，更要从战略上考虑对方的要害部位。卡尔彼勒公司在日本登陆，向它同行业的主要竞争对手"小松制造所"集团发动了进攻。卡尔彼勒公司将进攻的突破口选择在与日本三菱企业的合作上。两家公司合资生产建筑设备，抢占了日本很大一块市场。从战术上看，卡尔彼勒公司这一合资举措获利极为有限，但从战略上看，意义却十分重大。这一战略举动极大地牵制了小松集团的力量，监视小松集团的市场占有率和现金流量，从根本上对小松集团产生了威胁。

许多进攻突破口是在动态中发现和选择的，而这种突破口往往出现在竞争对手的失误之中。通常情况下，市场领先者掌握着主动权，挑战者很难取代它的地位，除非它缺乏维持"霸权"的必要资源或是战略上出现重大失误。遗憾的是，大量事实表明，很多市场领先者都会在无意中犯这样或那样的错误，为进攻者提供了理想的突破口。

导致领先者失误的原因很多：要么是为了眼前的短期的营运利润，要么是局限于战略认识误区和经营盲点。例如，有专家分析，领先者可能以平均成本为基础来定价，而不是根据向特定买方提供特定产品的成本来定价。这时，如果进攻者以定价过高的产品为目标，提供较低的价格，那么领先者很可能过很久才认清自己的真实成本，从而为进攻者提供了突破自己防线的"缺口"。

可口可乐公司曾在 1985 年的"可乐大战"中犯了一个致命的错误。这个错误是引进了新的配方，这不仅削弱了传统竞争优势，而且对自己的品牌产生了巨大的负面影响。这个错误被它的竞争对手百事可乐公司抓住并利用了。百事可乐公司由此作为突破口，从可口可乐公司那里夺得了很大的市场。后来，百事可乐公司的总裁伊诺科在他写的《那家伙瞎了眼：百事可乐在可乐战中的取胜之道》一书中，详述了他如何利用可口可乐公司的错误而组织自己进攻的经历。（《战略管理》第十版，第 754 页）

○最好使竞争对手感觉不到进攻的威胁

在现代商战中，有许多公司就是采取了刘元卿讲过的小动物"揉"的进攻方式，战胜了强大的对手。泰米克斯公司在 20 世纪 50 年代早期进入手表行业。这家公司先提供的产品是一种一旦损坏不值得再修理的手表。这种手表不用钻石，其销售渠道也很特别，不是专门商店和珠宝店，而是通过杂货店等一些手表非传统销售渠道出售。这样，泰米克斯的手表无论在产品上还是在销售渠道上，都与当时手表业的霸主——瑞士手表公司有很大不同，既未威胁到瑞士手表的形象，也未威胁到它在珠宝业或作为优质高价表的领导产品的地位，甚至让它始终感到"至高无上"，感到"舒舒服服"。结果，泰米克斯公司没有让强大竞争对手感到进攻威胁，没让它把自己视为进攻者。泰米克斯公司甚至在没有引起瑞士手表公司的注意时，顺利地占领了低档手表的市场。（《经营战略》，第 294 页）

（左侧旁注）战略理念：从对方的要害或最容易突破的地方发起进攻。

上面的故事和实例，回答了我们现代商战的进攻者在战略上考虑的一个重要问题：如何才能减少竞争对手的反击力度？用东方战略的观点看，任何进攻者都不愿意用太大的代价去换取进攻的胜利，最好是兵不血刃，不战而胜。所以，进攻者一定要运用战略智慧，尽可能减少自己进攻的阻力，降低自己进攻的风险。就这个问题，上面的故事和实例告诉我们：商战的进攻者最好使对方感觉不到进攻的威胁，最好使用对方高兴接受的方式战胜它，这里面体现了东方战略"不争之争"的战略思想。

进攻者能够使防御者不感到威胁，就不会招致对方强大反击，从而使自己收到小战甚至不战而胜的效果。采取这种战略的进攻者力求使防御者相信：进攻者没有进入自己的领域；进攻者的进入对自己并没有害处甚至还有好处；进攻者进入的是自己不愿进入的领域。为此，进攻者要做出的姿态是：企业行动是为了内部调整；对竞争行动作出独特的无威胁的解释；先不要对防御者构成明显的利益损害，也就是把对其长远利益的损害隐含起来，使其感觉不到当前利益的损害，甚至还会感到有利。

聪明的进攻者往往采取示弱战略，避免过早暴露扩张意图，防止刺激领先者而招致报复，在可能的情况下，他还会充分利用领先者的巨大规模来为自己赢利。有的战略教程称这种做法为"柔道经济学"。KIWI 公司是一个新进入航空市场的小的航空公司，它在示弱战略方面有独到之处。这家公司的首席执行官罗伯特·艾沃尔森曾经说道："我们将我们的系统定位于大型航空公司之外，并使他们认识到我们没有造成威胁。KIWI 至多只想获得任何一个市场 10% 的份额——或者说每天至多 4 个机次。"（《未来的战略》，第 92 页）显然，他的这种解释，不会使竞争对手感到威胁，也不会遭到竞争对手的反击。

聪明的进攻者往往采取声东击西的方法，以迂为直，避免与

战略理念：商战的进攻者最好使对方感觉不到进攻的威胁，最好使用对方高兴接受的方式战胜它，这里面体现了东方战略"不争之争"的战略思想。

强大竞争对手正面冲撞，从另外的途径上谋取更大的进攻战果。例如，有些网络公司赢利的目标不在点击率，而在股市上；有些汽车行业的赢利目标不完全在整车上，而在维修和配件上。有的商战专家特别提醒说，进攻者通常不要采用模仿的战略发起正面进攻，这因为领先者所固有的内在优势往往会战胜这类挑战，而且领先者会使用一切可能的手段进行有力的报复，随后的战斗将不可避免地先耗尽进攻者的资源。

○要使竞争对手处于难以反击的两难境地

我们还是通过一个中国寓言故事来进入下面讨论的题目。这个寓言故事大家都熟悉，说的是一只老鼠跑到一个人的家里，这家的主人要去捕捉它，可是这只老鼠钻到了这家主人宝贵的玉器里面，搞得这家主人难办了，要打老鼠，怕把自己贵重的玉器弄坏了，得不偿失。

这就是"投鼠忌器"的故事。这个故事从另一个角度回答了我们现代商战的进攻者在战略上考虑的一个重要问题：如何才能减少竞争对手的反击力度？这个寓言故事告诉我们：进攻者要设法利用竞争对手的要害部位为掩护，使其对自身代价的丧失和优势地位的削弱有所顾忌，从而导致被攻击者处于难以反击的两难境地。

就现代商战而言，进攻者必须事先考虑好一些减弱领先者报复的办法，使领先者不愿或不能对挑战者实施持久的报复，其中最好的一个办法是使领先者处于"两头为难"的境地，使领先者出于自身利益的考虑，而减少或者放弃对进攻者的反击。

我们还是看一下泰米克斯公司的进攻战例。这家公司正是通过上述方法巧妙避过了强大竞争对手的反击。泰米克斯公司给予"手表"一种新的概念：这是一种计时的工具，而不是地位的象征，所以完全可以通过杂货店而不是传统的珠宝店来出售泰米克斯手表。这就造成泰米克斯手表与瑞士手表的差异性，并把瑞士手表公司逼到难以反击的境地。泰米克斯公司的战略决策者看到，瑞士手表公司为了把珠宝店作为销售渠道，为了把瑞士手表包装成精致的高级宝石工艺品的形象，已经投入了大量资金，瑞士手表公司如果反击的话，就会威胁到瑞士手表的形象，威胁到与珠宝商的合作关系，削弱以往大量投资的效益。

为了置对手于两难境地，进攻者需要从"代价"上做文章，用军事术语说是"打代价差"，即迫使领先者付出高昂代价，并对其他方面有所顾忌，置强大防守者于"战略两难选择"（"战略两难选择"是一个战略学中的专用术语）。在这方面，斯卡公司有一个成功例子。斯卡公司的竞争对手尼恩特恩多公司，在 8 比特产品的市场上有着无法突破的优势，许多公司在与其较量后，都承认失败而退出竞争。斯卡公司没有与尼恩特恩多公司正面对抗，而是将一种新型的 16 比特产品投入美国市场。两年之后，尼恩特恩多公司也研制了自己的 16 比特产品，对斯卡公司进行反击，但这时的斯卡公司已经开拓并巩固了自己的市场地位，与强大的竞争对手平分了 16 比特产品的市场。为什么斯卡公司能够成功？就在于斯卡公司考虑到 16 比特产品是个新的战场，在这里进攻会减少对方的反击强度，同时也考虑到尼恩特恩多公司如果对斯卡公司的 16 比特系统反击，就会压低价格，这样做的结果，不只对斯卡公司的产品造成威胁，还会对自己原有的 8 比特的产品造成威胁，会付出更大的代价。对抗结果验证了斯卡公司战略决策者这种考虑的正确性：尼恩特恩多公司正是由于顾忌到了继续反击的代价，决定放弃一部分 16 比特产品的市场，以延长 8 比特产品市场的有效期限。（《未来的战略》，第 99 页）

为了置对手于两难境地，进攻者需要改变游戏规则，摆脱单

战略理念：进攻者必须事先考虑好一些减弱领先者报复的办法，使领先者不愿或不能对挑战者实施持久的报复，其中最好的办法是使领先者处于"两头为难"的境地，使领先者处于对自身利益的考虑，而减少或者放弃对进攻者的反击。

纯模仿式的突破，将对方的竞争优势变为其反击的障碍。世界范围的复印机争夺战是一个很好的例子。施乐公司是复印机的主导者，占绝对优势的地位。20世纪70年代，柯达和IBM公司向施乐公司发起挑战，先后败北。随后，佳能向施乐发动攻势。这家公司的战略与前面两家公司不同，它将自己产品的成本降低，增强产品的可靠性和耐用性，不与施乐公司在产品的多样化上竞争。它不像施乐公司那样采取直销、租借方式推出产品，也不像施乐公司那样把推销的对象定位在复印部主管身上，而是采取经销商代理方式，不搞租借，把推销对象定位在需要分发复印稿的秘书和部门经理身上。施乐公司感到自己受到了威胁，但却无法组织有效反击，这因为他们意识到：如果缩短生产线、开发新渠道和改进可靠性，就会侵蚀公司传统的利润基础，那些被视为获得成功关键的因素——施乐的国内销售实力和服务网络，它的大规模设置的复印机租借基地和它对服务收入的依赖——反过来成为进行反击的障碍。

○果断和坚决地实施直接的正面的较量

有一部名叫《亮剑》的电视剧，给人留下了深刻的印象。在很多情况下，直接的正面的较量是不可避免的，"狭路相逢勇者胜"，我们需要有一种果敢和坚决的"亮剑"精神，毫不犹豫地发起直接和正面的进攻。

组织这样进攻的要求，除了建立必胜的信心和鼓起敢战的勇气之外，还需要集中你全部的精锐力量，与对手展开决定性的一搏。从东方战略的观念来看，我们在战略上应当避免这样做，但在迫不得已的情况下，战术上应当提倡这样做。

有的商战教程专门将这种的正面进攻划分为四种类型：1. 正面对抗。进攻者与竞争对手以产品对产品、价格对价格、宣传对宣传的方式展开较量。双方争夺相同的顾客。在具体的对抗时空条件下，进攻者相信自己的力量和各种资源条件都比对方优越。2. 特定对抗。这是正面对抗的一种派生的修正形式。进攻者通常把进攻的重点集中在特定的顾客群身上，全力以赴地把进入对手的顾客吸引过来。3. 价格对抗。进攻者与对手在价格以外的各方面基本上旗鼓相当，因此打算在价格上采取断然措施。4. 开发对抗。实行这种正面对抗要千方百计地生产出各种有特色的产品。

进攻者在直接正面对抗中要考虑对方的反击，必须回答清楚以下关键性的问题：对手反击的可能性；对手反击的速度；对手反击的强度，是否会不惜一切代价实施反击；对手反击所受的外界影响。

战略理念：一旦正面碰撞不可避免时，就要勇敢和坚决地发起进攻。

○掌握进攻节奏

我们还是深入分析一下美国贺卡公司进攻获胜的奥秘。这家公司将那些被竞争对手荷玛克公司所忽视的销售渠道（如超市、杂货店）作为自己占据市场的基础，巩固中低阶层的市场地位，使自己的市场份额迅速上升至第二位。接着，他们积极推出能强烈吸引一般大众的新产品。这种新产品并不是传统的贺卡，而是一种叫"草莓甜心"的小玩偶。这个小玩偶使贺卡公司的名声大振，极好地宣传了公司的形象。最后，当条件成熟后，他们果断地向荷玛克公司发动总攻，在荷玛克公司一直独占的销售渠道百货公司和高级礼品店扩大自己产品的销售量。当然，荷玛克公司也组织了反击，如增加产品品种，改变设计风格，增加广告投入等，但没有获得明显成效。

商战专家们将美国贺卡公司这种进攻策略叫做"逐步进逼"。从军事角度上看，这种战略的实质就是根据不同的作战条件掌握住不同的进攻力度，有大有小，有强有弱，有快有慢，有舒有缓，从而体现出对抗的"节奏感"。我们从美国贺卡公司的进攻中能够感觉到这种"节奏感",而这种"节奏感"就像钢琴大师一样,与进攻组织者深厚的理论功底和艺术修养有着直接的联系。盛大集团的老总陈天桥有这种"节奏感",在他的商战运筹中也能体现出这种"节奏感"。他明确地说:"我做生意的诀窍只有两条,一是聚集,二是节奏。"

用东方战略的理念来观察,这种商战的"节奏感"包含在《孙子兵法》所说的"势险而节短"的思想中。理解孙子这一思想,应当将"势"与"节"联系在一起来思考。这因为,"势"与"节"是由速度构成的有着内在联系的两种力量运用状态:一种是由速度构成的"势能",形成了由高速促发的力量蓄待之"势";一种是由速度构成的"动能",形成了由瞬间高速促成的力量作用之"节"。没有前面的"势",也不会有后面的"节"。"势"是讲条件,"节"是讲实施。从具体的战略运作上看,这两者的关系主要表现为一种节奏感和瞬间时机的把握上,这里面体现出东方战略"快与慢"、"动与静"的辩证法。

就"势险"而言,就是强调进攻者在条件不具备和时机不成熟的时候,要积极地"蓄势"、"造势",在进攻节奏上表现一种"引而不发"的"慢",一种"伺机而伏"的"静",但这种"慢"和"静"又能够隐含使竞争对手感到畏惧的"险"。

在现代商战中,通常情况下,进攻者要想改变既定的市场结构,要在市场绩效上超过对手,要获得竞争优势,则需要经过一段漫长的过程。进攻者获得竞争优势,一般是先在某方面的资源优势上超越对手,然后把这种资源优势转化为市场优势,再依据这个突破口扩大转移到其他资源或市场上。这是一个蓄势待发的过程,是一个持重待机的过程,就像《孙子兵法》所形容的那样:一只慢慢盘旋在高空等待猎物的老鹰。

在现代商战中，进攻的节奏明显地表现在进攻的阶段性上。进攻要分为几个阶段进行，就像饭要一口一口地吃。所谓"势险"，就是指进攻前期的几个"蓄势"和"待机"的准备阶段。

有的商战教程对这一问题做过专门研究，其中谈道：作为进攻者，第一阶段是针对对手薄弱环节或区隔市场，采取侧击迂回的手段，先占领桥头堡阵地。第二阶段是由这一阵地出发，依据资源的差异性优势选择差异化战略进一步吞食领先者的次重要的区隔市场。这一阶段至关重要的是达成策略上的隐蔽性，在避免引起领先者强烈报复的情况下达到该阶段的战略目标。第三阶段是在充分积蓄力量的基础上，立足于已经巩固的阵地，采用各种方式全面出击。第四阶段，在已谋求到优势地位以后，关键是确保和提升竞争地位。此时，进攻者依据低成本全面击败主要竞争对手，迫使其只能采取守势。（《战略性经营》，第137页）

美国史万森公司的"三步走"战略就是掌握进攻节奏的成功实例。为了挽救公司下滑的局面，公司第一步是，改造旧产品，将原来的冷冻食品改造成低热量、低盐分的食品，并增加调料口味品种，改换包装，特别是将原来的铝制盘子改为纸制包装，以满足顾客使用微波炉的需要。第二步是，增加不同口味的烹调方法，并在包装色彩和文字上进行改造，显示其高级的品位。第三步是开发新产品，特别是符合儿童口味的新冷冻食品，加上强大的广告配合，公司最终获得全胜，当年销售额高达1.1亿美元。

进攻的节奏还突出表现在《孙子兵法》所说"节短"上。所谓"节短"，就是在条件具备和时机来临时，进攻者在"势险"基础上形成的一种迅猛的突击行动。就像《孙子兵法》所形容的那样："鸷鸟之击，至于毁折者，节也。"用我们现在的话来说，就是一只老鹰在发现猎物时，以最快的速度猛扑上去。

就"节短"而言，就是强调进攻者在有利的条件和时机内进攻行动的突然性和速决性，用我们平常的话来说，就是强调进攻者在决定性瞬间进攻行动的"爆发力"。

在现代商战中，许多公司注意保持决定性出击的"快节奏"和"爆发力"，我们可以通过有名的日本本田公司与雅马哈公司的竞争大战看到这一点。1981年，雅马哈宣告成立一家新的摩托车制造厂，直接向本田公司发起挑战。本田公司决定趁雅马哈公司立足未稳时发起反击。本田公司率先削价，最低时下降幅度达1/3。一部500CC的摩托车的价格甚至比一部10段变速自行车的价格还便宜。本田公司大力扩充销售渠道，提高经销商的利润，保证本田经销商的收益高出雅马哈经销商16%。最重要亦即给消费者印象最深的是，本田同时快速提高生产线的更新速度，用产品的多样性反击。进攻开始时，本田拥有60种型号的摩托车，在此后的18个月里，本田公司引进或更新了113种型号，将其整个生产线更新了两遍。雅马哈公司开始也有60个型号，但在这18个月里对其生产线只做了37项改动。本田成功地将摩托车设计变成一种时尚，对消费者来说，新、奇、特成为产品的重要品质。本田公司还提高了产品的技术含量，引进四缸发动机、合成材料、直接驱动以及其他新特点。与本田公司相比，雅马哈的产品则显得式样陈旧过时和缺乏吸引力。经过18个月的残酷激战，雅马哈资金困难，负债累累，节节败退，溃不成军。雅马哈公司的市场份额从37%跌至23%，1982年的销售额比上年锐减50%以上，产品积压严重，甚至超过12个月的存货，最后不得不以低于成本的价格出售。1984年，雅马哈公司承认战败，董事长亲自登门向本田公司赔礼，解除了总经理日朝智子的职务。本田公司捍卫了它的全球最大摩托车生产商的称号，同时也在某种程度上警告了铃木和川崎这两个潜在的竞争对手。（《未来的战略》，第324页）

战略理念：力量有蓄才有发，有弛才有张，这表现为一种充满活力的进攻节奏感。

（《战略性经营》，第 164 页）

四、不致于人者，守也

商战中的防御，也就是在商战中如何"不致于人"。与军事领域有所不同的是，商战中的防御一方往往是强大者、领先者。在商战中，防御性战略最主要的目的是捍卫竞争优势，加强公司的竞争地位。

在现代商战中，防御者面对的攻击通常来自两类竞争者：一是行业的新进入者；二是试图改变自己地位的原有参与者。

在什么情况下，市场上的防御者会感到进攻者的威胁程度增加？有的商战教程对其做过研究，并概括出以下几种情况：1. 进入市场壁垒很低；2. 合格的潜在进入者很多；3. 已经占据市场的公司不能或者不愿意对进攻者采取激烈的对抗措施；4. 市场领先者已经失去活力和处于生命周期的终结点；5. 新进入者有望获得巨大的诱人的利润。

在现代商战中，我们如何组织强大的防御以巩固我们的优势和地位？我们组织防御的具体要求都有哪些？这正是我们下面要讨论的问题。

○设置障碍，建立防线

美林公司在 20 世纪 70 年代，推出了现金管理账户 CMA，获得了相当可观的市场份额。为了防止竞争对手效仿，美林公司利用法律设置了一种障碍，迫使它的竞争对手不得不先将大量精力浪费在对这种现金管理方式的法律诉讼上，从而避免了竞争对手与自己在市场上的直接竞争。美林公司尽管要长期面对法律纠纷，但这个法律上的"防线"却使它获得了长达 5 年的 CMA 市场领导地位。1982 年，当其他证券商认识到 CMA 的价值追赶上来的时候，美林公司已经卖出 53.3 万个 CMA，总价值为 320 亿美元。

施乐公司为了长期垄断复印机市场，共申请了 500 多项专利，使别人很难进入这个领域。有人称此为"过河拆桥"，但这种做法却设置阻断竞争对手的巨大障碍，使施乐公司在这种障碍的庇护下轻轻松松地赚了很多钱。

这两个商战实例都说明了一个问题：如同战争一样，现代商战防御对方的进攻，必须设置障碍，建立坚固的防线。当然，不同的防御者或不同的防御情况，会通过不同的方式设置不同的防御障碍。美林公司是通过法律方式设置了障碍，而施乐公司通过专利方式设置了障碍。

在现代商场的防御作战中，我们还可以在成本上设置障碍，或者说设置"成本障碍"。这也是现代商战防御者通常的做法。这种"成本障碍"包括：提高顾客的转换成本，提高进行试用的成本，以提高竞争者的投入成本，增大其资本需求量。通常情况下，成功进入某一市场所需的总资本投入额和其他资源条件越高，符合条件的进入者就越有限。在这方面，公司还可从建立必要的经济规模入手，它可迫使进攻者以巨大规模进入，要么接受成本劣势。规模经济还能在流通中、在销售力量的利用上、在融资上以及在业务任何其他部分上发挥出应有的防御障碍作用。

许多企业家认识到，产品差异化本身就是一种有效的防御障碍。要对独家的产品技术进行严格的保密，并对模仿者制造困难，同时要排除进攻者其他可选择技术。

防御者要善于在供应和销售渠道上设置障碍。进攻者发起进攻，必须获得其产品或服务方面的支持，当防御者占有的这些渠道越多，进攻者的行动就越困难。因此，防御者要与其供应和销售合作者建立可靠的联系，甚至要同特约经销商和分销商签订排他性合同，使得进攻者无法使用这些供应和销售渠道。

防御者要善于在经营整体的流程和结构上设置障碍。进攻者模仿一系列联结的经营活动要比单纯地模仿一个特殊的销售方法、模仿一项加工技术或复制一套产品困难得多。许多商战的实例表明，一个进攻者只是模仿一些领先者的个别的产品、技术或经营活动，而不去模仿整体，结果是一无所获。我们可以由此联想到美国大陆里特公司试图模仿西南航空公司的失败的例子。西南航空公司以其经营整体上的相互补充的方式创造真实的经济价值，其赢利点绝不是单个的产品和服务，而是来自价值链中相互作用和相互增强的竞争优势。这就使竞争者仿效他们的经营模式十分困难并代价高昂。

在设置障碍、建立防线的时候，公司应当建立起进攻者难以逾越的无形"形象"门槛，也就是将顾客对品牌（商标）确认变成一种有效的防线。有资料统计，塑造新形象需要非常大的费用，在较大的公司中一般要耗费数千万美元甚至数十亿美元。这是一个巨大的障碍，可以迫使进攻者不得不花费巨资以克服顾客对品牌的忠诚。

聪明的商战防御者，善于设置一种无形的文化上的防御障碍，而这种障碍是竞争对手最难跨越的。有许多人在思考：竞争者为什么很难对微软的霸权地位提出挑战？其中一个原因是微软的标准已经成为人们的习惯，这就使微软公司掌握了一种能够改变人们生活方式的影响力，从而使微软公司能够设置一道让竞争对手望而却步的文化"防线"。

与此同时，防御者还需要设置其他方面的障碍，这包括控制最好的初级原料资源；在现实需求之前购买必要的自然资源，使它不易为竞争对手所得；利用政府政策（如利用政府在空气和水

战略理念：障碍越大，防线越牢，进攻者的威胁就越小。

污染标准及安全条例上的政策）；利用关税及国际贸易方面的限制；利用所占据的地理位置；等等。

○上兵伐谋，提前遏制竞争对手的进攻企图

号称"价格屠夫"的格兰仕总裁俞尧昌曾经说过："从 1996 年到 1999 年，格兰仕一直在打价格战，在现在的市场占有率占到七八成的时候，我们还要打价格战，很多人不理解。为什么，格兰仕现在已经进入把企业的经营安全放在第一位，把利润放在第二位的时期，我们现在打价格战的目的就是要摧毁竞争对手的投资者心态。"（《北京青年报》2001 年 8 月 20 日）

我们要特别注意俞尧昌说的"摧毁竞争对手的投资者心态"这句话。他的意思是格兰仕采取行动的目的已经不是单纯地为了市场利润，而是要彻底遏制竞争对手的进攻企图，使竞争对手甚至连产生进攻想法的机会都没有。这就是东方战略的"上兵伐谋"。

有的商战战略教程对这方面的问题做过专门的研究，并提出"控制挑战者假设"的理论——这恰恰正是东方战略"上兵伐谋"理论的现代商战版。研究表明，在现代商战中，挑战者要采取进攻行动，必须拥有一些基础条件。如果挑战者在实行该行动之初就发现这些基础条件不复存在，而且预测到这种状况会持续下去，那么就会撤销这次行动。例如，挑战者通常有增长率、市场占有率、投资回报率的目标以及达到这些目标的时间范围。如果挑战者发现其目标不能实现并确信即使要实现它们也需要很长时间，那么它可能会撤销这次行动或减少行动的强度。强有力的价格竞争信号，巨额的研究费用预算，这些都是否定挑战者基础条件和打消挑战者进攻意图的控制要素。我们把这种做法称为"控制挑战者的假设"即东方战略的"上兵伐谋"。

　　"上兵伐谋"是《孙子兵法》中的一句原话，意思是：用兵的将帅，要善于通过各种谋略手段，使敌人放弃原来的战略企图，或者通过一定的威慑手段，迫使敌人不敢产生这种战略企图。这种方式，在中国历史上的纵横家身上表现得很明显。他们通过直接与战争决策者对话，晓以利害，达成不战而屈人之兵的目的。

　　竞争对手的一切行动都要遵从其战略意图。在现代商战中，如果在一开始就能够消除对方的战略意图，使竞争对手不会也不敢去想与你为敌，这是再理想不过了，而且这是从最根本上解决了问题。当然，这需要很高的战略智慧，是一种很高层次的智力较量，尤其在对方也是战略高手的情况下，这种智力较量的难度会更大。

　　应当注意，这种智力较量不是空虚的，不是仅仅停留在战略家大脑构想之中，而是通过一系列的战略行动来实现，其中包括军事上的威慑行动，也包括经济、文化、舆论等一系列的行动，这些行动的结果就是要使敌方统帅的战略思维发生变化，而能不能发生有利于自己或者按照自己设想的那种变化，就要看这些行动的针对性和有效性。

　　在现代商战中，当感到挑战者想要发起进攻的时候，防御者需及时预测竞争对手可能的进攻方式，考虑如何封锁对方可能进攻的路线，特别要警惕对方的渗透行动或可能进入偏远薄弱地区。在此基础上，防御者要采取各种积极有效措施，提前封锁挑战者的进攻途径，破坏挑战者可利用的条件，从而使挑战者放弃原有的进攻企图。

　　现代商战的进攻者通常会利用局部的价格优势作为自己的进攻手段。防御者应当确定现实的利润期望值，必要时要降低利润率，削弱对方的价格优势或者将其价格优势变为劣势。同时，防御者应当尽力降低挑战者在利润率方面的诱惑，因为，如果一个厂商或行业的赢利具有足够高的水平的话，挑战者也愿意跨越很高的防卫障碍，迎接很强的报复行动。就像马克思政治经济学中说过的"如果有了百分之三百的利润，资本家甘愿去冒上绞架的风险"。

防御者要塑造顽强防御的形象，迫使进攻者知难而退。为此，防御者应向挑战者发出强有力的报复信号，具体方式有：公开宣告公司的管理层将维持公司现有的市场份额；公开宣告公司计划提升足够的生产能力来满足而且可能会超过行业容量的预计增长；提前发布新产品、新品牌、新技术等有关信息；公开宣告公司将执行能够与竞争对手的条件或价格相抗衡的政策。

战略理念：只有看到并相信防御者强大实力和坚定的决心，进攻者才会停止进攻的步伐。

根据情况，防御者要设法使挑战者察觉到的可能遭到报复的威胁。从以往战略对抗的经验看，这种报复的威胁，依赖于竞争对手察觉到的报复可能性的大小和报复措施的严厉程度。防御者可采取的具体措施有：显示初始的障碍；建立封锁地带；提高退出或失去份额的代价；积累和寻找报复资源；杀一儆百；建立防御联盟，扶植和鼓励进攻者的新竞争对手。

○防御是由巧妙打击组成的盾牌

美国 INTEL 公司是世界上垄断微机关键芯片 CPU 的一家跨国公司。1991 年初，这家公司遭到了 AMD 公司的挑战。竞争对手开始向市场上推出同类产品，占领 INTEL 公司的市场。这时，IN-TEL 公司没有采取消极防御的办法，而是迅速组织力量，采取急剧降价的战略，向竞争对手发起猛烈的反击，一举将 AMD 的产品扼杀在摇篮里。有专家评论说："INTEL 公司的这一做法虽然'残忍'但却明智，虽然付出暂时的代价，却维护了长远的利益。"

在战略被动的"守"中寓有主动的战役、战斗的"攻"，是东方战略的一个重要特色，它充分体现在中国"积极防御"的战略思想中。除了"寓攻于防"之外，"积极防御"战略思想还体现在"攻"与"守"的关系处理与转化上。

我们应当特别注意中国古人在战略上所讲的"攻防包容"与中国古代哲学所讲的"阴阳调和"之间的联系。中国春秋时期越国大将范蠡以阴阳相对性和互变性作为理论基础，来说明日月的盈虚和战争的变化。他提出被动的防御用"阴道"，主动进攻用"阳道"，但防守不能过于"阴蔽"而不动，进攻不要过于"阳察"而显露。当对方"阳气"即力量未耗尽时，不能死战；当对方的"阳气"即力量耗尽时，而我"阴气"聚集时，可发起进攻，夺取胜利。在这里，范蠡扩展了阴阳范畴的解释范围，从日月的"困还"、"盈匡"，战争的"攻守"、"蔽察"，以及敌我双方力量对比中概括、上升为富有哲学意味的阴阳互变性，用以指导具体战争的战略战术。这一理论在克劳塞维茨的《战争论》中也得到体现。这位国外的战略学家说道："防御这种作战形式绝不是单纯的盾牌，而是由巧妙的打击组成的盾牌。"(《战争论》(删节本)，第102页)

通过上面的实例和东方战略的理念，我们可以认识到：在遭受到对方的攻击时，防御者首先要稳住自己的阵脚，在预有准备的基础上，趁对方还没有站稳之际，迅速组织有效反击（用军事术语说，这叫做"歼敌于立足未稳"，立足未稳之敌最好打）。现代商战中，直接有效的反击方式是大规模地降低价格，迫使竞争对手付出无法承受的代价。与此同时，还可采取的反击方式有：破坏对方的试验市场和介绍市场；增加新的产品，以新产品夺取失去的市场份额；运用必要的法律、政策武器；等等。

在现代商战的防御反击中，应强调集中力量的战略原则。例如，在欧洲各地拥有许多轴承生产工厂的瑞典 SKF 公司，曾经受到日本专业化生产的进攻。开始，这家公司不愿意放弃任何低利

润的产品，从而使自己的力量分散，成本居高不下，并为日本竞
争者撑起一把成本保护伞。后来，这家公司借鉴了日本战略，让
它的工厂分别生产最为擅长的产品，并且敢于放弃一些不适合自
己的产品，最后集中力量扭转了局势，击退了日本人的进攻。

　　应当注意，在现代商战中，当自己组织反击时没有绝对把握
或者代价太大的情况下，应当做出适当的让步，或缓兵待机，或
诱敌深入。用东方战略的理论来解释，这并不是消极的退让，而
是为以后的反击创造更加有利的条件。现代商战中的防御者，在
不影响自己整个经营大局的情况下，可以提供一些让竞争对手以
现有基础不可能或耗费很大才能模仿的产品或服务，将竞争对手
暂时局限于某些对自身威胁不大的领域之中，待时机成熟后，或
将竞争对手变为自己某个领域的合作者，或将竞争对手驱逐于自
己的领域之外。例如，美国通用电气公司在汽轮发电机行业的周
期性衰退到来时，为了避免严重的价格竞争而在市场份额上做出
一些让步，然后它又在周期性繁荣到来时，组织力量反击，重新
恢复了自己的市场占有率。

　　在现代商战中，防御者要想从根本上消除进攻者的威胁，必
须扩大视野，追踪竞争者在产品研发、生产、销售等方面的新动
向，发现竞争者在其增值阶段和分销渠道等方面的关键环节，寻
找"釜底抽薪"的彻底解决办法。在这方面，防御者要积极削弱
对手的潜在发展实力，譬如诱使或迫使对手放弃自己的研发能力。
有许多实例表明，放弃自己的研发努力的公司很少在后来的新产
品交战中重新扮演主要竞争角色。

　　在这方面，我们还应当听取一些商战专家的意见。他们认为，
在挑战者尚处于市场试验时就进攻它，不仅比在新产品已经推出
时再进攻的代价要小得多，而且可以有效地告之对手自己将继续
战斗。这些商战专家们还建议，防御者可以通过向消费者倾销存

货的特殊战法，来夺取竞争对手产品的市场并提高其进攻的短期成本。许多商战实践证明，防御者在其市场地位受到威胁时，以短期价格为代价来否定竞争者成功的基础条件，是一种能够迅速见效的反击行动。（参见《经营战略》，第 300 页）

战略理念：防御是由巧妙打击组成的盾牌。

五、善战者，致于心

东方战略强调，"致人"更主要的是致于心而非致于力，这因为战争的最终目的是征服对方的意志，而摧毁对方力量则是达成这一最终目的的手段。

中国古代战略家们是从战略的最终结果上认定战略目的，是为了改变对方的意志而运用力量。中国古代战略以"攻心"为目的的运用力量的指导艺术，远远要比西方国家以"制力"为目的的运用力量的指导艺术高明得多。

实施攻心战略，要依靠实实在在的力量，这是一个不可缺少的前提条件。当然，在运用力量方面有各种各样的形式，除了实际运用力量之外，还包括潜在或者说无形地运用力量。如何通过实际运用力量征服对方的意志，是一个实际的战役性对抗问题。如何通过潜在或者说无形方式运用力量征服对方的意志，则是一个高深的战略对抗问题，其道理比较复杂，需要在此展开论述。关于这个问题上，着重通过《鬼谷子》的攻心战略来加以说明。

在中国历史上，鬼谷子是一个神秘人物，《鬼谷子》是一部奇书，这使得中国传统战略思想具有一层神奇的色彩，而恰恰在这种神奇的色彩背后蕴涵着东方战略思想的博大与精深。如果认真研读《鬼谷子》，我们会发现，这部书并不像一些人所说的那样，是一部关于如何"游说"、"狡辩"的肤浅之作，而是一部深刻反映中国传统文化并具有哲学方法论意义的战略论著。鬼谷子所培养的纵横家，绝不是一些简单的说客，而是一些战略家，这因为，他们要征服的对象是帝王，是一些战略决策者，纵横家们必须具有比征服对象更高的战略知识和战略素养。《鬼谷子》的战略思想也不是一般的战略思想，有其独特之处，其核心是"攻心"，并比较系统地回答了在战略对抗过程中"为什么要攻心"，"攻谁的心"，"通过什么途径攻心"，"攻心战略的哲学依据是什么"，以及"如何打动对方之心"等问题。

中国古代战略家为什么强调"攻心"？关于这个问题，《鬼谷子》中有明确的回答，即"心者，神之主也"（《鬼谷子·捭阖第一》）。具体展开来说，中国古人这里所说的"心"，是指人们的思想、动机和意图，而这个"心"决定或者说主宰着人们的行为，包括人们对力量的运用。显而易见，在战略对抗过程中，我们如果能够影响对方的思想，左右对方的动机和意图，便能够掌握对方的行为，调动对方的力量，甚至借对方力量为我所用。

现代商战的谈判，是一种"寂静战场"上的对抗，是一种竞争双方的"攻心"较量，是一种在谈判桌上进行的"战争"。在谈判桌上，双方碰撞出的智慧火花以及产生的"火药味"，丝毫不亚于实际商战的对抗。以《鬼谷子》纵横战略思想为核心的东方攻心战略，给了我们许多极有价值的启示，能够帮助我们赢得谈判桌上的"战争"，我们应当很好地加以研究。

战略理念：攻其心，才能制其力。

○用语言征服对方

《鬼谷子》的攻心战略明确地回答了怎样攻心和通过什么样的途径攻心。归结起来，可用一个"说"字来概括，就是通过语言力量来调整或改变对方的思维与决策。应当说，攻心战略有多种多样的方法和手段，包括有形的，也包括无形的；包括物质方面的，也包括非物质方面的；包括直接施加影响的，也包括间接施加影响的。《鬼谷子》所强调的这个"说"字，所使用的攻心之术，是一种侧重于无形的、非物质方面的和间接施加影响的战略征服之术。这是一种与众不同的极为高明的战略征服之术，用《鬼谷子》的话来说，这叫做捭阖之道。

为什么通过一个"说"字能够达成攻心的战略目的？这个问题在《鬼谷子》的捭阖之道中能够找到比较清楚的答案。在《鬼谷子》一书中有这样的表述："口者，心之门户也，心者，神之主也。"（《鬼谷子·捭阖第一》）这句话明确回答了"口"与"心"的关系。接下来，我们还可以看到另一句话："此天地阴阳之道，而说人之法也，为万事之先，是谓'圆方之门户'。"（《鬼谷子·捭阖第一》）这句话强调了"说"在"阴阳之道"所具有的"万事之先"之地位，阐明了"说"在决定事物变化中所具有的通达"门户"之作用。从现实中看，这个问题并不难理解。在战略对抗过程中，力量及其相关的各种要素是客观存在的，但它们组合和运用的方式和方向，要受战略决策者的思维来支配，也就是说，要受到人的"心"支配。战略决策者思维的形成与改变，取决于他所接触到的大量信息和材料，其中包括周围人的提示和建议。所以，通过"说"去影响战略决策者的思维不仅完全可能，而且还是一个重要渠道。

谈判是商战对抗的主要表现形式，是一种通过"说"来达成战略目的的常见方式。谈判的目的就是攻对方之心，说服对方接受自己的条件。从这个意义上说，《鬼谷子》的捭阖之术，在指导商战谈判方面有十分重要的价值。

战略理念：谈判是一种靠语言来征服对方的特殊竞争方式。

○攻心战略中的阴阳之道

《鬼谷子》一书大量谈到阴阳之道。我们理解时，要首先理解中国古人阴阳之道中的"阴阳包容"思想。

在现代商战的谈判中，要懂得阴阳之道，要会辩证处理双方的关系，要有正确的输赢观，要做出必要的妥协。

为什么要谈判，就是对抗双方都证实了自己面对这样一种现实：完全消灭竞争几乎是不可想象的，最明智的目标是达成共存的协议，而不是消灭对方。谈判表面是一种对抗，实际上是在说服对方放弃对抗。

商战专家强调：在传统上是以战争或运动式的引喻来表述谈判，就是"非赢即输"的那类词句。这种成败的观点已为"双方皆赢"的框架所取代。像罗吉·费雪与威廉·优瑞合著的《让对方同意》的书，就将谈判说得更像旅游而不是战斗。

战略理念：谈判是一种在对立中求统一的战略行为。

○攻王者之心

在《鬼谷子》的攻心战略中，还明确回答了"攻谁之心"。这就是攻王者之心。在纵横家们看来，帝王拥有至高无上的权力，掌握国家的全部力量，他们处在战略决策者的地位上，如果能够改变他们的思维和意志，就能够轻而易举地甚至兵不血刃地改变战略对抗的过程和结局，达成自己的战略目的。所以，纵横家集中研究帝王们的心理变化特征，寻找攻取帝王之心的策略和方法，并且在实践中有许多成功的运用。在此我们能够发现，纵横家们有一种"一国之内攻帝王之心"的战略气魄，这种气魄比那种"三军之中取上将之首"的气魄还要大得多。所以，历史上的纵横家们并不是人们想象中的文雅书生，也不能认为是一般的外交官，而是一批有雄韬大略的大战略家。

在商战谈判中，我们首先寻找的对象是对方的"王者"，就是对方掌握大权、说话算数的当权者。我们要说服的是这些人，而不是其他一些人。

找到"王者"其人还不够，我们的目的是要攻其心。所谓谈判，实际就是在竞争对手的心中赢得战略性的胜利，正像有些商战专家所说的那样："如果在对手的心中取得了胜利，便可以把它转化成在销售量、成本和利润竞争上的胜利。"（《公司战略透视》，第398—400页）攻其心，就要事先仔细研究对方心理方面的各种特征。正如商战专家们强调："如果你想在谈判中占上风，你完全有必要了解对手的性格、态度、动机和习惯性的行为。"

战略理念：一定要能够知道对方决策者在想什么。

○**掌握谈判主动权**

在实施攻心战略时，《鬼谷子》特别强调掌握主动权，强调制人而不制于人，正如书中所说："事贵制人，而不贵见制于人。""制人者握权也，见制于人者制命也。"

这掌握攻心战略的主动权，《鬼谷子》特别主张"道阴"，正如其所说："故圣人之道阴，愚人之道阳。""天地之化，在高在深；圣人之道在隐与匿。"（《鬼谷子·谋篇第十》）这就是说，在攻心时，要设法隐蔽自己的意图，使对方在不知不觉之中顺从自己。这里所说的"道阴"思想，与中国古代道家"守柔"、"守弱"的思想是一致的，并且也与道家形变思想有着密切联系。只有"道阴"，才能"隐形"，才能"无形"，才能"以无形求有声"。（《鬼谷子·反应第二》）

商战专家们强调：你的对手对你的筹码知道得越少，他的优势越少。没有参照系，他甚至不知道你是否通情达理。你的要求越是主观，你相对的竞争地位就越有利——在你不激起情绪性反应的前提下。你越是看上去不主观，事实上你却越能主观行事。

战略理念：让你的对方跟着你的思路走。

○**晓以利害**

《鬼谷子》攻心战略紧紧抓住"利"与"害"两个字，主张通过晓以利害的方式，打动对方之心。《鬼谷子》的作者认为，"利"与"害"是通过人们的"所好"、"所欲"或"所避"、"所惧"反映出来的。攻心者应当紧紧抓住对方这种心理特征来实施自己的攻心术。《鬼谷子》中这样谈道："以飞钳之辞钩其所好，以钳求之。"（《鬼谷子·飞钳第五》）书中还说："微摩之以其所欲，测而探之，内符必应。其应也，必有为之。"（《鬼谷子·摩篇第八》）。至于抓"利"与"害"为什么能够打动对方之心，《鬼谷子》一书也有比较形象和明确的交代。书中这样说，"故观蜎飞蠕动，无不有利害，可以生事变"。（《鬼谷子·揣篇第七》）这句话的基本意思是说，任何行为者都以利害得失为依据来确定自己的行为。这句话揭示和阐明了人类趋利避害的本性特征以及这一本性特征在决定人类行为过程中所体现的基本规律。

商战专家强调：谈判者的技巧是按照需要做出判断，以便获取可能的最佳妥协而不致破坏双边自愿合作和自我节制的基础。取得这种成功有一些常识性的规则：1. 确保竞争对手完全意识到，如果合作他将得到什么，反之，他将有何损失。2. 避免任何激起对手的情绪的行为，因为让对手思维和行动都符合逻辑和通情达理至关重要。3. 使你的对手确信你倾心投入你所持的立场，而且这个立场你自信是完全有道理的。值得强调的是，竞争对手完全理性的、客观的、逻辑的行为方式将使他处于一种最为不利的地位。因为这样的话，只要他认为有利可图，他就会一直合作下去。事实上，如果他完全按逻辑行事，只要有利可图，他就不会放弃合作带来的利润。

商战专家们还强调：你必须尽可能确切地知道你的对手在与你接触时手中的筹码。这不是指知道你所能承受什么样的得失，而是指他能承受的得失，这将限制他与你妥协的能力。

谈判最易成功的地方是在双方利与害的边缘地带。也可以说，有成效的谈判是努力找到双方共同利益的交融点。为此，有的商战专家提出用军事和外交领域的"边缘"政策来组织谈判。所谓"边缘"政策，就是双方在不能彻底消灭对手情况下找到一种对双方都有利或者对双方都有害的"边缘"，在这个"边缘"上双方考虑自己让步或让对方让步的最大限度，然后达到双方都能够接受的协议。

战略理念：能让对方心动者，一个是"利"，一个是"害"。

○对不同的对手要采取不同的方式

在这方面，我们要特别注意《鬼谷子》一书中的这样一段话，即"以阳动者，德相生也；以阴静者，形相成也。以阳求阴，苞以德也；以阴结阳，施以力也；阴阳相求，由捭阖也"。（《鬼谷子·捭阖第一》）这段话的意思是：对"阳"者，要以"德"相示相劝；对"阴"者，要以"形"相诱相迫。"阳"者制"阴"者，采取"德"的办法；"阴"者制"阳"者，采取"力"的办法。实际上，征服对方的战略方法虽然有许许多多，大致上都不会脱离"苞以德"或"施以力"这两种基本形式，而能够将这两种形式综合运用达到"阴阳相求"双向互动作用的则只有捭阖之道。

战略理念："德"使对方顺从，"力"使对方屈服。

这段话告诉我们：在商战谈判中，我们要根据不同的对象，灵活采取"恩"与"威"、"软"和"硬"的办法。

○逆敌而动，反道而行

《鬼谷子》提出了一系列辩证的攻心战略思想。例如：在"动"与"静"的辩证关系方面，提出了"人言者，动也；己默者，静也"。（《鬼谷子·反应第二》）在"内"与"外"的辩证关系方面，提出了"夫情变于内者，形见于外"。（《鬼谷子·揣篇第七》）在"正"与"反"的辩证关系方面，提出了"忤合"之说（《鬼谷子·忤合第六》），提出了"欲闻其声反默，欲张反

战略理念：只有找到相克的办法，才能有效地制服谈判对手。

敛，欲高反下，欲取反与"。（《鬼谷子·反应第二》）

这段话告诉我们：在商战谈判中，要针对对方的意图，采取相对应的办法。

战略格言：

要让别人求你，而不是你求别人。就是你求别人，也让对方感到他是在求你。

要成为选择者，千万不要总是成为被选择者。

只做自己熟悉的。

物稀才贵，提供独一无二的产品或服务会让你永占上风。

如果敌人在你的射程内，别忘了你也在他的射程内。

你做的任何事情都可能令你挨枪子儿——什么都不做也一样。

第
十
四
章

帅

——执剑者，大智大勇者

将者，智、信、仁、勇、严也。

——《孙子兵法》

战略统帅是领导者，是大智者，是大勇者。用一句形象的比喻来说，商场是海，企业是船，统帅是船长，企业成员是船员。战略既包括航海计划，而包括临时的应急对策。统帅既是计划的制定者，同时也是应急处置的指挥者。

战略是统帅的领域。在这个领域里，真正的战略家有着与其他人不同的并且也为其他人所难以理解的精神感受。

战略家有属于他自己的品质和气势。他的一言一行，一举一动，都让人感到巨大的引力和压力，感到有一种超凡脱俗的人格魅力。

有的战略教科书写道："成功的企业家一定有为我们所不知的特质，即使通读他们的传记、回忆录和管理学教程，这种特质也是不易把握和仿效的，因而描绘这样的群体非常困难。我们的选择至少包括如下词汇：激情、自信、创新、远见、协调、服务。"

还有战略教科书这样写道：战略家之间的对话，是"顶级"对"顶级"的对话。战略统帅的魅力往往以某种激情表现出来。而这种激情，只有内心也同样激情不泯的人，才可能真正理解它、体会它，并与之同向前行。按照《韦氏大词典》解释：激情是一种很强的感受及情绪，他能把人的整个心带着走。激情能够点燃激情。

按照中国传统战略识帅选将的方式，可将战略统帅的素质概括为"智"、"信"、"仁"、"勇"、"严"这五个字上。

一、智

所谓"智",是指智慧。一位优秀的将领必须具有超人的智慧。优秀将领的智慧体现在他的远见卓识上。他比别人看得远,能够准确预测和善于把握历史发展的机遇,不失时机地成为潮流的领导者。他比别人看得高,正如有人评价埃尼公司的总裁贝尔纳贝时说:"他能从3万英尺的高度来看这家公司。同时,他对埃尼公司经营情况的了解还是百科全书式的,几乎无所不知。"(《危机管理》,第191页)

对于优秀将领的智慧,我国古代战略学家冯梦龙有一段精辟的论述。他说:"智慧没有固定的模式,以善于顺应形势者为最高。所以愚人千虑或有一得,聪明人千虑亦有一失。而大智之人遇事能应付自如,无须经过千思万想。他人取其微末,我则执其大端;他人看得近,我则觑得远;他人愈忙愈乱,我则以逸待劳;他人束手无策,我则游刃有余。正因为如此,所以难事遇到他就变易了,大事遇到他就化小了。他观察事物,入于无声息的毫芒之微;他举止行动,出入意想思考之外。"((明)冯梦龙著《智囊补》,黑龙江人民出版社1993年版,第1页)

战略家的智慧来自他的博学多才,尤其在知识经济时代,领导者在知识管理过程中起到重要作用。他们有责任描述、解释、确立各种对个人、社会及精神领域的发展有积极作用的知识。这就需要战略统帅掌握更多的知识。对知识的拥有和传播形成了不同的领导风格。所以,有的战略教科书对CEO提出的忠告说:有战略性的目光,能够判断未来的价值走向和市场状况,而这一能力正是建立在广博的知识和丰富的经验的基础之上的。

作为一名优秀的将领，必须具备渊博的知识。他的知识面应当尽可能地宽，但并非一定要成为各方面的专家，只是着重了解知识的本质部分，或者说战略需要掌握的那一部分。一名具有战略头脑的将领特别要掌握哲学和历史知识。还有，经济领域战略家绝不是一个只懂得经济的人，就像军事战略家不能只懂得军事一样，他应具备多方面的知识，了解多方面的情况，只有这样才能创新，才有远见，才有更宽阔的视野，才能把握住意想不到的商机，或者采取意想不到的方式击败竞争者。

战略统帅的智慧使企业家具有一种与众不同的理性的人格魅力。这种理性的魅力体现在：面对未来，面对竞争对手，表现出少有的冷静和克制；在一些重大关键的问题上，观点鲜明，设想大胆，决策果断。借用一段描述优秀企业统帅（海信集团总裁）的话来说明这种理性的力量："一收一发之间，你会觉悟得这个人身上蕴藏着一种看不见的但却又散发出光芒的力量，这种力量建筑在严密的逻辑推理和坚定的信念基础上，这种力量能够使人处变不惊、宠辱不惊，能够使人光明坦荡、敢为天下先。更重要的是，这种力量已经潜移默化到海信的肌体中去，变成企业生生不息的根本能力。"（《与100名老板对话》第三册，第3页）

战略统帅的智慧使企业家成为一种"圣人型"的领导。所谓"圣人型"，是一种东方战略所推崇的领导行为模式。有的商战教科书对这种领导行为模式作过比较系统的描述：圣人常常进行自我反省，通过反省而提高自我意识——他们不像先知那样突发奇想，而是通过深思熟虑，达到深刻的感悟。圣人明了四季轮回、日出日落。他们有自知之明，因此也能深刻理解他人。圣人明白万物生息。他们理解"场"的原理，万事万物均发于其中。为了使人们产生新的信仰，有必要给人们以滋养。滋养是最佳的授权方式。圣人尽量避免拐弯抹角，因为他清楚，一旦这样做，他将失信于民。他还尽量避免控制别人。圣人不与他人正面对抗。他清楚如何将众人的力量联合起来，并懂得如何将群体力量联合起来为大众谋福利。圣人的知识是与其他人的知识融合在一起的，而不是凌驾其上的。他们懂得如何像水一样避开障碍，平安顺利地寻得出路。就是这种方法将圣人与慈善家区分开来。因此，人们往往是心甘情愿地顺从，甚至觉察不到圣人对他们的影响。圣人也相信人们并不清楚他的所作所为。他并不渴求人们的注意，他不需要任何对自身价值的外界评价，因此他仅关注自身修养而不是对他人的影响。（《战略柔性》，第 205 页）

战略理念：智慧没有固定的模式，以善于顺应形势者为最高。

○战略统帅具有观察本质的直觉力

有本商战的战略教科书对 CEO 提出的忠告说："要有洞察力和前瞻性。他们应该能够从浩如烟海的信息中识别其中最有潜力的创意并将之推广流传，具有领导未来而不仅是眼前利益的能力。"

战略统帅必须能够比别人更多地、更深刻地观察到事物的本质和问题的关键。本质的东西是无形的，战略统帅要能够敏锐地洞察到这种无形的东西。海尔的张瑞敏曾经说过："企业现存的最大的弊病，就是从各级领导一直到下边，看有形的太多，看无形的太少。"

战略统帅关注的这种"无形"的东西，即潜藏在事物内部并决定其变化的规律和本质，是通过人们抽象的理念表现出来的。埃尼公司总裁贝尔纳贝，是一位在极度困难的情况下掌权并获得巨大成功的企业领导人。他说："我现在思考的最重要的事都是非物质的问题。这些问题你无法触摸到或是感觉到，也没有别人能回答。我的时间大部分花在阅读上了。当然，读员工的报告，但

我也读文学、历史和哲学的书籍。"（《危机管理》，第 211 页）

明茨博格说："战略制定是一个很复杂的过程，包含了人类思想中最复杂、最微妙、有时是潜意识的因素。""远景展望对于那些不能用自己的眼睛'看'的人来说是不可获得的。真正的战略家会亲自动手控制思想，真正的战略是由他们偶然发现的有价值的东西所构成的。他们将自己融入其中，但又能从里面提取出战略观点。"（《未来的战略》，第 62、63 页）

越是接近本质的东西，越是简单的。战略统帅观察事物本质的直觉力也同样表现在思维和处事的简洁上。战略决策者的成果，不是长篇大论，而是简单的几个字。战略家从来不啰唆，从来不说一句废话。有的企业家说："管理公司如同读书写文章，书越读越厚，文章越写越长；到最高境界时，则只读一个概念一种感觉，文章也越写越短。"（《与 100 名老板对话》三，第 275 页）

> 战略理念：本质的东西是无形的，战略统帅要能够敏锐地洞察到这种无形的东西。

○战略统帅具有把握机会的特殊敏锐性

战略统帅有一种特殊的敏锐性，他们能够预感到别人预感不到的重大机遇和挑战，他们能够感觉到别人感觉不到的命运攸关的细微征兆，他们能够通过别人看来不起眼的事情上发现全局性的问题，但有时也会对别人津津乐道的"重大问题"不屑一顾。

有的战略教科书说优秀的企业战略家对下列因素有一种敏锐的眼光：顾客的需求和想法，新的技术发展态势，进入有吸引力的外国市场的机会，以及业务成长或者衰退机会的一些其他重要信号。他们往往能够用行业当前的产品和服务快速解决顾客的抱怨。当顾客说"多想……"时，他们往往会聚精会神地倾听。这种线索和微妙之处往往会激励他们从战略的角度，以创造性的思维考虑采用一些方式来开辟一方新的天地。（《战略管理》第十版，第 38 页）

明茨博格将策划者比作战略的发现者。他所说的策划者虽不完全是指战略统帅，但却包含有战略统帅在观察事情时的敏锐性的要求。他说：在组织中一些最成功的战略往往并不是按高层管理者的意愿而出现的，有时高层管理者甚至会毫无察觉。然而，要全面地开发这些战略，经常要求对其进行认识，然后深化它们的影响，如将一位销售人员偶然发现的一种新的用途作为一个产品，并使其成为一项大的新型业务。显而易见，管理者的责任就是发现并选定这些战略。但是策划者可以协助管理者在他们的组织或那些竞争性组织的活动中发现这些初出茅庐的战略。策划者可以搜寻那些他们一般不会光临的地方，以寻找那些散落在失败实验的议论、表面上很自由的活动以及混乱的学习之中的典范。他们能发现做工作或观察事物的新的方式，例如，辨明新型的无遮盖的市场并理解它们所隐含的新产品。

战略统帅的敏锐性表现在能够发现未被意识到的购买准则，率先对变化的购买者或购买渠道环境做出反应，提供那种能够从非经济或者无形的角度提高顾客的满意度，提供那些代价并不昂贵的却能增加购买者满意度的差别化特色。例如，联邦快递为顾客提供一个能够跟踪邮寄包裹的软件；汽车旅馆提供做咖啡的设施；麦当劳提供小孩的游戏地。

> 战略理念：战略统帅有一种特殊的敏锐性，他们能够预感到别人预感不到的重大机遇和挑战，他们能够感觉到别人感觉不到的命运攸关的细微征兆，他们能够通过别人看来不起眼的事情上发现全局性的问题。

二、信

所谓"信"可以理解为"信念"，也可以理解为"信义"，反映了一名优秀将领坚定的理想、执著的追求和言行一致的品质。

一名优秀将领必须具有他的理想和追求，必须具有一种崇高的信念，他的精神力量以及他的心理素质都要以他的信念来支撑。

可以肯定地说，没有信念的将领，绝不会成为优秀的将领。这种信念，表现为一种对事业全身心地投入，表现为一种克服困难的坚忍不拔的毅力，表现为一种常人所不具备的"战略定力"——这种"战略定力"能够避开前进道路上无数个诱人的陷阱。这种"信念"，使优秀的将领具有一种内在气质和一种人格的魅力，而"信义"正是这种气质与魅力的自然体现。

"信"是一种信心，在战略统帅的素质上表现出一种坚定的主见。所谓"主见"，就是不为其他因素所左右，尤其是不为温情所左右。日本八佰伴的和田一夫感慨地说道："我深切地体会到，在残酷的生意场上，温情是致命的。在人事上把好关是多么需要的事啊！从破产到今天，在这三年半中，我花了很多时间，仔细阅读了许多世界著名人物的传记。在这些传记中，我了解到了他们是怎样克服挫折和失败的，又是如何'东山再起'的：在逆境中，他们是怎样调整好自己心态的，又是怎样应付周围各种各样好奇和疑惑的目光的。"戈恩在接管日产公司时，许多人建议他缓慢行事，多听听别人的意见，但他说：在新环境中你需要听取不同的意见，但我问自己："我应当做人们认为我应该做的事，还是应该直接抓住要害问题？"由于不妥协于旧的承诺和已有的协议，戈恩可以自由地去做他认为需要做的事情，最后获得成功。所谓"主见"，就是执著与专注。上海大千美食林的黄海伯说："我还有特点就是做什么事都很专心投入，亲力亲为。只有这样全身心投入进去，你才能站住脚。"

这种"信"所形成的战略定力，使企业战略家知道"要什么"和"不要什么"，反映在企业战略家对一些事物超乎寻常的坚定的拒绝态度上。柳传志曾说："什么事是不能干的呢？没有钱赚的事不能干；有钱赚但投不进钱的事不能干；有钱赚也有钱投但没有可靠的人去做，这样的事不能干。这种定力使联想避开了经营道路上的无数个诱人的陷阱。”（《与100名老板对话》第二册，第19页）戈恩也说：“我毫不担心失去本不该拥有的市场份额。我们关注的是利润。”

这个“信”，也包括有一位战略统帅的信仰追求。这种追求体现出一种战略家所具有的高远的气势。我们能够从战略统帅身上感受到一种高远的气势。我们可以把战略家的这种“志向高远”的感觉视为一种境界。关于这个境界，有的企业家认识很深刻，并用围棋来比喻说明。围棋是5分钟就可以学会的游戏，但玩起来境界就大有不同了。提高一个棋手的境界可能要用一生的时间和很多可遇不可求的机缘境界提升了，成绩才会提高。这中间有个顿悟的问题。理性和经验是应该结合起来的。产品可以被COPY，技术可以被COPY，但境界就无法被COPY，至少不太容易被COPY。（《与100名老板对话》第三册，第178、180页）

“信”是讲守信。言必行，行必果。

战略理念：没有信念的将领，绝不会成为优秀的将领。

“信”要求战略统帅应当获得属下发自内心的信任。做到这一点，战略统帅必须言行一致，他更多的不是用言语而是用行动证明他是最可信赖的。要求部下做到的事情，你自身必须做到。

三、仁

中国人崇拜的将领，不是“蓬头瞋目”的猛士，而是有着深层道德修养的温文尔雅的儒将。在这种儒将的战略素质中，有着非常深刻的“仁”的内涵和修养。

所谓“仁”，是指仁义道德，是一种中国传统特别强调的仁爱品德。“仁”是儒家的核心价值观念，反映了以“善”为导向的人际关系和社会结构。从这个“仁”字上，可以看出《孙子兵法》中的儒家思想。在中国传统观念看来，一名优秀的将领，不是嗜血的魔王，而是仁义的君子。中国人崇拜的将领，不是"蓬头瞑目"的猛士，而是有着深层道德修养的温文尔雅的儒将。对于一名将领来说，这个"仁"字太重要了。有了这个"仁"，你才能够得"道"、有"信"，才能够施"仁爱之心"，领"仁义之师"。有了这个"仁"，你才能通过你的道德影响力获得部属心悦诚服的信任。有人称这是一位优秀领导所具备的"亲和力"，这种能力能够在将领与士兵之间形成一种自然沟通和自然包容的默契，形成一种无形但却是牢不可破的内在凝聚力。有了这种力量，你就能够所向无敌——这就是中国古人所说的"仁者无敌"！

这种"仁"使战略统帅具有出色的沟通能力和聚众能力。正如有的战略教科书对 CEO 提出忠告时所说：善于交流和沟通，与上司、下属或同事以及公司内外的各种人打交道均不感困难，这样的 CEO 才可以与人建立长期稳定的伙伴关系，而不至于陷入孤军奋战的不利局面。这部战略教科书对 CEO 还提出的忠告说：有聚众力，即能够"煽动"大家一起为既定目标而努力拼搏。在新经济条件下，一人之力是不可能改变大趋势的。但团队合作则可以发挥优势，克服上述难题。

战略理念：仁者无敌。

四、勇

所谓"勇"，是指勇敢精神。这种精神是一名优秀将领必须具备的最起码的素质。但是，需要指出，作为一名优秀将领所具有勇敢精神并非完全局限于一般勇士的那种敢打敢拼的精神，而是有其更高的要求。

战略统帅这种"勇"首先表现在：他具有创新精神和开拓胆

识，敢想敢干，想常人所不敢想，干常人所不敢干。中国有位企业家陈天生说过："天"字出了头，就是"夫"字。能顶破天的人，才能称得上大丈夫。优秀将领所表现出来的勇敢，就是这种敢于顶破天的大丈夫精神。

创新，需要开拓的胆识，这表现为一种理性的冒险精神，反映了战略统帅的超前的敏锐的洞察力。正如许多战略专家所认为的那样，战略制定从根本上来说是一项以市场和顾客为推动因素的企业家活动：具有冒险精神，具有创造性，具有发现新型市场机会的眼力，具有敏锐洞察顾客需求的洞察力，有承担风险的兴趣，这些都是制定公司战略的本质要求。（《战略管理》第十版，第 15 页）记得一本战略教科书对 CEO 提出这样的忠告：他们最不可缺少的是野心和魄力，他们必须在还未确知全部情况下就判断出下一步应如何去走，并且勇于承担可能发生的种种后果，对生意的不确定性有充分的准备，善于将坏事变成好事。

战略统帅的"勇"还突出表现在：敢于冒险，不惧困难，越挫越勇。当然这种冒险，不是盲目的冒险，而是一种理性的冒险，是建立"敏锐洞察"和"大局在胸"基础上的一种冒险。戈恩是一位有冒险精神的战略统帅。他在美国的密西西比州中部耗资 9.3 亿美元建成一个装配厂。这个装配厂将生产直接针对美国市场核心的汽车，它将使日产在北美的年产量提高到大约 100 万辆。专家评论说："1999 年，戈恩在公司濒临破产的时候能够批准这个项目，是一种有勇气的豪赌。"

战略统帅的勇气是与胆识联系在一起的，而"胆"又是建立在"识"的基础上。有"识"无"胆"称不上勇敢，干不成大事；有"胆"无"识"，就是蛮干，是匹夫之勇，不但干不成大事，反而只会坏事。秦池酒厂的总裁对此也有自己深刻的体会，他说："我们夺标是胆与识的结合，有胆无识是蛮干，有识无胆，

战略理念：想常人所不敢想，干常人所不敢干。

谨小慎微，也难成大器。我们认为风险越大，机遇也就越大，没有风险，哪来的机遇？"（《与100名老板对话》第一册，第186页）

　　战略家的勇敢是理性的勇敢，战略家的冒险是合理的冒险。这充分体现在战略家所具有的战略定力上。对此，《孙子兵法》特别强调了"将军之事，静以幽，正以治"，"主不可以怒而兴师，将不可以愠而致战"。有时候，诱惑也会使人头脑发热，做出一些莽撞的事情。记得有一位名叫刘汉元的企业家说过："面对市场的各种诱惑，面对领导的各种希望，面对社会各界的热心期望，我们稍不注意，就有可能脑袋发热，做出一些力所不能及的事情，就会导致经营走入困境。这也是我们的不少同行，我们的民营企业倒下的重要原因。这是我们必须要好好考虑的一个深层次的问题。（《财智人物》，第114页）

战略理念：主不可以怒而兴师，将不可以愠而致战。

五、严

　　所谓"严"，是指严谨的作风。"严"作为将领的品质，不仅表现在"执法严明"和"威严庄重"等方面，更重要的是表现他"一丝不苟"的行为方式上、"更高标准"的刻意追求上、"无懈可击"的处事结果，以及"不为感情所动"的原则性上。从一名将领的治军艺术来看，"严"与"仁"有着相辅相成的作用，"严"表现为一种外在的约束力，"仁"表现为一种内在的感召力，两者缺一不可。"严"，体现出一种感情的"冷漠"和"铁石心肠"。这是一种从事生死较量的将领必须具备的一种"冷血"要求，也是一种从事残酷竞争的领导者必须具备的不为情动的坚定意志。"严"体现出一种"必达目的"的无情，使人感到畏惧和胆怯。"严"作为"仁"的补充，不是"不仁"，而是为了追求

"大仁"而必须选择的冷酷手段，它体现在形式上，而不是本意上。关于这个问题，日本八佰伴的和田一夫在其破产后说："我深切地体会到，在残酷的生意场上，温情是致命的。"

孙子演兵斩美姬的故事，就是他所说的"严"字的真实说明。这个故事发生在孙子拜见吴王之后。吴王为了证实一下孙子的统军才能，就让他去训练宫女，并任命他的两个爱姬担任队长。孙子向宫女们讲解了操练要领，并宣布了纪律。然后，孙子下令操练，但宫女们当做儿戏，嬉笑打闹。孙子接着又强调了一番纪律，再下令操练，结果宫女们还是认真不起来。孙子大怒，把两个队长拉出来斩首。吴王一听，吓出一身冷汗，急忙出来劝阻。孙子不为所动，执意杀掉了吴王这两个爱姬。结果，孙子号令一出，宫女非常认真地训练，不敢有一丝一毫的懈怠。

战略理念："严"作为"仁"的补充，不是"不仁"，而是为了追求"大仁"而必须选择的冷酷手段。

战略格言：

一时心慈手软会损害自己的利益。

野心是摇钱树，不怕冒险才能敛财。

要时刻警惕温柔乡，绝不要因个人感情左右你的经营活动。

参考资料

1. ［英］若热·瓦斯康塞洛斯·伊·萨：《商战之魂——战略管理的定性与定量》，邓盛华译，中国标准出版社 2000 年版。

2. ［美］迈克尔·科特、加里·哈默等：《未来的战略》，徐振东等译，四川人民出版社 2000 年版。

3. 张洪吉主编：《战略性经营》，改革出版社 1999 年版。

4. MBA 必修核心课程编译组编译：《经营战略》，中国国际广播出版社 1999 年版。

5. 乔迪编：《兰德决策》，天地出版社 1998 年版。

6. ［美］卡尔·W. 斯特恩，小乔治·斯托克编选：《公司战略透视——波士顿顾问公司管理新视野》，波士顿顾问公司译，上海远东出版社 1999 年版。

7. ［英］哈默、［美］帕拉哈莱德等编著：《战略柔性——变革中的管理》，朱戎等译，机械工业出版社 2000 年版。

8. ［美］汤姆森、斯迪克兰德：《战略管理》，段盛华等主译，北京大学出版社、科文（香港）出版有限公司 2000 年版。

9. 诺曼·R. 奥古斯丁等：《危机管理》，中国人民大学出版社、哈佛商学院出版社 2001 年版。

10. 贺力等编著：《与 100 名老板对话》，经济管理出版社 1998 年版。

11. 郭利华等编译：《诺贝尔经济学奖经典理论——经济学茶

座》，内蒙古人民出版社 2003 年版。

12. ［美］波特：《竞争论》，中信出版社 2003 年版。

13. ［美］马克·麦克内利：《经理人的六项战略修炼——孙子兵法与竞争的学问》，宋克勤译，学苑出版社 2003 年版。

14. 王春元主编：《财智人物》第一辑，北京广播学院出版社 2003 年版。

15. ［法］安德烈·博福尔：《战略入门》，军事科学出版社 1989 年版。

16. ［德］克劳塞维茨：《战争论》删节本，中国人民解放军军事科学院译，战士出版社 1978 年版。

17. ［美］桑塔马利雅等：《CEO 的海军陆战队》，中国社会科学出版社 2005 年版。

18. ［英］理查德·惠廷顿：《战略是什么》，王智慧译，中国劳动社会保障出版社 2004 年版。

19. 《成功营销》杂志。

20. 《人力资本》杂志。

21. 《首席市场官》杂志。

22. 《证券市场》周刊。